現代名著譯叢

萬民法

The Law of Peoples

附＜再論公共理性的理念＞

約翰‧羅爾斯（John Rawls）◎著

李國維‧珂洛緹‧汪慶華◎譯

在多元、衝突的世界中尋求正義的實現

——羅爾斯的 *The Law of Peoples*(《民族間的律法》[1])中譯本導讀

許漢(中正大學哲學系副教授)

羅爾斯在1971年出版《正義論》(*A Theory of Justice*, Harvard

---

[1] 有些人以「萬民法」來翻譯 "the law of peoples",雖然這譯法有其源由,但我不同意這樣的譯法。羅爾斯使用 "the law of peoples" 是來自拉丁文 "ius gentium",這原是羅馬法中的概念,根據《元照英美法辭典》(薛波主編,北京:法律出版社,2003)的說明,ius gentium原來指的是來「調整羅馬人與外國人及外國人之間關係的法律……自16、17世紀以來,歐洲的一些哲學家與法學家開始使用該概念表示調整國家關係的法律。特別是被譽為近代國際法奠基人的格勞秀斯在1625年出版的《戰爭與和平法》中使用 "ius gentium" 這一概念後,當時的國際法學者通常使用ius gentium來指國家間的法律,而不復是原來意義上的萬民法。後來該概念被轉譯為英文 "law of nations",即萬國法」。羅爾斯在本書之〈序言〉的註1說到:「不過,我的 "law of peoples" 並沒有沿用上述

University Press, 1971/1999)，這是哲學界的指標性著作。哲學研究不再只是後設的、語言分析式的討論，實質的議題逐漸在哲學（或倫理學）研究占據重要的地位。羅爾斯的影響在政治哲學的討論與研究自此更是無出其右，正如Robert Nozick所說的，不論是贊成還是反對，政治哲學研究者都要說明其理論與 羅爾斯之主張之間的關係。1999年，羅爾斯出版《民族間的律法》(*The Law of Peoples*)[2]，這本書討論的是疆界外正義(國際正義或全球正義)，這本著作與討論疆界內正義(也就是「社會正義」)的《正義論》，兩者 [3] 的主題涵蓋了人生活在當今世界中所面臨的巨大

(續)────────────

　　意義(也就是，萬民法或萬國法的意義)，而是指一種特殊的政治原則，旨在規約諸民族間的相互政治關係」。因此，將 "the law of peoples" 翻譯為「萬民法」在相當程度上並沒有準確掌握羅爾斯使用這個概念的意思，從字面上看，「萬民法」實在含有帝國用以統治萬民(臣民)之法律的意義，這就偏離羅爾斯的理論更遠了。所以，我建議用「民族間的律法」來理解(翻譯)羅爾斯之the law of peoples。關於ius gentium的意義，類似但稍有不同的說明也可在*Black's Law Dictionary* (West, 2004)中發現。

2　值得一提的是，1993年羅爾斯已發表一篇同樣名稱與主題的論文。雖然，本書中的主張有部分已在那篇文章中出現。不過，疆界外正義的理論在本書中才得到比較完整的敘述。即使如此，我認為，兩者的最大差異在於：在1993年的文章中，羅爾斯並未明確的將民族間律法的理論當成是政治自由主義的延伸應用，也因而，諸如容忍與合理性的概念並未在當時有明確的處理或提示。

3　羅爾斯在1993出版*Political Liberalism*，書中對於《正義論》的許多主張提出進一步的釐清或修改。雖然如此，《政治自由主義》仍是針對社會正義的理論──針對的是自由民主社會如何實現社會正義的問題──

的正義問題。關心政治哲學議題、有志於政治哲學研究的人,《民族間的律法》是不可不讀的。就這本書出版後學界的討論狀況來看,如果有人說羅爾斯對於疆界外正義的主張也將引來另一階段對於政治哲學的興趣與導向,這也是可以理解的說法。另一方面看,羅爾斯這個民族間的律法的理論的確是爭議頗多。以下我就疆界外正義之主題,疆界外正義的道德考量,以及多元主義之合理性與容忍等方面提出一些說明,希望有助於閱讀、理解羅爾斯的理論。

疆界外正義的主題

　　人生活在社會中,自然的,比較容易對社會正義的議題有所關切。社會疆界之外的事務,就不是那麼會讓人產生同樣的關切。也因此,一般人對疆界外正義的關切可能就較為薄弱。傳統上,政治哲學的主題主要圍繞在國家正當性與社會正義等議題上,疆界外正義的問題幾乎沒有任何哲學家提出較為系統性的論述。直到1979年,美國學者Charles Beitz出版頗受學者注意而且專注於討論國際正義問題的《政治理論與國際關係》(*Political Theory and International Relations*, Princeton University Press, 1979)時,他還是抱怨,疆界外正義(國際正義是其部分)的問題沒有受到應該有的重視。Betiz認為,我們有很好的理由關心疆界外的正

(續)————————————

　　　　就大的觀點看,我們可以說,《政治自由主義》是《正義論》的延伸著
　　　　述。

義。不過，要談關切疆界外正義的理由之前，我們對於疆界外正義的主題應先有一定的清楚掌握，否則，我們也很難真正關切疆界外正義的議題。所以，當我們讀羅爾斯這本著述，存在於心中的一個起始的問題是：到底疆界外正義所處理的究竟是什麼樣的議題？眾所周知，羅爾斯是20世紀最重要的自由主義理論的建構與辯護者，所以，自由主義的理路應該是羅爾斯論述疆界外正義的依據。

　　自由主義是一套基於個人主義的普遍主義式的政治理論，是一套關於政治或公共事務的道德理論。自由主義者一般認為疆界並沒有嚴肅的道德意涵。因此，所謂疆界外的正義，其實只是現實中疆界對於普遍之正義原則在應用時的現實限制。先前提到的Charles Beitz所出版的那本著作《政治理論與國際關係》正是將羅爾斯在《正義論》所提出的兩項正義原則用到疆界外之事務的典型例子，許多自由主義學者也有類似的說法如Thomas Pogge, Brian Barry 等。這樣的主張一般稱之為世界大同主義（cosmopolitanism）。世界大同主義的基本主張是，疆界內外的正義所關切的議題在基本上是一樣的：個人之權利義務及福祉的問題（或者說，個人在社會制度的安排中如何被合理對待的問題，這個說法在下文會進一步說明）。自由主義者一般認為，人權與分配正義是疆界內外正義的主要議題，至於社會之間如何合理對待的問題，當然重要，但卻僅只是衍生的。對於世界大同主義者，疆界內外正義兩者間的差異，最主要是在於，疆界外正義必須額外處理不同社會間彼此對待的問題，不過，對於世界大同主義者來說，社會間對待的問題是現實中偶然的問題，基本的正義原則

可以導引出相關的規範原則來處理。

　　羅爾斯是20世紀自由主義大師，照理說，他的疆界外正義的理論應該是世界大同主義式的。不過，在《民族間的律法》中，羅爾斯特別表明，他不認為世界大同主義是處理疆界外正義問題唯一的理論。他的說法應該被理解為：就這個世界的情況來看，世界大同主義並非處理疆界外正義議題最適當的理論。在羅爾斯看來，疆界外正義所關切的主要是社會間（或民族間）如何彼此合理對待的問題。個人的權利與福祉的議題在基本上並沒有普遍的原則與價值來規範（當然，他也關切人權問題），為此，疆界外正義的主題也就不能如同世界大同主義者所說的那樣，是以個人的權利與福祉為關切的對象。他的理論關切的是，世界既然是由各個不同社會（民族或甚至國家）所組成，如果個別社會能夠是正義的且政治統治是正當的（legitimate），那麼，如何建構一個良好秩序的世界（在這樣的世界中每個正義且正當的社會得到合理對待）是疆界外正義理論的主要關切議題。羅爾斯認為，一個適當的正義理論沒有理由不嚴肅處理正義且正當的社會如何被合理對待的議題，他認為，這是疆界外正義之理論的任務。如此，羅爾斯離開典型自由主義的立場來論述疆界外正義，個人權利與福祉不再是首要關切的議題，正義且正當的社會如何被合理對待才是首要的。

　　當然，這是個理想的理論，因為這個理論是以正義且正當的社會為對象，可是，現實上，幾乎沒有一個社會是全然正義與正當的。為此，羅爾斯自稱其理論具有理想主義或烏托邦的（utopian）特質。不過，他宣稱這是具有現實意義的理想主義（realistically utopian）。現實主義的基本想法是對於存在的事態不採取批判或評價的立場。現實上，世界是存在著多元甚至彼此衝突的社會，政治現實主義不主張用任何價值或道德原則來規範這個現實。羅爾斯當然不是政治現實主義者，不過，他的民族間的律法理論肯認社會（民族）間所呈現的多元主義能夠是合理的，就這一點來看，他的理論的確有現實主義的色彩。羅爾斯在本書的「第一編」論述其理論之所以是具有現實意義的理想主義（現實烏托邦）的理由，其中他強調本書所論述的疆界外之正義的理論是政治自由主義的延伸。政治自由主義與世界大同主義者所接受的自由主義兩者之間的重大歧異之一，我認為就在於羅爾斯對於現實的多元性所採取的正面（雖然是有條件的）肯認態度。然而，現實社會之間的多元性甚至會出現像納粹德國這樣的社會，如果這也是合理的，那麼，羅爾斯的理論就不值得閱讀了！羅爾斯在「第一編」花了相當的篇幅說明，這個帶著現實意義的理想理論不會容納這樣的社會，而這樣的社會曾經出現在歷史中，雖是重大的罪惡與災難，這也不應阻撓、否定他以民族間律法的概念來建構理想的疆界外之正義秩序的理路。畢竟，這是一套規範性的理論，並不主張「凡存在的皆是合理的」。

羅爾斯的理論既然帶有現實主義的色彩，而政治現實主義對於戰爭，尤其是國家發動戰爭的行為，通常以國家主權主義的觀點來理解甚至容許。羅爾斯特別說明他的反對立場。雖然，很多學者認為他的理論其實沿襲了傳統國際法之國家主權主義的理路，但是，羅爾斯說明，他雖然以社會（民族）為疆界外正義的主要對象，但，他不接受國家主權主義，尤其是發動戰爭的權利。

他認為，任何公正而正當的社會不應該以任何理由發動戰爭，除
非遭到攻擊而採取的自衛戰爭。傳統的國家主權主義賦予國家發
動戰爭的權利，這是他之所以提出民族間之律法而非國家間的律
法來論述疆界外正義秩序的主要理由。戰爭是終極的手段，對於
受到戰爭波及的人來說，戰爭的毀滅性效果，是難以承擔的。沒
有任何公正而正當的社會有權利發動任何非自衛性的戰爭，這是
羅爾斯以及自康德(I. Kant)以降所有自由主義者所極力堅持並呼
籲的。這一點對於現今兩岸關係的處境與未來的發展，是相當有
意義的，尤其是，中國政府在2005年立法允許以非和平的手段來
達成統一的目標，羅爾斯絕對不會同意以這樣的極端手段來達成
政治性的目的。

　　以社會(民族)作為疆界外正義的主要對象既然有這樣的道
德危機與風險，為何羅爾斯堅持採行這樣的理論路線？這問題關
係到建構疆界外正義理論的道德考量。

疆界外正義理論的道德考量

　　生活在社會中，我們自出生以至於老死受到社會制度廣泛且
深刻的影響，這是事實。類似的，社會之間(民族之間或國家之
間)，因為相依、互動，而對個別社會之政治、經濟甚至文化造
成不同程度的影響。我們的社會生活不只受社會制度影響，隨著
全球化的趨勢，也受到社會以外(也就是疆界外)之力量的影響。
尤其是，社會間(國際間)，強勢的社會(民族或國家)經常以赤裸
裸之政治力甚至以戰爭或戰爭之威脅來促成所意圖之政治目的

的實現，這經常對於社會中(疆界內)的人有重大的影響。這也是
事實。疆界內的社會制度的巨大影響讓我們關心社會正義的問
題；現在，疆界外之社會間(或民族間或國際間)互動所帶來的重
大影響也讓我們關心疆界外正義的問題。羅爾斯的「民族間的律
法」的理論正是有關疆界外正義的理論。社會正義理論所要處理
的似乎頗為明顯，用羅爾斯在《正義論》中所說的，社會正義所
針對的是「社會之基本結構」，所處理的是社會成員享有之權利
與義務、社會合作之負擔與利益的分攤等問題。不過，疆界外並
無一個組織如此嚴密的「超級社會」，並沒有一個超級的社會結
構作為疆界外正義的對象，如此，疆界外正義的理論針對的是什
麼？所要處理的究竟是什麼樣的問題？在此，對於社會生活與社
會正義的簡略說明可以提供有用的對照，以作為理解疆界外正義
之概念與理論的出發點。

　　社會提供個人生活、發展與追求人生意義所需的資源、思考
的觀點、價值觀。社會制度與規範是社會生活基本的特性，沒有
制度就不會有穩定的社會秩序，我們甚至可以說，社會生活是立
基於社會制度的運行。社會以制度性的安排與規範主導了人在社
會中的生活，每個人自出生、成長以至於老死，受到社會制度之
安排的廣泛且深層的影響。一個社會在政治、法律、經濟層面所
建構的制度，教育體系、家庭的運作與地位、宗教活動等無一不
帶著這個社會所採行之制度的限制與導向。更進一步說，社會對
於每個個人如何被對待(這包括享有何種權利？擔負何種責任？
等)有著系統性的規定。就此而言，社會對於每個人的人生整體
有著系統性的、廣泛的、深刻的影響。社會中的每個人都希望且

要求合理的被對待。被合理對待的要求與期待是普遍的。肯認這項要求與期待的合理性，社會正義理論必須說明這項合理性的基礎並說明何種正義原則可以滿足這個要求與期待。正義的社會保障了個人所期待的合理對待，不正義的社會則反而施加不合理的對待或容許（甚至鼓勵）不合理對待。不能讓成員得到合理對待的社會（尤其當成員廣泛相信、感受到不合理的對待），這樣的社會不能不訴諸暴力來達到維持社會一定秩序的目的。不是依靠正義來維持社會良好秩序，反而是憑藉暴力及威脅來統治，很難想像這樣的社會有可能長治久安。無怪乎，羅爾斯主張，正義是社會生活的首要美德。

在正義的社會中，成員得到且預期自己會得到合理的對待。這不只是當代自由主義對於社會正義的基本立場，我相信這也是所有社會正義理論所共同接受的原則。什麼樣的對待是合理的對待？此處無法詳細說明。約略的說，合理對待的要件包括適當的對待原則，以及實踐這樣原則的制度安排。自由主義的社會正義理論對於被對待之合理性的說明是基於兩項基本價值的優先性：個人自主性的尊重與提供及保障個人追求其人生意義的基本資源。非自由主義的社會正義理論當然採納不同的價值。不論非自由主義的正義理論所認定的價值為何，這個理論可以被接受的條件之一是，要說明如何保障社會成員在社會生活中得到合理對待。

解決合理對待問題的理論是否只能是自由主義式的？用另一個方式看，是否真的只有自由主義的社會才能保障合理對待其成員？無論如何，對於思考疆界外正義問題的人來說，這是一個

基本的且必須有所決定的問題。為什麼這個問題如此關鍵？對羅
爾斯來說，這問題的答案密切關聯到我們如何看待非自由主義社
會(民族或甚至國家)的道德地位。如果自由主義與非自由主義國
家可以一樣是正義的(也就是，保障其成員獲得合理對待)，那
麼，一個自由主義者在思考疆界外正義的理論時，他就不能不嚴
肅考慮非自由主義社會如何被對待的問題。

　　前面說過，羅爾斯自認其理論有現實主義的色彩，這不僅呈
現在其疆界外正義的理論，也明顯表現在他所提的政治自由主義
的理論中。這個現實主義簡略地說，就是承認多元主義的合理
性。當然，羅爾斯對於多元主義之合理性的肯認並不蘊含「凡存
在的皆是合理的」這樣的主張。多元主義的合理性是指，在自由
民主的社會中，公民可以合理的信奉不同或甚至相衝突的學說。
在民族間的關係中，多元主義的合理性指的是，不同社會能夠合
理的採行不同的社會正義原則以及政治正當性的標準。前者可以
稱做「價值多元主義的合理性」，而後者則稱為「政治多元主義
的合理性」。

　　對於生活在自由民主社會中的人來說，多元主義雖然耳熟能
詳，不但習以為常的體認這是個生活中既存且不可避免的事實，
而且理所當然的視為是一項重要的價值。不過，對於許多或所有
自由主義的理論者來說，多元主義是個令他們為難的概念及主
張。一方面，自由主義者提出相當明確的原則與價值，並積極論
證這些原則與價值的正確性(或合理性)，這個論證的工作經常包
含指明、批判其他理論或學說的錯誤或不合理之處，如此一來，
接受多元主義顯然是帶有「自我否認」的後果。另一方面，自由

主義者不可能主張「凡存在的皆是合理的」，所以，多元主義是有條件的，這條件經常是依據自由主義的價值或原則來界定，如此，多元主義的合理性其實還是指自由主義所能接受的，這就背離了多元主義的主張。在實踐方面，信奉不同或甚至彼此衝突之全面性學說的人之間，也會因各自的堅持而使得社會陷入嚴重的紛爭與分裂；接受多元主義的合理性卻反而使社會無法維持良好秩序。這是主張價值多元主義之合理性所面臨的難題。政治多元主義之合理性的主張也面臨類似的難題。自由主義的政治理論，包括疆界內外正義的理論，都接受多元主義之合理性的主張，可是，很難說明這樣的合理性。羅爾斯認為，政治自由主義為這樣的難題提供了解決之道：容忍。

多元主義與容忍

　　政治多元主義之合理性的想法或主張承認，不同社會（民族）能夠合理地採行或依據不同的社會正義原則及政治正當性的判準來建構其制度並維持社會秩序，自由主義社會與非自由主義社會因而都可以是良序的社會。自由主義社會與非自由主義社會既然信奉相衝突的政治理念，彼此之間的關係與互動難以避免存在著根本的歧異與衝突的潛因。對於主張政治多元主義之合理性的羅爾斯來說，其理論之任務（之一）就是設法說明，這個多元卻衝突的世界如何能夠建構一個合乎正義的世界秩序？前面說過，要建構合乎正義的秩序，其必要條件是讓這個秩序所規範的相關主體得到合理的對待。一個社會如何能得到合理的對待？羅爾斯提出

幾項原則。這些原則有些界定合理對待的方式,有些則界定什麼樣的社會才享有被合理對待的資格。為了避免非自由主義社會抱怨這樣的條件其實是要求他們走向自由主義,羅爾斯特別說明,這樣的要求是政治的。而非基於任何全面性的(comprehensive)學說。為了說明這點,羅爾斯強調容忍在這個議題中所扮演的角色。

容忍的實踐預設容忍者對於被容忍者同時採取了消極與積極兩種態度。消極的態度來自於容忍者不認同被容忍者所採行的社會正義與政治正當性的原則與制度,積極的方面,容忍者認為被容忍者的制度也有其合理性。就此而言,容忍的實踐也正是對於多元主義之難題所採取的解決方式。為此,容忍是在一定的政治關係或社會秩序下才會實踐的價值,也就說,只有在政治自由主義所理解與建構的正義秩序中,容忍才能用來處理多元主義之合理性的議題。

容忍的要求是基於以政治方式來理解多元主義。在羅爾斯的理論中,政治理解是一種非基本主義式的(non-fundamentalist)理解。簡略的說,以政治方式來理解社會正義就是,說明正義原則如何能夠不關聯到基本的道德理論、哲學立場或宗教信念,但卻依然是合理的、可以接受的。以政治的方式來理解多元主義以及民族間的律法就是:規範不同民族間之合理對待的疆界外正義的原則不需要預設某個獨特的社會正義或政治正當性的信念。如此,這個政治理解下的疆界外正義理論及所要求的民族間之容忍就不是要求各民族必須走向自由主義,正如同在政治理解下的社會正義與容忍並不要求公民必須是自由主義者。

結語

羅爾斯的《民族間的律法》是其政治自由主義的延伸應用。在社會（自由民主的社會）疆界內，他所關切的是，如何以自由主義來說明有著深刻歧異甚至分裂的社會如何還能夠建構並維持公正且穩定的秩序。而在社會疆界之外，多元甚至衝突的社會（民族）之間如何能夠建構並維持一個公正且穩定的世界秩序。羅爾斯雖然將現實主義摻合到理想的理論中，他仍然在書中論述非理想的狀況。似乎，他並不是那麼樂觀。這個世界中的社會，不論是自由主義或非自由主義社會，不會輕易就願意放棄傳統國家主權主義的路子，現實的社會大多仍然傾向於信奉戰爭與力量。差異與衝突是人類存在的根本特質，如果我們不能用合理的（講道理的）方式來面對這個現實，如果我們不能承認多元主義的合理性，秩序的維持以及民族間彼此的對待，真的就如羅爾斯所憂心的，只能出之以暴力脅迫或戰爭之威脅。《民族間的律法》是政治自由主義的延伸，其重要的意義是，社會間的對待也應該是合理的方式。瞭解這個，我們才能理解為何羅爾斯在《民族間的律法》之後又附加一篇〈再論公共理性的理念〉。政治自由主義作為處理疆界內外之理想政治秩序的理論，其核心概念就是合理性，羅爾斯以公共理性的概念來詮釋這個合理性的概念。正義的完全實現也就是所有個人及其社會都能得到合理對待。這是理想。不過，這是所有人與社會都會企求的理想。

序言

　　自1980年代後期開始，我就不時想到發展我所謂的「萬民法」。我之所以一開始便選用「諸民族」(peoples)這一名稱而不選用「諸國族」(nations)或是「諸國家」(states)，是為了賦予「民族」一些不同的特性，以便和國家的特徵區別開來。當前對「國家」的看法——如傳統上所認為的具有兩種主權權力的國家(見§2.2)——並不適用。隨後幾年當中，我花了更多時間研究這一論題，並且在1993年2月12日(林肯總統誕辰)牛津特赦講座(Oxford Amnesty Lecture)上，以「萬民法」為題，發表了一次演講。這次講座讓我有機會和聽眾們一起緬懷林肯的豐功偉業(而我的演說正是以此為結語)，但是，不論是我那時的發言或是已經印行的文字(該文最初發表在 *On Human Rights: The Oxford Amnesty Lectures, 1993*, 由Stephen Shute與Susan Hurley主編 [New York: Basic Books, 1993])，我一直都不滿意。光憑一回單場講座就想涵蓋這樣多的內容，那是不可能的，而且，由於我還沒能將所談及的內容充分開展，結果讓人產生若干誤解。現在這個版本是在1997-1998年間完成的(改寫自1995年4月我在普林斯頓大學所開

的三堂討論課內容），總算表達得比較充分，比較令人滿意。

　　在最後一次修訂手稿之前，我寫成了〈再論公共理性的理念〉（The Idea of Public Reason Revisited）。這篇文章最初發表在《芝大法學評論》（*University of Chicago Law Review*, 64）1997年夏季號，後來收入我的《羅爾斯論文集》（*Collected Papers*, Harvard University Press, 1999）。在這篇文章中，我竭力闡明，為什麼不論是懷抱宗教的或非宗教的整全性的（comprehensive）觀點的人，都會講理地（reasonably）贊同公共理性所設下的制約條件——立基於自由主義式政治觀（一個在1993年出版的《政治的自由主義》中首次被討論到的理念）之上的現代立憲民主彰顯了這種制約條件。公共理性的理念也是萬民法一個不可或缺的部分，它把社會契約理念擴展成「諸民族之社會」①（the Society of Peoples），而且設計出不論是自由主義式的或非自由主義式的（卻是正派的）社會都可以且應該接受的一般性原則，倚之為標準，來規約彼此的行為。基於這一緣故，我刻意將這兩篇放在一起，當做一本書出版。只要將這兩篇文章合而觀之，就可以看出我對「講理的公民與民族如何可能在一個正義的世界中和平共存」這一問題的最

---

①　【譯註】中文一般都以「的」字同時作為所有格與形容詞之詞尾，但在翻譯上，尤其是翻譯尚沒有慣常譯法的特殊用語，「的」字往往很容易造成語意滑轉、甚至誤解。因此，為求譯文清楚嚴謹，凡是在譯文中可能造成誤讀的詞句或術語，譯者皆以「之」字作為所有格語助詞（如「社會之世界」[the world of societies]），而以「的」字作為形容詞詞尾（如「社會的世界（或社會世界）」[social world]）。這種做法或許會造成些許閱讀上的突兀，卻可以有效地避免誤解產生。

終省思。

　　這些年來，協助我讓這些思想開花結果的人實在太多了，無法一一提及，但我還是要特別感謝Erin Kelly, T. M. Scanlon, Percy Lehning, Thomas Pogge以及Charles Beitz。我盼望他們全都知道，我是多麼感謝他們費時耗力地幫我校正本書的大批手稿，是多麼依賴他們對我提出的睿智評論。

　　我尤其應該謝謝Samuel Freeman，在編完我的《羅爾斯論文集》並製作了大量索引之後，還願意為這本書編製索引——這可又是一件大工程。他的卓越成果有目共睹，非但詳盡，而且專業！

　　最後，懷著極度傷愧的心情，我衷心地感恩我摯愛的朋友兼同事Burton Dreben，他已於今年（1999）7月絕手人寰了。Burt對我的幫助多如繁星。他不僅協助推展我的想法、組織並釐清我的思想，還斬除各種可能引起混淆的藤枝蔓節。過去三年我臥病在床的日子裡，他和拙荊Mardy不辭辛勞地激勵我寫完書稿，還隨著一本本書稿的付梓、刊行，提供給我大量且細心的編輯建議。對於Burt，我一如既往，深懷無限的感激！

目次

再論公共理性的理念

萬民法

導 論

1. 我所說的「萬民法」[1]，是一種特殊的政治性正當與正義
之觀念(a particular political conception of right and justice)，這種
觀念以國際法與國際實務之原則與規範為其應用範圍。我將用
「諸民族之社會」(Society of Peoples)這一詞彙來指稱所有那些
在彼此互動關係中遵循萬民法之理想與原則的民族。這些民族有
他們自己的內部政府，可能是自由主義式立憲民主政府
(constitutional liberal democratic)，也可能是非自由主義式但卻正
派的政府(non-liberal but decent)[2]。在這本書裡，我詳細考量如何

1　"law of peoples" 這一詞引伸自傳統的 *"ius gentium"*(萬民法)，而 *"ius
　gentium intra se"*(在諸民族自身之範圍內的萬民法)這個片語則是指涉
　所有民族之法律都共同擁有的法。見R. J. Vincent, *Human Rights and
　International Relations* (Cambridge: Cambridge University Press, 1986), p.
　27. 不過，我的 "law of peoples" 並沒有沿用上述意義，而是指一種特
　殊的政治原則，旨在規約諸民族間的相互政治關係。參見§2中的定義。
2　我用 "decent" (正派的)這個詞來描述非自由主義式的社會，這種社會
　的基本體制符合政治正當或政治正義的某些特定條件(包括公民權，也

才能從某種自由主義式的正義理念(liberal idea of justice)中推展
出萬民法的內容。這種自由主義式的正義理念近似於我在《正義
論》(1971)中提到的**作為公平的正義** [3](justice as fairness)，只是
前者比後者更具一般性而已。這種正義理念以我們熟悉的社會契
約理念為基礎，而且，不論是在域內(domestic)[①]或是在國際間，
那些我們依循用以挑選我們所同意的正當原則與正義原則的程
序，就某些方面來看，可以說完全沒有差別。我要討論：這樣一
部萬民法[4] 究竟是如何滿足那些特定條件的，能夠讓這一「諸民

(續)————————————

　　　就是：公民對政策制訂應該具有某種實質性的作用——透過結社組織或
　　　團體行之)，並且引導它們的公民去尊崇一部合理公正、適用於諸民族
　　　之社會的法律。這個理念在「第二編」中會有詳盡的討論。我對這個詞
　　　的用法和Avishai Margalit不同，他在*The Decent Society* (Cambridge,
　　　Mass.: Harvard University Press, 1996)一書裡所強調的是對社會福利的
　　　考量。

　3　我要藉著這些粗體字點出「作為公平的正義」乃是某種特殊正義觀的名
　　　稱。後文則不再特別標明。

　①　【譯註】"domestic" 原來意指「內部的」，一般譯作「家務的」、「本
　　　國的」或是「國內的」。一般可見的羅爾斯著作中譯，通常以「國內的」
　　　一詞譯之。不過，我認為這譯法不妥。在本書中，羅爾斯開宗明義便說，
　　　peoples, nations和states是不同的，他採用前者而非後二者。但這三個字
　　　一般在中文表達上卻沒有明確區分，如果採用通譯，將會使中文讀者產
　　　生混淆，無法理解確切文意。因此，譯者不採上述通譯，而改譯作「域
　　　內的」(就是「在某種疆界之內的」的意思)，也就是說，不論是people,
　　　nation還是state，都有其domestic affairs(「域內」事務而不是「國內」
　　　事務)或domestic institutions(「域內」體制而不是「國內」體制)。

　4　通觀全書，我有時候是指涉**一項**萬民法，有時候是指涉**這項**萬民法。不

族之社會」有資格冠以**現實的烏托邦**(realistic utopia)之名(參見
§1)；接著我還要回頭解釋，為什麼我使用的詞彙是「諸民族」
(peoples)而不是「諸國家」(states)[5]。

在《正義論》第58節中，我已經闡明怎樣才能將作為公平的
正義——為了「評判正義戰爭之目的與限制」這一有限目標——
延伸應用到國際法(這是我在那本書中所使用的語彙)。但在這
裡，我的討論所涵蓋的範圍更廣。我建議考慮這五類域內社會
(domestic society)。第一類是**講理的自由主義式民族**(reasonable
liberal peoples)；第二類是**正派的民族**(decent peoples)(參見註
2)。在這類民族中有一種民族，它的基本結構中具有我稱之為「正
派的商議層級」(decent consultation hierarchy)的制度，我把這種
民族稱做「正派的層級制民族」(decent hierarchical peoples)。至
於其他種可能的正派民族，我就留著不再一一細述了，我們只需
認定還有其他種正派民族存在，其基本結構和我所描述的商議層
級制雖不一樣，但仍然值得成為「諸民族之社會」的一分子，就
可以了。(我將自由主義式民族和正派民族合稱為「良序的民族」
[well-ordered peoples]。)[6] 另外則是第三類的**法外國家**(outlaw

(續)————————————————

　　過我們會慢慢明白，單獨一項的萬民法是不可能的，而是存在著一套如
　　此的合理法律之族系(family)，它們符合所有我將討論到的條件與標
　　準，也滿足諸民族之代表，這些代表將決定這部法律的具體細節。

5　§2中有我對 "peoples" 更詳細的解釋。

6　"well-ordered" 一詞來自 Jean Bodin，他在 *Six Books of the Republic* (1576)
　　一書中提到 "*République bien ordonnée*"。

states)①和第四類的**受不幸條件所牽累的社會**(societies burdened by unfavorable conditions)。最後就是第五類的**仁慈的絕對主義**(benevolent absolutisms)**社會**：這種社會是尊重人權的；但由於其成員無法在政治決策過程中擔任有意義的角色，所以不能算入良序社會之列。

我將分成三編來說明一般社會契約理念如何擴延應用至諸民族之社會，其中含括我所謂的理想理論與非理想理論。「第一編」屬於理想理論的第一部分，討論如何將一般社會契約理論擴延至「諸自由主義式民主民族之社會」(the society of liberal democratic peoples)。「第二編」為理想理論的第二部分，談的是如何將同樣的理念擴延至「諸正派民族之社會」(the society of decent peoples)。這種社會雖稱不上是自由主義式的民主社會，但卻擁有某些特定表徵，讓它們有資格被講理的諸民族之社會所接受，成為當中的一分子。藉著說明這兩類(自由主義式的以及正派的)社會都將一致贊同萬民法，就可以充分闡釋這種關於社會契約理念之延伸應用的理想理論。一個諸民族之社會之所以合理適當，原因在於：它的成員都願意在彼此的互動關係中遵循合理適當的萬民法。

---

① 【譯註】"outlaw state" 意指不願受國際法約束，也不願意在域內實行合理的法律統治的國家，一般譯為「流氓國家」或「不法國家」。但由於中文的「流氓」或「不法」顯有極為負面的意義，羅爾斯的用法並沒有這麼強烈，因此改譯作「法外國家」，亦即：不在萬民法約束範圍內的國家。

　　「第二編」的目標之一在於表明，這世上可能存在著某些正派且非自由主義式的民族，它們不僅接受萬民法，而且奉行萬民法。為了這個目的，我設想了一個虛擬的國度「卡贊尼斯坦」（Kazanistan），意指一個非自由主義式的穆斯林民族。這個民族符合我在§§8-9中針對正派層級制民族所提出的判準：卡贊尼斯坦不侵擾其他民族，會接受且遵循萬民法；它崇尚並尊重人權；而且，它的基本結構還具有一種我先前所描述的商議層級。

　　「第三編」論及兩種非理想理論。其中之一處理的是不服從之條件，也就是說，任何政權（regime）只要具備這些條件，就會拒絕服從萬民法。我們可以將這些政權稱之為法外國家，而且，我還要討論，其他社會——包括自由主義式的和正派的——可以光明正大地採取哪些手段保衛自己，抵抗法外國家。另外一種非理想理論則處理不幸的條件，也就是說，處在這樣的條件下的社會，其歷史的、社會的，以及經濟的環境使得它們即使不是不可能，也很難造就出一個良序的政制（不管是自由主義式的還是正派的）。對於這種包袱沉重的社會，我們必須問，自由主義式或正派的民族究竟要負擔多大的援助義務，好讓這些社會能夠建立屬於它們自己的合理適當的或正派的體制。不管有多困難，只要所有社會都能夠建立起自由主義式的或是正派的政制，萬民法的目標也就完全實現了。

　　2. 這篇對萬民法的專論既不是一篇關於國際法的論文，也不是一本國際法教科書。倒不如說，它是一篇文字，專門討論與「現實烏托邦是否可能實現，以及促其實現之條件為何」有關的特定問題。我以現實的烏托邦理念為起點，也以這種理念作結。只要

把一般所認為的實際政治之可能範圍擴大,政治哲學就有了現實
烏托邦的特性。對於我們社會的未來,我們懷抱希望,而這希望
是建立在這樣的信念之上的:社會世界的本質願意將合理適當的
立憲民主社會視為「諸民族之社會」的成員。在這樣的社會世界
裡,海內外各個自由主義式民族和正派民族之間將會達成和平與
正義。這種社會理念之所以是現實的烏托邦,正是因為它描繪了
一種有可能達成的社會世界,一種整合了「諸民族之社會」中所
有自由主義式民族與正派民族之政治性的正當與正義之世界。不
論是《正義論》或《政治的自由主義》,都想要說明如何才能實
現一種自由主義式的社會 [7]。而《萬民法》則想指出如何才能實
現一個由自由主義式民族與正派民族所共同組成的全球社會。當
然,有許多人可能會說,那根本就不可能,而且,在社會之政治
文化中,這些烏托邦因素可能正是嚴重的缺陷 [8]。

7　見*Political Liberalism* (New York: Columbia University Press, 1993),以
　　及1996年平裝版,後者還包括平裝版導論與"Reply to Habermas"一文
　　(首次刊於*Journal of Philosophy*, March 1995)。我現在的評論引自平裝
　　版導論的最後一段。

8　我在這裡想到的是E. H. Carr的*The Twenty Year Crisis, 1919-1939: An
　　Introduction to the Study of International Relations* (London: Macmillan,
　　1951),以及他對烏托邦思想的著名批評(我引用的是Harper Torchbook,
　　1964年的版本)。Carr的想法可能是對的,在他的意識裡,烏托邦思維
　　對英、法兩國在兩次世界大戰間的政策扮演了一種有害的角色,而且導
　　致了第二次世界大戰。見該書第4章及第5章,他在那裡對「利益之和諧」
　　(harmony of interests)理念大加批判。只是,Carr的利益和諧理念和哲學
　　無涉,而是和掌握權力的政客的一廂情願有關。Winston Churchill曾經

　　相反地，我雖然不否認這些因素可能遭到誤解，但我還是相信，這種現實的烏托邦理念還是十分重要、不可或缺。有兩種主要理念促成了萬民法。其一是，人類歷史中最大的惡——不正義的戰爭與壓迫、宗教迫害與否定良心自由、飢餓與貧困，更別說滅族和大屠殺了——來自政治上的不正義與這一不正義本身的殘酷無情。（這裡所說的政治正義的理念和政治的自由主義所討論的相同[9]，而萬民法正是在這一基礎上發展出來的。）另一種主要理念和第一種理念明顯相關，這理念是：如果這種最陰暗的政治不正義能夠透過遵循正義的（或至少是正派的）社會政策，以及建立正義的（或至少是正派的）基本體制而徹底排除，那麼，這些重大的惡最終將會雲消霧散。我把這些理念和現實的烏托邦理念結合在一起。依循盧梭《社會契約論》開篇的思想（將會於後文「第一編」§1.2中援引），我會認為，他所提的「如其所是之人」（men as they are）這個片語所指的是人的道德與心理本質，以及這

（續）────────────

　　說過的：「不列顛帝國的命運與榮耀和世界的命運緊密地交織在一起。」（p. 82）就是一例。Carr雖然批判了烏托邦主義，不過他從未質疑道德判斷在塑造我們政治見解時所扮演的核心角色。他把合理的政治見解表述成現實主義（即權力）與烏托邦主義（即道德判斷和價值）之間的一種**妥協**。我和Carr不同，「一個現實的烏托邦」這一理念並不需要勉強自身遷就權力和政治正當與政治正義之間的妥協，而是設下限制，要求權力之行使必須合理。要是不這麼做，就是放任權力，由它自己任意決定該要什麼樣的妥協，就像Carr所承認的（p. 222）。

9　見本書的〈再論公共理性的理念〉，尤其是頁183-208。

種本質如何在政治與社會制度的架構中發揮作用[10]；而他另外所謂的「如其所可能是之法律」(laws as they might be)，則是指法律應該是什麼的問題。我甚至認為，如果我們是成長在一個合理且正義的政治與社會體制的架構中，那麼，只要屆臨法定年齡，我們就會肯認這些體制，這些體制也將長久地存續下去。在這樣的脈絡下，說人性是良善的，等於是說，在合理且正義的體制──能夠符合一組合理的自由主義式政治性正義觀族系中的任何一項個別觀念的體制──中成長的公民，都將肯認這些體制，並且確保他們身處的社會世界能夠長久存在(這套觀念之族系的特徵是，當中每一個個別觀念都符合**互惠**[相互性，reciprocity]原則的要求)[11]。不過，這樣的體制即使存在，數量也極為稀少，它必須是一種我們能夠理解、奉行、而且能夠贊同和為之背書的制度。我堅定地認為，這種社會境況有可能實現──它可以存在，而且可能存在。另外，我還說，它不僅是高度理想的(utopian)，還是非常值得追求的，因為它結合了合理性(講理，reasonableness)與正義，以及足以讓公民實現他們的根本利益的條件。

　　3. 既然我們把關注焦點放在「現實的烏托邦」這一理念，就只好把當代困擾著公民與政治人物的許多急迫的外交政策問題

　10　盧梭也說：「道德事物中的可能性之界限沒有我們想像中的那麼狹窄。是我們的弱點、我們的罪過、我們的偏見把它們給限縮了。卑鄙的靈魂不信任偉大的人物。下賤的奴隸則譏諷、嘲笑著自由(freedom)這個名詞。」見*The Social Contract*, book II, chap. 12, para. 2.

　11　見本書的〈再論公共理性的理念〉 尤其是頁184, 190-193。

通通擱下，頂多不過稍微提一下而已。我要舉的是以下三個重要例子：不正義的戰爭、外來移民（immigration），以及核子武器和大規模毀滅性武器。

關於戰爭問題，有一個事實十分關鍵：立憲民主社會彼此間沒有戰爭（§5）。這不是說這類社會的公民素養高，特別正義和善良，而只是說，它們沒有理由對彼此發動戰爭。我們且比較一下歐洲現代早期的國族國家和民主社會。英國、法國、西班牙、哈布斯堡王朝統治下的奧地利、瑞典以及其他國家，都曾為了疆域、為了真正的宗教、為了權力和榮耀，或是為了取得均勢的地位，而發動王朝戰爭。這些戰爭都只是君主和王室之間的戰爭；這些社會內部的體制結構使它們在本質上就具有侵略性，對其他國家懷抱敵意。民主國家之間的和平這一關鍵事實的基礎，就是民主社會的**內部**結構，由於這種結構，使民主國家除非是自衛或是為了保障人權而干預不義社會這種嚴重情形之外，根本無意發動戰爭。既然立憲民主社會彼此相安無事，和平也就降臨其身。

接下來看第二個問題：外來移民。我在§4.3中討論到，不管一個社會的疆域劃分從歷史的觀點看是如何的肆意武斷，政府的重要角色之一，就是成為民族的一個有效力的代行機構，負責維持國家的疆域與人口數量以及土地環境的完整。如果沒有讓某個代行機構承擔職責，保護資產並且為未能克盡使命而付出代價，否則，這些資產就會逐漸消逝。在我看來，財產制度的作用就是要阻止這種資產流失狀況的發生。就現在這個例子來說，所謂資產，指的是民族的領土以及這一領土所具有的使民族**永遠**存續下去的潛在生養能力；而所謂代行機構，則是指從政治上組織起來

的民族本身。這個永久性條件是至關重要的。人們必須承認,如果他們無法規範約束內部的成員、無法管控透過戰爭征服而得的土地與未經其他民族之同意而占居的領土,那麼,他們將無法得償所失。

造成外來移民的原因有很多。我只提其中幾種,不過我認為,在自由主義式的和正派的民族之社會中,這些原因會漸漸消失。這些原因之一,是迫害宗教少數和族群少數,不認為這些人有人權。其中之二則是各式各樣的政治強制,像是農民階層的成員被君主徵召入伍或雇為傭兵,為王朝之爭奪權力與疆域而戰[12]。通常,人民只會為了躲避災荒而離鄉背井,就像1840年代發生的愛爾蘭大饑荒。但其實,造成饑荒的原因有一大半要歸咎於政治失靈和缺少正派的政府[13]。最後一個我要提到的原因是:疆域內部的人口壓力,以及在各種錯綜複雜的原因中最突出的原因,也就是婦女的不平等和次屬地位。一旦消除這種不平等和次屬地位,並且獲得和保障同男人一樣的政治參與權和受教權,這些問題就可以迎刃而解。對一個現實的烏托邦來說,宗教自由與良心自由、政治自由與憲政自由,以及婦女們所該有的平等正義,都是一個堅實穩當的社會政策所應該具備的根本面向(參見§15.3-4)。所以,就現實的烏托邦而言,外來移民問題絕不能忽略不顧,必須當成一個有待解決的嚴肅課題。

---

12 可以想想黑森軍(Hessian Troops),他們脫離不列顛軍隊,並在美洲革命之後成為合眾國公民。

13 見「第三編」§15.3之註35對Amartya Sen的討論。

　　至於管制核子武器和其他大規模毀滅性武器這個問題，我只想扼要談談。由於各個合理公正的自由主義式民族與正派民族之間彼此有能力有效地禁止生產這些武器，相對上比較容易管制。但是，只要這世上存在著像我們所設想的那種法外國家，就有必要保留部分核子武器，來制約這些國家，確保它們不會取得這些武器或是用這些武器來對抗自由主義式民族與正派民族。哪種做法才是最好的方案？這得由專家知識來決定，哲學無須在此越俎代庖。當然，這裡還是有一個重大的道德問題：到底能不能──或在哪種環境下──使用核子武器（參見§14中的討論）。

　　4. 最後，我們必須瞭解：萬民法是從政治的自由主義中開展出來的，是將應用於域內政制的自由主義式正義觀擴大沿用至「諸民族之社會」。我要強調，在從自由主義式正義觀中發展萬民法的時候，我們也為合理適當的**自由主義式**民族順理出適於它**們外交政策**所用的理想與原則。這種對於自由主義式民族外交政策的關懷隱隱通貫於全書。我們之所以要繼續考量正派民族的觀點，並不是為了替**它們**指定正義原則，而是要向我們自己保證，即使是站在正派的卻是非自由主義式的觀點立場來看，自由主義式民族的外交政策也一樣是合理的。對這種保證的要求，是自由主義式觀念的內在特徵之一。萬民法堅持認為，正派且非自由主義式的觀點確實存在，而對非自由主義式的民族到底要寬容到什麼程度，是自由主義外交政策必須面對的重大問題。

　　我的基本理念得自康德的《論永久和平》（*Perpetual Peace*, 1795）以及他的**和平聯盟**（*foedus pacificum*）理念。依據我對康德的詮釋，這基本理念意味著：我們將從立憲民主政制之自由主義式

政治觀中的社會契約理念出發，然後，藉著引進「第二層次中的
第二原初狀態」(a second original position at the second level)——
這是各個自由主義式民族之代表彼此達成協議的狀態——來進
一步拓展這項基本理念。我在§§3-4中說明了上述看法，在§§8-9
中則論及非自由主義式但卻正派的民族，然後提出再一次的解
釋。所有這些協議，都被理解成是假設的、非歷史的，而締結這
些協議的民族，不僅都是平等的、彼此對稱地處於原初狀態之
中，而且同時都被適當的無知之幕所遮蔽。因此，各民族之間的
約定都是公平的。上述種種，都和康德的理念相符，亦即：一個
立憲政制必須建立有效的萬民法，以便充分實現其公民的自由[14]。
我沒有辦法預先保證這種對萬民法的研討途徑一定能夠完成目
標，我也不能妄下斷語，認為不會有其他種達到萬民法的正確道
路。要是有其他種途徑可以達到相同的目的，當然是再好不過了。

14　見*Theory and Practice*, Part III: Ak: VIII: 308-310。在那裡，康德根據國
　　際法權(right)之實踐，或是他所說的，依循一種普世性的觀點，來思考
　　理論；並見*Idea for a Universal History*,「第七定律」，Ak: VIII: 24ff.

第一編

理想理論之第一部分

§1. 作為現實烏托邦的萬民法

1.1 **現實烏托邦的意義**。正如我在〈導論〉中所說，政治哲學，只要它擴大一般所認為的實際政治的可能範圍，並藉此使我們本身符應於我們政治和社會的情境，那麼，它就是可以實現的烏托邦。對於我們社會未來的希望，我們所倚靠的正是下述這一信仰：這個社會世界允許合理公正的立憲民主制，視其為合理公正的諸民族之社會的成員之一。依照社會之法則和趨勢，可能會產生合理有利的歷史條件，而在這些歷史條件之下，合理公正的立憲民主制又會是什麼樣子？這些影響各民族彼此關係的法則與趨勢和這些條件又有什麼關係？

在一個合理公正的域內社會中，這些歷史條件包括合理多元

主義之事實(the fact of reasonable pluralism)[1] 在內。在諸民族之社會中,與合理多元主義平行對應的,是各講理的民族彼此間的歧異性(diversity),這些民族各自具有不同的文化與思想傳統,包括宗教的傳統與非宗教的傳統。即使有兩個或更多的民族擁有自由主義式的立憲政制,它們的憲政主義觀也可能多樣而分歧,各自呈現出型類殊異的自由主義。一項(合理的)萬民法必須是各種多樣分歧的講理的民族都能夠接受的;它必須在它們之中力求公平,而且足以有效地為它們形塑最大的合作規制(scheme)。

　　這種多元主義之事實限制了今時今地實際可能會發生的事物,而不論其他歷史時代到底是什麼樣子——人們通常認為,在那些歷史時代,域內社會中的人民共同肯認了某個整全性學說(雖然也許他們從來沒有真正共同肯認過)。我承認,有關如何辨別這種實際可能性之限度,以及我們的社會世界之條件究竟為何,還存在著許多問題。這裡的疑點是,可能性之限度並不是現實所賦予的,因為我們有能力或大或小地改變政治的與社會的體制,其他的就更不用說了。因此,我們必須倚靠臆測與推斷,盡全力地論證我們所設想的社會世界是可行的,而且有可能真正存在,就算不存在於當世,也會在某個合宜的環境下,產生於未來的某個時間點上。

　　最後,我們想問,存在於各民族內部或是各民族之間的合理多元主義,是不是我們應該要接受的歷史條件。雖然我們可以想

1　見*Political Liberalism*, p. 36的定義。另可見本書〈再論公共理性的理念〉一文。

像一個我們有時候會覺得比較幸福的世界——一個所有人或所有民族都擁有和我們一樣的信仰的世界——但這不是問題的重點，因為自由體制的本質與文化已經把它給排除了。為了表明合理的多元主義並不是一件令人遺憾的事，我們必須明白指出，在依循既有的可行的社會選項這種情況下，合理多元主義允許一個社會享有更多的政治正義與自由。若能更有力地論證上述看法，會使我們更能接受我們當前所處的政治與社會情境。

1.2 **域內情況的條件。**首先，我先描繪一下作為一個現實烏托邦的合理公正的立憲民主社會（在下文中，我偶爾會把它簡稱為自由主義式社會），並檢視獲得這類現實烏托邦所需的七項必要條件。接著我要考察，這些相應的條件能不能被一個尊崇萬民法的合理公正且正派的民族社會所接納。要是這些條件被接納了，那麼，諸民族之社會同樣也會是一個現實的烏托邦。

　（i）對自由主義式的正義觀來說，若要是**現實的**，必須具備兩項必要條件。第一，它必須立基於某些實際的自然法則之上，而且具備這些法則所允許的穩定，也就是：基於正確理由的穩定[2]。它從民族本身著手（藉由自然法則），從憲法法（constitutional law）與民法可能的變化著手，也就是說，從它們能夠成為一個合理公正且良序的民主社會本身著手。在這裡，我追循盧梭在《社會契

2　「基於正確理由的穩定」（stability for the right reasons）的意思是：公民依照有關其正義感（這種正義感是透過在公正的體制下成長並參與這套體制而獲得）的合適原則而正確行動時，所帶來的穩定。

約論》一書開篇中的思想:

> 我要探討在社會秩序之中,從人類的實際情況與法律的
> 可能情況著眼,能不能有某種正當的而又確切的政制之
> 規則。在這一研究中,我將努力把權利所許可的和利益
> 所要求的結合在一起,以便使正義與效益兩者不致有所
> 分歧①。

　　對自由主義式的正義觀來說,若要是**現實的**,所必須具備的
第二項必要條件是:它的首要原則與準則必須能應用於各種不斷
演進發展的政治與社會安排,而且有確實的可行性。在此,有個
例子或許是有用的:想一想用之於作為公平的正義中的基本善
(基本權利與自由,機會,收入與財富,以及自尊之社會基礎)。
它們的主要特徵之一是:它們確實可行。人們都看得到公民們共
同享有這些善,而公民之間必須要有的對比(即所謂的人際比
較),也能夠進行。無須訴求像是民族之總體效益這類沒什麼確
實可行性的理念,也無須訴求森恩(Amatiya Sen)所提的執行各種
機能的基本能力(用他的話講),就可以做到3。

---

① 【譯註】本段譯文係引用何兆武先生所譯之《社會契約論》(北京商務
　印書館,1996年版),部分名詞稍有修改。

3 不過,不可以接著就說Sen的「基本能力」(basic capabilities)理念在這
　裡並不重要;其實恰好相反。他的想法是:社會必須關注公民的有效基
　本自由(effective basic freedom)的分配狀況,因為,對公民的生活而言,

　　(ii)對政治性正義觀來說，若要是成為**烏托邦式的**正義觀，其必要條件之一是：它運用政治性的(道德性的)理想、原則與概念，具體確立了一個合理且正義的社會。存在著一系列的合理的自由主義式正義觀，當中每一個都具備以下這三種特性原則：

> 第一，列出那些熟悉的、來自立憲政制的基本權利與自由；
>
> 第二，賦予這些權利、自由及機會一種特殊的優先性，尤其是有關一般善及完美主義價值之主張的優先性；
>
> 第三，確保所有的公民都擁有必要的基本善，使他們能夠更明智、更有效地運用他們的自由。

(續)─────────────

這些自由比占有其他基本善來得更根本──既然公民擁有不同能力與技能，能夠使用這些善來達到他們渴望過的生活方式。從基本善的面向而做出的這種回答在於承認這個主張──事實上，任何對基本善的運用都必然會對公民能力做出一定的簡化假定──但同時也是在解答，要是沒有上述或類似的假定，那麼，對「有效基本能力」理念的應用，就得仰仗大量的訊息，這些訊息比政治社會所能設想得到的或能夠合理應用的，還要多得多。相反地，只要能將基本善嵌入正義原則的具體細節，以及根據這些細節來條理社會的基本結構，我們就極有可能在實際上公正地分配Sen所說的有效自由。他的理念至關重要，因為我們需要用它來解釋對基本善的運用是否適當。有關Amartya Sen的觀點，見他的著作*Inequality Reexamined* (Cambridge, Mass.: Harvard University Press, 1992)，尤其是chapters 1-5.

這些正義觀之原則也必須能夠滿足互惠(相互性)判準。這項判準要求,如果要提議這些條款當做最合理的公平合作條款,那麼,那些提出建議的人,就必須認定,其他身為自由且平等的公民的人也會因為認為它們至少是合理的而接受它們,而不是因為被支配、被操縱,或是因為身處低下的政治與社會地位為他人所壓迫而接受[4]。這些正義觀中哪一個最為合理,對此,公民們的看法各自不同,不過,他們卻能夠一致同意(即使只是勉強同意),這些正義觀都是合理的。這些自由主義全都贊同「公民乃作為自由而平等的個人」與「社會乃作為一個長久的公平合作體系」這兩個基底性理念。不過,由於對這些理念的詮釋方式千差萬別,因此,我們也就可以得出許多不同的正義原則之表達方式,以及不同的公共理性之內容[5]。政治觀念之間的差異,同樣也表現在它們如何規範或權衡政治原則與價值,即使它們都認為這些相同的原則與價值很重要。這些自由主義包括了實質性的正義原則,也因而包括了比程序性正義更多的內容。這些原則必須具體地訂出自由平等之公民的宗教自由與藝術表達自由、訂出可以保障公平機會與合適的通用性工具(all-purpose means)的實質性公平理念,以及其他許多事物等[6]。

4　參見*Political Liberalism*, II: §1, pp. 48-54, 以及〈再論公共理性的理念〉pp. 190ff.

5　在這些自由主義中,作為公平的正義是最接近平等主義的。參見*Political Liberalism*, pp. 6ff.

6　有些人會想,這種合理多元主義之事實意味著:各整全性學說之間的公

(iii)現實烏托邦的第三個必要條件要求：「政治性的」(the political)這一範疇本身必須含括政治性正義觀的一切根本要素。例如，在政治的自由主義中，人們被看成是公民，而政治性正義觀則是立基於在自由主義立憲政制之公共政治文化中行之有效的政治(道德)理念。是自由主義式的政治觀念主導了自由公民之理念，而不是任何其他的整全性學說，這些學說伸展太過，往往超出了「政治性的」的範疇。

(iv)由於合理多元主義的事實，立憲民主制必須具有足以有效引導其公民的政治與社會體制，讓他們在成長以及參與社會的過程中，養成適合的正義感。這樣一來，他們就有能力理解政治觀念的理想與原則，能夠詮釋它們，並應用在當下的情況中，同時，他們也會在環境的要求下，如常地依其指引而行動。這會導出「基於正確理由的穩定」。

既然自由主義式的觀念要求公民行為合度、舉止文明，因此，能促成政治合作的德性便是公民所必須具備的德性，像是公平感、寬容、不逼壓他人。不僅如此，就算有時候某些公民行為偏失，只要有其他數量夠多的人的合宜舉止足以抵掉這些

(續)————————————————

平裁斷之形式只能是程序性的，而且是非實質的。Stuart Hampshire對這一點的論證十分有力，見*Innocence and Experience* (Cambridge, Mass.: Harvard University Press, 1989). 不過，在上文中，我假定了有好幾種自由主義形式，它們每一種都是實質性的觀念。有關這個議題的通盤性論述，見Joshua Cohen在 "Pluralism and Proceduralism" 的討論，刊於 *Chicago-Kent Law Review*, vol. 69, no. 3 (1994).

公民的行徑，社會的基本結構還是能滿足自由主義式的政治原則和理想 7。政治體制的結構依舊保持長久的正義和穩定（出自正確的理由）。

這種現實烏托邦的理念重要的是其制度性內涵。就域內例子來看，它和公民於其生長於斯之體制與常規中所養成的行事風格有關；就國際情形來看，則和一個民族於歷史上塑造其特性的方式有關。我們所根據的社會行為之事實，是由歷史知識與反思所建立起來的：像是——在歷史上——政治與社會的統一並不倚靠宗教的統一、良序的民主民族也不會彼此發動戰爭……之類的事實。這些林林總總的觀察對我們推論來說，十分重要。

（v）由於宗教的、哲學的或是道德的統合對於社會統合（social unity）來說，既不可能也不必要，因此，如果社會穩定不只是一種暫訂的協議（*modus vivendi*）的話，那麼，社會統合就必須以某種合理的、受整全性學說之交疊性共識所肯認的政治性正當觀或正義觀作為建立根據。

（vi）政治觀念應該具備合理的寬容理念，而這種寬容理念則完全是從抽繹自「政治性的」的範疇的各種理念中推導出來的8。

---

7 自由主義式觀念也可以說是我們所謂的「自由之自由主義」（liberalisms of freedom）。它們的三項原則為這些基本權利與自由提供保障，並賦予它們優先性，同時也對所有公民保證，他們都能擁有通用性工具，避免他們的自由（freedoms）成為純粹形式上的自由。在這一點上，它們和Kant及Hegel很接近，但對J. S. Mill就沒那麼明顯了。可進一步參見§7.3.
8 見*Political Liberalism*, pp. 60ff. 這種寬容觀的主要重點，可以摘述如下：（1）講理的人不會全都肯認同一種整全性學說。可以說，這是「判

不過，並不是每一次都會出現這種條件的，只要我們可以想出別
的情況，顯示也可以從社會本身所抱持的所有整全性學說中得出
上述觀點。儘管如此，要是政治觀念也能將合理的寬容理念含括
在內，它本身就會獲得強化，這是因為它會透過公共理性而將寬
容之合理性(the reasonableness of toleration)表現出來。

1.3 **諸民族之社會的相應條件。**假定前文§1.2恰當地指出了
合理公正的立憲民主制所要求的條件，也就說是我所說的「一個
現實的烏托邦」，那麼，什麼才是一個合理公正的諸民族之社會
的相應條件呢？這問題太大了，無法深入去討論細節。不過，再
繼續推論下去之前，注意一下幾個相應的條件，還是有好處的，
因為這可以預示下文將要進行的論證。

(續)────────────

斷的負擔」(Burdens of judgement)所造成的後果。(2)許多合理學說都
獲得肯認，但不能認為，這些學說全都可以由任何一項整全性學說來斷
定其真偽或正確與否。(3)只要是合理的整全性學說，都可以獲得肯認，
這種做法並非不合理。(4)那些肯認合理學說(和我們所肯認的不一樣)
的其他人，同樣是講理的。(5)我們相信我們認為合理的整全性學說，
而且，我們不會因為我們對這種相信的肯認，而成為不講理的人。(6)
講理的人認為，使用政治權力(一旦他們擁有它)去壓制其他合理的但卻
和他們所信奉之學說不同的學說，是不合理的。這些重點看來狹隘了
些；因為我承認每一個社會中多的是不合理的學說。不過，對這一點，
該瞭解的重點是：不合理的學說能有多大的活動範圍或是能被寬容到什
麼樣的地步，並不是由上面所說的幾項重點來決定的，而是取決於正義
原則及其允許的行動類別。我很感謝Erin Kelly在這項討論上所給予的
幫助。

我相信，前三個條件不管在某一例子還是其他例子中，都一樣強而有力：

（i*）合理公正的諸良序民族之社會將以某些方式成為**現實的社會**，而這些方式和自由主義式且正派的民主社會之所以成為現實的社會的方式，是一樣的。在這裡，我們再一次從民族本身（如其在合理公正的域內社會中的組織）的實際情況，以及萬民法本身的可能情況著手，也就是，它在由各個正義且正派的民族所構成的合理公正的社會中可能會變成什麼。一部合理萬民法的內容，是透過第二次運用原初狀態之理念來確定的，各方在這種原初狀態中則被理解為諸民族的代表（§3）。在這裡，關鍵的理念是諸民族，而不是諸國家：它使我們將道德動機──一種對於萬民法原則的忠誠，例如，除了自衛之外，不允許發動任何戰爭──歸之於民族（作為行動者），但對於國家，我們卻不能有同樣的做法（§2)[9]。

萬民法在第二個方式上同樣是現實的：它是可行的，而且可能適用於各諸民族彼此間不斷進行的合作性政治安排與關係。但除非萬民法的內容已經被描繪出來（§4），否則，沒辦法證明上述

9　有個問題肯定會被問：為什麼萬民法使用的是一種「對諸民族而言是公平的」的第二層原初狀態，而不是一種「對諸個人而言是公平的」的第二層原初狀態。諸民族本身到底有什麼特質使它們在萬民法中成為（道德的）行動者？§2中提出了部分解答，我在那一節中對「民族」這一理念有詳細的規定；不過要在§11中才有更充分的解釋。對這個問題有疑惑的人，可以直接跳去參考該節。

這個說法。就當前來說，已經可以認為，萬民法已經以類似於各民族之自由與平等的詞彙，表達它隱含了許許多多司法的、政治的(道德的)理念。

(ii*)一個合理公正的萬民法之所以是**烏托邦式的**，在於它使用了政治性的(道德的)理想、原則與概念，以具體訂出合理正當且正義的、適合諸民族之社會所用的政治安排與社會安排。在域內情況中，自由主義式的正義觀區分了所謂的「合理(講理)的」與「理性的」兩種概念，也把利他主義與利己主義劃分開來，分置兩邊。萬民法複製了這些特徵。比如，我們認為(§2)，一個民族的利益何在，得由他們的土地與疆域、他們的合理公正的政治安排與社會安排，以及他們的自由的、富含眾多結社組織的公民文化，來具體規定。這林林總總、樣態各異的利益是「合理(講理)的」(the reasonable)之所以有別於「理性的」(the rational)的依據，也告訴我們，民族之間的關係如何可能正義而穩定地(基於正確的理由)長久維持下去。

(iii*)第三個條件要求：政治性正義觀的所有核心要素都必須含括在「政治性的」這一範疇中。只要我們把適用於立憲民主政治的自由主義式政治觀延伸應用在民族間之關係，萬民法所需的條件就能獲得滿足。這種擴張應用能不能成功實行，目前還在未定之天。但無論如何，這種對「政治性的」的延伸應用依然是政治性的，而整全性學說——不管是宗教的、哲學的或是道德的——則延伸太過，總是超出了「政治性的」之外。

(iv*)一個合理公正而且有效率的體制過程(institutional process)，可以促使各個不同的良序社會的成員發展出一種正義

感，也可以促使他們支持他們的政府去尊崇萬民法。在一個比較廣泛的諸民族之社會中，上述這種促使程度，會隨著社會的不同而有差異。合理多元主義之事實在良序民族所組成的社會中，要比在單一社會中更顯而易見。沒有必要所有的民族都強烈地忠誠於萬民法，不過，從理想上看，充分的(sufficient)忠誠卻必要的。我會在後文§15.5「親近性」這一標題下，來思考這個問題，同時我也會在該處表示，只要這種對萬民法的忠誠弱化了，體制性過程也可能隨之弱化。這一點頗為重要。

這使我們帶出下述兩項條件。

(v*)合理的諸民族之社會的統合並不以宗教統合為必需條件。萬民法為諸民族之社會提供公共理性的內容，而這種公共理性的內容相當於民主社會中的正義原則。

(vi*)對寬容的論證推衍自「合理(講理)的」的理念，在廣泛的諸民族之社會中，這種論證同樣有效；而不管某個或是其他種情況，同樣的推理也一樣適用。將自由主義式的正義觀延伸應用到諸民族之社會(這樣的社會比任何單一民族包含更多的宗教性的或其他種整全性的學說)所造成的結果，必然得出下述情形：如果身為成員的民族採用公共理性來處理民族間彼此的關係，寬容必將隨之而至。

隨著我們論述的開展，這些條件會有更詳細的討論。這種諸民族之社會到底有多大的存在可能，這是一個重要問題，不過，政治的自由主義堅持認為，這種可能性和自然秩序並不矛盾，和憲法與法律在某種程度也不矛盾。只要存在著一個共有的證成之基礎，而且這個證成基礎可以透過適當的反思加以闡明時，那

麼，應用在諸民族之社會中的公共理性理念[10]便類同於應用在域
內情況中的公共理性理念。政治的自由主義以其現實的烏托邦理
念、公共理性理念，否認了大部分政治生活所假定的說法——各
民族之間的穩定最多也不過是一種暫訂的協議而已。

　　除非的確存在著合理公正的諸良序民族之社會，並且這些社
會能夠學會和它們的政府一起合作行動，包括政治、經濟以及社
會方面的廣泛合作形式，否則，在國際政治理論中，「合理公正
的諸良序民族之社會」這一理念將不會占有重要的地位。我跟康
德一樣相信，這種情況一定會發生，到時候，這些民族所組成的
社會將會形成一個讓自己滿意的諸民族之團體。就像我要主張的
(§2)，由於它們的根本利益已經獲得滿足，它們將沒有理由對其
他民族發動戰爭。類似的戰爭動機也將不再存在：這種民族不試
圖改變其他民族的宗教信仰，不征占他人的領土，更不強施政治
權力，駕凌其他民族。透過協商與貿易，就足以讓它們的需求與
經濟利益充分實現。對於如何以及為何逐漸產生上述所有情況的
詳細說明，將成為國際政治理論不可或缺的部分。

　　*1.4 現實的烏托邦是一種空想嗎？*有些人似乎認為這種理念
只是空想，特別是在有了奧斯維辛集中營(Auschwitz)之後。但
是，為什麼會這樣呢？我無法否認這場納粹大屠殺(Holocaust)的
歷史獨特性，也無法認為它將來不可能在某時某地再度發生。但

10　這個理念在「第二編」的§7中有所討論。關於公共理性之理念，請參見
　　本書〈再論公共理性的理念〉。

是，不管在哪裡，除了1941-1945年間德國占領下的歐洲，都不會有一個奇里斯瑪魅力的獨裁者控制強有力的國家機器，如此專心一意地終極且全面的滅絕一個特定的民族，而這個民族到當時為止都還被視為是社會的成員。屠殺猶太人這項任務耗費了德國無法計數的人力和設備(占用鐵路、建造集中營，以及其他許許多多措施)，大大減損了德國對戰爭的努力，尤其是在它最後幾年。所有年齡的人民，老的、少的，甚至襁褓中的嬰兒，都遭到了同樣的對待。納粹專心致力，意圖將它占領下歐洲中的猶太人滅絕殆盡(*Judenrein*)[11]，這簡直成了他們自身的存在目的。

不能忽略這個事實：希特勒腦筋裡這種惡魔般的世界觀，偏執一點看，就是一種宗教觀。從這世界觀的起源、主要理念以及仇恨心態，就可以很明顯地看出來。他的「救贖式的反猶主義」

---

11 我在這裡引用Raul Hilburg的*The Destruction of the European Jews*, 三卷本(Chicago: University of Chicago Press, 1961)，另有單卷本的學生簡用版(New York: Holmes and Meier, 1985)；以及漢娜鄂蘭的*Eichmann in Jerusalem*(New York: Viking Press, 1963)。有關希特勒權力的根源問題，見Ian Kershaw的*The Hitler Myth: Image and Reality in Third Reich*(New York: Oxford University Press, 1987)，以及Peter Fritzsche的*Germans into Nazis*(Cambridge, Mass.: Harvard University Press, 1998)，尤其是該書第80頁起後幾頁。第3章闡述了這場納粹大屠殺之獨特性的問題。同時也請見Philippe Burrin的*Hitler and the Jews: Genesis of the Holocaust*(London: Edward Arnold, 1994), Saul Friedländer為該書寫了導論。Burrin認為，這場大屠殺，包括終極且全面地滅絕歐洲猶太人這一目標，大約起自1941年9月，當時德國對蘇俄的戰事已經逐漸陷入困境。

(redemptive anti-semitism)，用Saul Friedländer的話來講，不單單包括種族因素而已。Friedländer寫道：「救贖式的反猶主義是從對種族劣化的懼怕以及對宗教救贖的信仰中，產生出來的。」[12]希特勒心裡認為，之所以造成這種劣化，都是因為和猶太人通婚，他們玷污了日耳曼人的血統。他想著，要是任令這種情況發生下去，日耳曼人就將萬劫不復了。只有徹底從猶太人手中解放出來，徹底將猶太人趕出歐洲，要是趕不走，就把他們徹底殺光，才能獲得救贖。在《我的奮鬥》(Mein Kampf)第二章結尾，希特勒寫道：「今天，我相信，我的一言一行都來自萬能造物主的意志：我之保衛自己、抵抗猶太人，就是在為主上的事業奮鬥。」[13]

不過，納粹大屠殺這一事實，以及「我們現今所知的人類社會至今還是可能聽任這種罪大惡極的事情發生」這兩種情況不應該影響我們透過現實烏托邦理念與康德的**和平聯盟**所展現的期

12　Saul Friedländer, *Nazi Germany and the Jews* (New York: Harper Collins, 1997), vol. 1, p. 87.

13　有一份警察報告提到，1926年希特勒在慕尼黑的一場演講中說：「對國家社會主義來說，聖誕節確實意義重大，因為，耶穌基督就是和這猶太世界公敵奮戰的最偉大先驅。耶穌基督根本不是和平使徒(the Apostle of Peace)，是祂之後的教會才這樣竄改了祂，祂其實是人類有史以來最偉大的鬥士。近兩千年來，在與猶太人這人類仇敵的戰鬥中，我們最該信服的就是耶穌基督的教誨。這場戰鬥由耶穌基督開始，要在我手上完成。國家社會主義唯一的意義，就是為了徹底實踐耶穌基督的教誨。」見Friedländer, *Nazi Germany and the Jews*, p. 102.

盼。令人痛苦的惡行一直綿延不斷。打從西元4世紀康士坦丁大帝時代開始,基督教便打擊異端,以迫害和宗教戰爭來鎮壓它認為虛假的學說。這種鎮壓行為憑藉的是國家的強制力。教皇格列高里九世設置的宗教裁判所(inquisition)在16、17世紀整個宗教戰爭期間十分活躍。1572年9月,教皇碧岳五世(Pope Pius V)來到羅馬的法國聖路易教堂,與33位樞機主教一同舉行感恩彌撒,感謝上帝在當年夏天的聖巴德茂日(St. Bartholomew's Day)中恩助天主教徒基於宗教動機剿除了1500名法國胡格諾派新教徒[14]。人們大都認為,異端比謀殺還要惡劣。這種迫害的狂熱心態已經成為基督宗教的大禍根。不論是路德、喀爾文還是新教改革者,都有這個問題,至於天主教會,在梵蒂岡第二屆宗教會議之前,也沒能根本面對這個禍患[15]。

---

14 Lord Acton, "The Massacre of St. Bartholomew," *North British Review* (October 1869). 這段敘述來自 Lord Acton 的 *Collected Works*(Indianapolis: Liberty Classics, 1985), vol. II, p. 227. 值得指出的是,1997年8月巴黎舉行世界青年日大會(WYD),教宗若望・保祿二世在會上主持彌撒,針對這場大屠殺的週年紀念,代表教會深致歉意。見《紐約時報》1997年8月24日A3版的報導。

15 在這次宗教會議的 *Declaration of Religious Freedom – Dignitatis Humanae* (1965)中,天主教會公開承認根植於立憲民主之中的宗教自由原則。它聲明宗教自由的倫理原則以人類個人尊嚴為依據;聲明一種「在宗教事務上,政府的作為是有限的」的政治信條;以及聲明一種「在教會與政治、社會世界之關係上探討教會自由」的神學信條。根據這個宣言,所有的人,不管他們的信仰是什麼,都擁有相同條件下的宗教自由權。正如John Courtney Murray, S. J.所言:「長久以來的模稜狀態終

　　和納粹大屠殺相比，這些惡行是大還是小呢？我們沒必要做這種比較判斷。它們本身就已經是極大的惡了。不過，宗教裁判所的惡和納粹大屠殺的惡並非毫不相干。實際上，有一點似乎很清楚，要不是因為幾世紀以來流傳至今的基督教救贖式反猶主義——俄羅斯及東歐境內尤其嚴重——納粹大屠殺也不會發生[16]。希特勒的「救贖式的反猶主義」震驚了我們，這根本是惡魔般的瘋狂行徑——竟然會有人相信這種妄想。不過，我們這些認知改

（續）————————————————————

　　於被釐清了。教會不能再根據雙重標準來打理世俗世界——當天主教居於少數的時候宣稱教會的自由——當天主教徒居於多數的時候則宣稱教會的特權，以及對他人的不寬容。」見 *Documents of Vatican II*, ed. Walter Abbott, S. J. (New York: American Press, 1966), p. 673.

16　在1933年4月4日對美國的一次廣播佈道中，著名的新教神職人員 Otto Dibelius 主教為德國新政制在1933年4月1日公布的抵制猶太人政策（原本只計畫進行五天）作辯護。他在給他教區的牧師的一份秘密的復活節談話中說：「我親愛的兄弟們！我們所有人都不僅瞭解，而且充分同情最近這場人民（*völkisch*）運動背後的發生動機。儘管這個詞彙總是惹來邪惡的名聲，但我還是深深認為，我就是一個反猶太論者（anti-semite）。人們無法忽視，在毀壞現代文明的所有行動當中，猶太人扮演了最主要的角色。」Dietrich Bonhoeffer，後來在反抗抵制的行動中表現英勇，並成為宣信會（Confessional Church）的領導者，他是這樣來說「四月抵制」的：「在基督教會中，我們不曾片刻遺忘過這個理念：『上帝的選民』（Chosen People）（是他們把這位世界的救主釘上了十字架）必須承受他們行為的詛咒，經歷長期的歷史苦難。」以上兩段皆引自 Friedländer, *Nazi Germany and the Jews*, 分別見 pp. 42, 45. 有理由認為，在正派的社會中，國家要是籌組任何上述抵制，都會被認為是明目張膽違犯了宗教自由與良心自由。為什麼這些神職人員卻不會這樣想呢？

變不了事實。

　　只是，我們也不能讓或古或今的這些巨惡大罪腐蝕了我們未來的期望：讓我們的社會成為這世界中的自由主義式且正派的諸民族之社會的一分子。否則，別人的種種錯誤、邪惡，以及惡魔般的行徑將會連我們一起埋葬，然後高頌他們的勝利。不僅如此，我們還必須發展一種合理而可行的、足以協理各民族間之關係的政治正當與正義之觀念，來支持並強化我們的期望。為了達成這個目標，我們可以遵循康德的引導，並且以我們早已形成的有關合理正義之立憲民主制的政治觀念作為出發點。接著，我們進一步擴展這個觀念，將它應用到由諸自由主義式民族與正派民族所構成的社會(§4)。這種推展方式假定了政治的自由主義的合理性；而從政治的自由主義中開展出一部合理的萬民法這個開展過程則確認了它的合理性。不論是立憲民主制還是其他的正派社會，它們的根本利益都支持這部萬民法。我們的期望不再只是渴望而已，它將會成為合理的期望。

§2. 為什麼是民族而不是國家？

　　2.1 **民族之基本特徵**。這種對萬民法的敘述，把自由主義式的民主民族（以及正派的民族）看成是諸民族之社會中的行動者，就好像把公民看成是民主社會中的行動者一樣。以政治性的社會觀為起點，不論是對公民還是對民族，政治的自由主義都是用政治觀念來描述它們的——這種政治觀念具體規定出兩者的性質，在公民方面是公民觀，在民族方面則是民族透過政府所展

現出來的行動。自由主義式民族具有以下三種特徵：一個切合它
們的根本利益的合理公正的立憲民主政府；透過密爾(J. S. Mill)
所稱的「共同常理心」(common sympathies)所統合起來的公民
[17]；以及最後，道德的本性。第一項是制度性的，第二項是文化
的，第三項則是要求一種十分堅定的歸屬，也就是對於政治性的
(或道德的)正當觀與正義觀的依戀[18]。

　　我之所以說一個民族擁有合理公正的立憲民主政府，意在指
出：在他們的政治控制與選舉控制之下，政府是有效率的；而且，
這個政府也可以回應並保護他們在成文憲法或不成文憲法及釋
憲文本中所標舉出來的根本利益。這個政制不是一個只顧及本身

17　在這個初步階段，我引用J. S. Mill的*Considerations*(1862)一書第16章的
　　頭幾句話，他在那裡用「國族性」(nationality)這一理念來描述一個民
　　族的文化。他說：「如果人類的一部分是由共同常理心統合在一起的，
　　但這種常理心卻不存在於他們和任何別人之間，那麼，這部分人類就可
　　以說構成了一種國族性──這種常理心使他們更願意彼此合作，而不是
　　和其他民族合作；使他們企盼共居於一個政府之下，並盼望這個政府是
　　由他們自己或他們中的一部分人所完全治理。這種國族性之情感之所以
　　產生，可能的原因很多。有時它源自同一種族和血統。語言共同體和宗
　　教共同體大大有助於國族性之情感的形成。地理界限是它的原因之一。
　　但最重要的原因，則是同一的政治經歷；具有國族的歷史，以及從而產
　　生的共同的回憶；和過去發生的事件聯繫著的集體的驕傲和恥辱、快樂
　　和悔恨。然而若只從這些情況中的任何單獨一項來看，就不是那個至關
　　必要了，作用也不一定足夠。」*Considerations on Representative
　　Government*, ed. J. M. Robson(Toronto: University of Toronto Press,
　　1977), in *Collected Works*, vol. XIX, chap. XVI, p. 546.
18　我非常感謝John Cooper對這些特徵所提出的討論，它們對我幫助很大。

官僚野心的自主施為者（agency）。它更不會受制於那些意圖掩蓋
一切、幾乎完全不負責任的私人經濟與集團勢力之大規模集中的
利益。應該要怎樣建立體制與實際運作，才能使立憲民主政府維
持合理公正並免於腐化，這是一個我無法在這裡繼續追索的重大
課題，我只能說，重要的是，去塑造出這樣的體制，足以激勵人
民（包括公民和政府官員）充分尊崇這些體制，並革除導致腐化的
明顯誘因[19]。

　　至於一個已經由共同常理心統合起來的自由主義式民族，以
及一種接受同一個民主政府所統治的企盼，如果這些常理心完全
立基於共同的語言、歷史和政治文化，共有同一種歷史意識，那
麼，這個特徵便很難──即使不是不可能──完全獲得滿足。歷
史上的征服和移民造成了各具不同文化和歷史記憶的團體雜居
在一起，這些團體如今定居在當代大部分的民主政府所管轄的疆
域中。即便這樣，萬民法還是以對共同常理心的需求作為起點，
而不管它們源自何方。我希望，如果以這種簡化的方式開始，我
們就可以得出一些政治原則，透過適當程序，幫助我們料理那些
更為困難的、不存在共同語言和共享歷史文化的例子。人們會想

---

19 有個例子值得一提，就是公費補助選舉以及公共政治討論論壇，若沒有
　　這種補助，任何有意義的公共政治就不可能興盛。要是政治人物對挹注
　　他大筆競選基金的選民感激萬分；要是在背景文化中總是有不平等的收
　　入與財富分配情形；而且集團性的經濟勢力掌握了大部分的財富，那麼
　　這樣一來，我們怎麼還會相信說國會的立法實際上不是操縱在那些遊說
　　團體手中呢？國會又怎可能不變成一個肆意叫賣法案的交易台呢？

到，鼓勵這種推進方式，等於是說，我相信，一個合理公正的自由主義式的（或正派的）政體是有可能滿足合理的文化利益，以及各具不同族群及國族背景的團體之需求的。我們繼續推進這個假設：這一適用於合理公正的立憲政制的政治原則，允許我們處理各式各樣的——即使不是所有的——不同案例[20]。

最後，自由主義式民族具有某種特定的道德特性。就像域內社會中的公民一樣，自由主義式的民族也是講理而理性的。他們的理性行為（具體呈現於他們的選舉與投票、他們政府的法律與政策）同樣要受到他們「怎樣才合理」的感覺所約束。一如域內社會中的公民提出公平的條款和他人進行合作，（講理的）自由主義式（正派的）民族也提出公平的條款和其他民族進行合作。一個民族將會尊崇這些條款，只要他們確認其他民族也同樣會尊崇這些條款。這就使我們從第一種情況中得出政治正義之原則，並從其他情況中得出萬民法。如何才能獲得這些道德本性？又如何才能將它們一代一代地維繫下去？對這些問題的解說，將會是最重要的事。

2.2 **缺乏傳統主權的民族。**我使用「民族」這個詞彙的另一個理由，是為了將我的思維和傳統慣習所認為的政治性國家區分

20　在此，我認為「國族」理念並不同於國家或政府等理念，我對它的詮釋類同於J. S. Mill在前文註17中所描述的一種文化價值型態。我對國族理念所採取的這一思考方式，依循自Yael Tamir極富見地的著作*Liberal Nationalism*（Princeton: Princeton University Press, 1993）。

開來，後者具有自「三十年戰爭」(1618-1648)之後三個世紀以來包含在(積極的)國際法中的主權權力。這些權力包括為追求國家政策而發動戰爭的權利——克勞塞維茲所謂的以其他手段追求政治(politics)——以及根據國家之理性明智的利益而擬定的政治目的[21]。主權權力也授與國家一定的自主性(將在下文討論)，以應付它自己的人民。從我的角度來看，這種自主性是錯的。

要發展萬民法，第一步，是制訂適合域內社會的正義原則。在此，原初狀態只能將住在這個社會中的人計入，因為我們並不是在討論與其他社會之間的關係。原初狀態認為社會是封閉性的：人們生而入其中，死而出其外。這裡不需要武力，也不會提出政府有權籌措軍備的問題，就算提出了，也會被拒絕。軍隊不會被用來對抗它自己的人民。域內正義之原則允許警察保障域內秩序，同意設置司法及其他制度以維持有序的法治[22]。上述種種，

---

21 若說克勞塞維茲沒有再做補充說明，那就不公平了：對他來說，國家的利益也包括各種規約性的道德目標，因此，戰爭的目的可以是為了保衛民主社會以對抗獨裁政制，就像二次大戰的情形一樣。對他來說，儘管政治之目的長久以來總是出現而且也影響了戰爭的行為，但它們依然並不是戰爭理論的組成部分。對此，請參酌Peter Paret富有見地的評論文字 "Clausewitz"，收入 *The Makers Of Modern Strategy*, ed. Peter Paret (Princeton: Princeton University Press, 1986), pp. 209-213. 我在上文中所表達的觀點凸顯了菲特烈大帝所追求的「存在之目的」(*raison d'état*) 的特性。見Gerhard Ritter, *Frederick the Great*, trans. Peter Paret (Berkeley: University of California Press, 1968), chap. 10以及p. 197中的論述。

22 我在此強調，萬民法不會去質疑政府強迫推行民主律之治的權威之正當性。政府這種所謂的權力壟斷的另一個替代選項，會導致那些有意而

都和一支對抗法外國家所需的武裝部隊不同。雖然各種域內正義之原則和有限戰爭權並不矛盾，但這些原則無法使這項權利成立。這項權利的成立基礎在於萬民法，它還有賴於我們來制訂。正如我們所見的，這部法將會制約一個國家的內部主權或（政治上的）自主性——亦即國家自稱能隨己意願任意處置其疆域內之人民的權利。

因此，在制訂萬民法的時候，作為人民之政治組織的政府不可以成為它所有權力的擬定者。政府的戰爭權力，不管是什麼樣子，都不可以超出合理的萬民法所能接受的範圍。就算有某種政府存在，可以使一個民族基於背景正義體制而在域內組織起來，也不能預先判斷這些問題。我們必須借重合理的萬民法來重新塑造主權權力，並徹底反對國家擁有傳統的戰爭權與不受制約的內部自主性。

不僅如此，這種重新塑造與近年來國際法受人理解之程度的戲劇性變化是相符一致的。自二次大戰以來，國際法變得更為嚴謹了。它傾向於限制一個國家基於自衛（以及集體安全利益）而進行戰爭的權利，而且，它也傾向於限制國家種種有關內部主權的權利。人權的角色明顯和後者的變化密切相關，它也是各種努力的一部分，為政府的內部主權提供合適的保護，但同時也對主權施加了限制。在這一點上，我擱置了許許多多在詮釋這些權利與限制時將會產生的困難，而是先認為它們的一般意義和趨勢是很

（續）────────────
　　且有執行工具的私人任意欺凌人民。

清楚的。最重要的是，我們對萬民法的闡釋應該切合這兩種基本
變化，並賦予它們合適的理論基礎[23]。

所以，使用「民族」這個詞彙，就是要強調民族的這些和傳
統上所認為的國家有所區別的個殊特徵，著重他們的道德特性以
及他們政制的合理公正(或正派)的本質。有一點很重要：民族對
於從他們所說的主權(從萬民法推衍出來的)所產生的權利與義
務，只要環境合適，他們會和其他民族一起共同遵守。作為公正
的或正派的民族，他們的行事理由符合這些相應的原則。他們不
會只根據他們明智且理性的對利益的追求——所謂的國家理由
(reasons of state)——來決定其言行。

2.3 **國家的基本特徵**。接下來的論述表明，一個受萬民法所
約束的民族，其特性和我所說的國家之特性是不同的。在許多有
關戰爭原因和和平維護的國際政治理論中，國家被視為行動者
[24]。它們通常被看成是理性的，是焦急地追逐權力的——它們對

---

23 Daniel Philpott在他的博士論文 "Revolutions in Sovereignty"(Harvard
University, 1995)中論道：主權權力之所以從一個階段變化到另一個階
段，是因為人民對對的和正義的域內政府的看法有了變化。若要認為這
個觀點大致不差，那麼，對這些轉變的解釋依據就會是：立憲民主政權
的興起和廣受採納，它們在第一、二次世界大戰中功成名就，以及蘇維
埃共產主義信仰逐漸喪失人心。

24 見Robert Gilpin的 *War and Change in World Politics* (Cambridge:
Cambridge University Press, 1981), chap. 1, pp. 9-25. 另見Robert Axelrod
的 *The Complexity of Cooperation* (Princeton: Princeton University Press,

其他國家的(軍事、經濟與外交上的)影響力——而且總是被它們
的基本利益牽著走[25]。要是世界政治還總是凸顯各個國家為了權
力、威望和財富而你爭我奪的那套把戲，那麼，國際關係的這種
典型觀點就根本和修昔提底斯(Thucydides)[①]時代的觀點沒有兩
樣，也不會在現代有所超越[26]。國家和民族的差別到底有多大，
得要看它有多理性，有多關切權力，以及有多追求國家的基本利
益。如果**理性**(rationality)[②]排除了「**合理的**」(the reasonable)(也
就是說，如果國家只是追求其目標，而且忽視對待其他社會時應

(續)————————————
1997), chap. 4, "Choosing Sides," 及其對二次大戰同盟國的解說。

25 Palmerston爵士說：「英格蘭沒有永遠的朋友，也沒有永遠的敵人，只
　　有永遠的利益。」見Donald Kagan, *Origins of War and the Preservation of
　　Peace* (New York: Doubleday, 1995), p. 144.

① 【譯註】Thucydides，西元前約460-440年，希臘史學家，著有《伯羅奔
　　尼撒戰爭史》。

26 Gilpin的主要論旨是：「千年以來，國際關係的本質並沒有什麼根本變
　　化。國際關係依舊是無政府狀態下各個獨立行動者之間為了爭逐財富與
　　權力而不斷翻來覆去的爭鬥。雖然修昔提底斯的歷史早在西元前5世紀
　　就已寫成，但對當今國家的行為，還是具有同樣的指導意義。」見Gilpin
　　的*War and Change in World Politics*, p. 7. 他在第6章中給上述論旨提出
　　了理由。

② 【譯註】"rationality" 和 "reason" 一般都譯為「理性」，但這兩個字的
　　意思是很不相同的。前者通常指的是「計算能力或是對各種狀況進行冷
　　靜地評估、衡量的能力」，後者的意義則涵蓋較廣，還包括產生道德價
　　值的能力。羅爾斯應用這兩個名詞分指人類的兩種不同能力，因此，中
　　譯不能單用「理性」一詞來處理。在本書中，凡原文為 "rationality" 之
　　處，皆以「理性(rationality)」表示。

注意的互惠判準）；如果國家成天只想著權力；如果國家的利益還包括強迫其他社會改信它的國教、擴張它的絕對支配權、攻占領土、爭取王朝的或帝國的或國族的威望與榮耀，並增進它相關的經濟勢力——那麼，國家和民族之間的差別就十分巨大了[27]。

---

27 Thucydides在他的巨著 *History of the Peloponnesian War* (trans. Rex Warner, London: Penguin Books, 1954)中闡述了希臘各城邦國家在雅典和斯巴達間的一段長久的戰爭中，終至自我毀滅的故事。這個故事中途嘎然而止，彷彿斷了線一般。是Thucydides自己停了筆嗎？還是他沒法兒寫下去？就彷如他說的：「如此等等……」。這個愚蠢的故事實在說得夠長了。那些驅動這些城邦國家的事物，也就是導致這種不斷增長的自我毀滅再也無法挽救的事物。聽聽雅典人對斯巴達所發表的第一次演說吧：「我們的所作所為並不奇怪，也沒有違背人類的普遍慣例；如果我們確實接下了一個被奉獻給我們的帝國，而且再也不肯放棄它，那都是因為我們被三個最強有力的動機所驅使，也就是：安全、榮譽和自我利益。這個先例不是我們創下的。因為弱者應當臣服於強者，這一直就是一條普遍的法則。同時，我們相信我們自己是值得擁有這種權力的，而且迄今為止，你們不也是這麼理所當然地認為嗎？可是現在，你們考慮到自己的利益，就開始高喊什麼『是非對錯』了。只是人們一旦有機會以優勢力量獲取更多的利益，是不會有人因為這種考慮而放棄其雄心的。值得稱讚的，是那些合乎人性、享受權力的滋味，卻又甚為關注正義的人，而不是那些迫於形勢不得不關注正義的人。我們認為，要是有任何人處於我們的地位，那麼，我們的所作所為是否合乎中庸之道，很快就一清二楚了。」(Book I: 76. 【譯註】本段譯文係根據羅爾斯所引之英譯文由譯者自行譯出，後並參校《伯羅奔尼撒戰爭史》，徐松岩、黃賢全譯[廣西師範大學出版社，2004年]，第40頁；及《伯羅奔尼撒戰爭史》，謝德風譯[北京商務印書館，1978年]，第55頁。謝德風譯本所根據的英譯本和羅爾斯所引用的英譯本乃同一個版本。)

像上述這樣的利益會使一個國家老是和其他國家及民族爭吵不休，讓那些國家和民族（不管它們是否抱持擴張主義）的安全和保障飽受威脅。這個背景情境還預示了霸權爭奪戰（hegemonic war）的產生[28]。

　　自由主義式民族不同於國家，它們之間的差別之一是：公正的自由主義式民族會根據「合理的」的要求來限制他們的基本利益。相對地，國家的利益內容使它們沒有辦法達成基於正確理由的穩定：也就是，不容許它們堅定接受且恪守正義的萬民法。不過，自由主義式民族擁有受它們的正當觀和正義觀所許可的根本

（續）

　　要明白這個循環不斷的自我毀滅如何進行，一點也不難。Thucydides 認為，如果雅典人遵照伯利克里斯（Pericles）的建議，不要一邊和斯巴達打仗又一邊擴張帝國，而能夠維繫住聯盟，那麼，他們就可能獲得勝利。但是，隨著入侵米洛斯（Melos），以及接受亞西比德（【譯註】Alcibiades, BC450-404, 雅典政治家與將軍，伯羅奔尼撒戰爭中領導雅典對斯巴達作戰，後來又帶兵遠征西西里。後被召回雅典審判。）的建議而推動遠征西西里這種愚蠢的冒險，他們的自我毀滅已經是無可避免了。據說，拿破崙曾經這樣評論自己入侵俄羅斯的行動：「帝國乃死於消化不良」。但他其實沒有對自己坦白。帝國是死於狂吃猛喝，是死於對權力之過度擴張的飢渴。會在諸自由主義式的民主民族之間帶來和平的，是諸民族之作為立憲民主制的內在本質，以及公民之動機的終極改變。對於我們所敘述的「現實烏托邦之可能性」的目的來說，重要的是認知到，雖然雅典可能認為它自己是一個自由主義式的民主體制，但其實並非如此。它只是一個由3萬5千位男性議會成員統治大約30萬人口的獨裁政體。

28　Gilpin, *War and Change in World Politics*, 尤其是第5章, 對霸權爭奪戰的特徵有所討論。

利益。它們一心保衛它們的領土，確保它們公民的安全與保障，維護它們自由的政治體制、自由權，以及公民社會的自由文化[29]。除了這些利益之外，一個自由主義式的民族還嘗試對它的所有公民和所有其他民族保障合理的正義；一個自由主義式的民族可以和其他同樣願意堅持正義、維護和平的民族共生共存。我們對追求現實烏托邦的所有寄望是否能夠實現，都得先看是否能夠充分建立一個合理的自由主義式的（且正派的）立憲政制，並且有效地產生一個切實可行的諸民族之社會。

§3. 兩種原初狀態

3.1 作為代表之模型的原初狀態。這一章節描述理想理論的第一個步驟。在開始將自由主義式的社會契約理念擴張應用到萬民法之前，我們得先注意，擁有無知之幕的原初狀態是自由主義社會的一個代表之模型（a model of representation）[30]。在我現在所說的原初狀態的第一次運用中，這個模型仿造了我們——此時此地的你我[31]——認為對各方（parties）——亦即自由平等的、講理且理性的公民的理性代表——而言是公平而合理的條件，具體規定了用來規約這個社會的基本結構的公平合作條款。既然原初狀態含

---

29 見§14的推論，我在那一節討論了自由主義式民族的自衛戰爭權。
30 見*Political Liberalism*, I: §4中有關原初狀態與無知之幕的討論。
31 要注意：「你我」是「此時此地」那些制訂出我們現下所討論的自由主義式正義觀的同一個自由民主社會中的公民。

有無知之幕，它也同樣仿造了我們是否接受政治性正義觀（適用於社會基本該結構）之理由的合適限制條件。依據這些既定的特徵，我們推測，各方將會選出的這種對於政治正義的觀念是此時此刻的你我根據最佳理由所認為的合理、理性的觀念。我們的推測能不能獲得證實，要看此時此地的你我能不能——透過適當的反思——為這些被選出的原則背書。就算這些推測直覺上就是可行的，但於對「合理的」和「理性的」的詮釋方式、對理由之限制條件的制約方式，以及對基本善的解釋方式，也姿態各異，殊無一致。根本就沒有任何先天的根據能夠保證我們必然把事情搞對。

在此，有五種特徵是極其重要的：(1)原初狀態將各方設定為[32]公民的公平代表；(2)把他們設定為理性的；(3)把他們設定成正在從許多可行的正義原則中，選出可以應用於合宜對象（就這例子而言，就是基本結構）的原則。另外，(4)各方被設定成將根據各種適當理由來進行他們的選擇，以及(5)會依據與講理且理性的公民之根本利益相關的理由來進行選擇。我們要再注意，要滿足這五種條件，就得要注意公民們是不是已經依據公民在原初狀態中之代表位置的對稱性（或平等性），而確實受到公平地（合理地）代表[33]。其次，各方被設定為理性的，這是因為他們的

---

32 在這個例子中，被設定的是**關係**（relation），也就是作為公民之代表的各方之間的關係。在位於第二層的第二原初狀態中，被設定的則是作為民族之代表的各方之間的關係。

33 這裡的理念所遵照的準則同於其他類似例子：在任何方面都是平等的人，也將獲得平等地代表。

目標在於竭心盡力地追求他們所代表之公民的基本利益，這些基本利益透過基本善來具體規定，涵蓋了他們身為公民所需的基本需求。最後，各方將各種適當理由確定下來，因為，為了代表作為自由平等之人的公民這一目標，無知之幕讓各方避開各種不當理由的干擾。

在此，我再重複一遍我在《政治的自由主義》中曾經說過的話，因為它和下文有關[34]。禁止各方知道人們的整全性學說，這是一種可以使無知之幕顯得厚重而非輕透的方式。有許多人認為厚重的無知之幕沒有任何證成根據，而且質疑它的根底，尤其是在整全性學說（不管是宗教性或非宗教性的）十分重要的情況下。既然考慮到後續情況，因此，只要我們力所能及，我們就該對原初狀態的特徵提出證成。回想一下，我們為民主社會尋求一種政治性的正義觀，讓社會被看成是自由平等的公民之間的一個公平的合作體系，而這些公民自願（在政治上自主地）接受種種獲得公開承認的正義原則，以制定上述合作所需的公平條款。可是，我們所討論的這個社會卻充斥了各種分歧的、但又相當合理的整全性學說。這就是合理的多元主義之事實，與一般多元主義之事實（the fact of pluralism）正好相反。現在，要是所有公民都能自由地贊同政治性的正義觀，那麼這個觀念就一定能獲得那些肯認各種相異且對反的（然而是合理的）整全性學說的公民們的支

---

34 這段文字重述了《政治的自由主義》1996年平裝版第24-25頁中的一個長註。那段註釋引自一位我十分感激的朋友Wilfried Hinsch的論文，他在1992年7月，於Bad Homburg發表了該篇論文。

持，在這種情況下，我們就會在各個合理學說之間達成一種交疊性共識。我認為，人們的整全性學說和政治性正義觀的內容到底有何相關這一點可以暫時不管，而逕自認定這個內容是從各式各樣抽繹自民主社會之公共政治文化的根本理念中衍生出來的。把人們的整全性學說放到無知之幕後面，讓我們發現了一種足以作為交疊性共識之焦點的政治性正義觀，並因而為一個以合理多元主義之事實為標誌的社會提供公共的證成基礎。我在這裡所論證的任何觀點，並不是質疑「政治性正義觀可以作為一種獨立自持的(freestanding)觀點」的說法，而是要表示：若要對厚重無知之幕的原理基礎提出解釋，我們就必須求助於合理的多元主義這項事實，以及合理整全性學說之交疊性共識這一理念。

3.2 **作為模型的第二原初狀態。**在下一個層次中，還會用到原初狀態理念，只是這次卻是將自由主義式的觀念延伸應用到萬民法。在第一次的時候，它是一種代表之模型，因為它仿造了我們——此時此地的你我[35]——將認為公平的情境，在這種情境下，各方——這時是理性的自由主義式民族之代表——將會接受適當理由的引導，將萬民法制訂出來。作為代表的各方和他們所代表的民族都是被對稱地安置的，因而也是公平的。再者，民族被設定為理性的，因為各方是在各種可行的、適用於受民主社會之根本利益(這種社會中，這些利益是透過民主社會的自由主義

---

35 在這個例子裡，「你我」指的是某些自由主義式民主社會中的公民，不過不屬於同一個社會。

式正義原則表達出來的)所引導的萬民法的原則中進行選擇。最
後,各方是被掩蔽在被適切調整以應用在當下例子中的無知之幕
後面的:例如,他們不知道領土的大小、人口的多寡,也不知道
他們代表其根本利益的民族的相對強弱。雖然他們定然知道合理
適足的條件有可能使立憲民主制實現——因為他們知道他們代
表著自由主義式民族——但是他們卻不知道它們自然資源的底
蘊、經濟發展的程度,以及其他種種類似的資訊。

　　身為受自由主義正義原則所良序規範之社會的成員,我們推
測,在具體規定各個自認為自由平等的民族(作為自由主義式的
民族)間之基本合作條款時,這些特徵塑造出我們——此時此地
的你我——會接受的公平。因此,原初狀態在第二層次中之作為
一種代表之模型的運用方式,和在第一層次中的方式完全一樣。
其間所有的差別,不在於怎樣運用這種代表之模型,而是在於如
何根據既有的行為主體(已被設定的)及對象(現有的)來量身訂
做這個模型。

　　說完了這些,讓我們檢視一下第二原初狀態所涵蓋的這所有
五種特徵。民族的代表是(1)合理而公平地處於自由平等之地位
的;民族是(2)被設定成理性的。還有,他們的代表(3)將對有關
的正確主題進行審議,就這情況看,這主題就是萬民法的內容。(在
此我們可以認為,萬民法就是用來對民族關係之基本結構進行統
理)還有,(4)他們的審議是依循正確理由來進行的(就像受到了無
知之幕的約束)。最後,對萬民法之原則的選擇,是基於(5)民族
的根本利益,這些利益(在這裡)是由自由主義式正義觀(已經在第
一原初狀態中選出)所賦予的。因此,這項推測在這裡和在第一原

初狀態中一樣，看起來十分可靠。只是這還是一樣沒有保證的。

　　不過，這裡可能發生兩個問題。其一是：說民族是自由且平等的，並因此說民族是受到合理且公平地代表的，彷彿是說，我們在此所用的推演方式和域內情況並不相同。在域內情況中，我們之所以認為公民是自由且平等的，是因為他們把自己設想成一個民主社會中的公民。這樣一來，他們便認為他們自己具有道德能力，可以擁有某種「善觀」（a conception of the good），並且只要他們決定了，他們就可以肯認那種善觀並對之加以修正。他們還把自己看成是各種主張的自我證明之源，有能力為他們的目的負責[36]。在萬民法中，我們也運用某些相同的做法：我們認為**民族**將把他們自己設想成諸民族之社會中的自由且平等的**民族**（根據這個社會的政治觀念）。這和域內情況中政治觀念如何決定公民——根據他們的道德能力與較高序利益（higher-order interests）——看待他們自己的方式，是相應的（但非相同）。

　　第二個問題涉及另一個也和域內情況相應的情況。原初狀態禁止公民的代表擁有任何有關公民之整全性善觀（comprehensive conceptions of the good）的知識。這項制約條件必須要有謹慎的證成[37]。眼下這個情況還有一個重大問題。為什麼我們要假定自由主義式民族的代表不能有任何有關民族之整全性善觀的知識？答案是，一個具有立憲政制的自由主義式社會不會擁有——**作為**

36　見Political Liberalism, pp. 29-35.
37　見1996年平裝版*Political Liberalism*第24-25頁的一個長註。前文已有重述。

一個自由主義式社會——任何**整全性的**善觀。只有域內情況中的公民社會的公民和結社組織才具有這樣的觀念。

　　3.3 **民族的根本利益**。民族認為自己是自由平等的，但在這樣認定的時候，民族（相對於國家）又是怎樣看待他們自己以及他們的根本利益的？我曾說過（§2.3），自由主義式民族的利益是他們合理的政治正義的觀念標舉出來的。因此，他們盡力保衛他們的政治獨立、他們的自由文化及公民自由權，保障他們的安全、領土，及其公民的福祉。但進一步的利益也是很重要的：應用在民族上，它可以列入盧梭所說的**自尊**（*amour-propre*）[38]。這種利益是一個民族之身為民族的合宜的自尊，而此一自尊之基礎，則來自他們對他們歷史中的種種試煉與他們文化上的種種成就具有共同的意識。這種利益和他們對自身安全與領土護衛的自私關切全然不同，它顯現在一個民族的堅定主張之中：獲取其他民族的合適尊重與對其平等的承認。民族和國家的區別——這是極重要的——在於：只有民族才可能有充分的意願同意給予其他平等民族同樣合宜的尊重與承認。但是，這種平等並不表示民族間的各

38　我這裡的說明是依據N. J. H. Dent的*Rousseau*(Oxford: Basil Blackwell, 1988)以及Frederick Neuhouser的論文 "Freedom and the General Will," *Philosophical Review*, July 1993. Donald Kagan在他的*Origins of War and the Preservation of Peace*中點出榮譽的含意有兩種。正如我在正文中所描述的（前文和下一節中），其中一種和獲得滿足的民族及其穩定和平是相容的，但另一種就不是，而是為衝突製造了上台階。我相信Kagan太過低估這兩種榮譽之間的巨大差異。

種合作機制（比如理想構思上的聯合國）不能有任何不平等。倒不如說，這種對不平等的承認，就好比公民對他們自由主義式社會中的根本社會與經濟不平等的承認。

　　因此，一個民族之所以是合理且理性的民族，部分是因為，他們準備提出公平的條款和其他民族進行政治合作與社會合作。這些條款是一個民族真誠認為其他平等的民族也會接受的條款；一旦其他民族接受了，這個民族也會遵守它所提出的條款，就算它有機會違反那些條款以獲得好處時，也一樣會遵守[39]。是故，互惠性（相互性）這項判準之套用在萬民法，也就如同套用在立憲政制的正義原則中。這種合理的適當尊重感——自願配合其他講理的民族——是民族理念（這些民族都基於正確的理由而滿意它們的地位）的一項核心要素。它並不悖於他們之間長久持續的合作，也不悖於彼此間對萬民法的接受與堅持。針對政治的現實主義（political realism），可以做部分這樣的回答：這種合理的適當尊重感本身並不是非現實的，反而是民主的域內體制的產物。稍後我會回頭繼續這項論證。

§4. 萬民法的各項原則

　　4.1 **有關這些原則的敘述**。首先我們假設，「制訂僅適用於自由主義式民主社會的萬民法」所造成的結果，就是採納某項人們

39　這裡的解說相應於套用在自由主義式社會之中的「合理的」的理念。見　*Political Liberalism*, II: §1.

所熟知的民族間平等之原則。我假定，這些原則也留下空間，容
納民族間的各式合作性結社組織 (association) 與聯邦
(federation)，但不包括對世界國家(world-state)的肯認。在這裡，
我追隨康德在《論永久和平》(1975)的想法，一個世界政府——
我指的是一個統一的政治政制，具有中央政府，以正常行使司法
權力——要不是變成全球性的專制統治，就是變成一個脆弱不堪
的統治帝國，被接連不斷的內戰(導因於各個宗教或民族企圖爭
取政治自由與自主)扯得四分五裂[40]。正如我下文所討論的，將會
有許多不同的組織機構受制於萬民法的裁斷，被要求對它們彼此
間的合作有所規範，並克盡它們所承認的某些義務。這些組織機

40　康德在Ak: VIII: 367中說：「國際法之理念以許多相互獨立的鄰近國家
　　之分離為條件；而且雖然這樣一種狀態本身已是一種戰爭狀態(如果這
　　些國家並無一個聯合組織來防止其敵對行為之爆發)，但根據理性之理
　　念，連這種狀態也勝過由一個因過度膨脹而壓倒其他國家、並且逐漸形
　　成一種普遍君主制的強權來融合這些國家。因為政府之規模越是擴大，
　　法律失去的力量就越多，而在一種冷酷的獨裁制剷除了「善」之根芽之
　　後，最後卻淪為無政府狀態。」(【譯註】本段中譯引用李明輝譯《康
　　德歷史哲學論文集》，台北聯經，2002年，頁202。)康德對待普遍獨裁
　　的態度，和其他18世紀著作家一樣。例如Hume的 "On the Balance of
　　Power"(1752)，收入K. Haakonssen所編之*Political Essays* (Cambridge:
　　Cambridge University Press, 1994). F. H. Hinsley, *Power and the Pursuit
　　of Peace*(Cambridge: Cambridge University Press, 1966)，也提及
　　Montesquieu, Voltaire與Gibbon, pp. 162ff., 在第4章中，他對康德的理念
　　做了富有創見的討論。另見Patrick Riley, *Kant's Political Philosophy*
　　(Totowa, N.J.: Rowman and Littlefield, 1983) 第5章與第6章。

構中，有一些組織機構（像是理想上的聯合國）有權代諸良序民族
之社會發表聲明，譴責其他國家不公正的域內體制，以及明顯侵
犯人權的情形。要是情況嚴重，它們還可以嘗試運用經濟制裁手
段或甚至是武力干預，來糾正這些錯誤。這些權力的運作範圍不
僅涵蓋所有的民族，還包括它們的域內事務。

　　這些範圍廣大的結論還需要一些討論才行。沿用一種類似在
《正義論》[41]中使用的程序，我們先來看看自由主義式民主民族
間幾項我們熟悉的、傳統的正義原則[42]：

1. 諸民族是自由且獨立的，它們的自由與獨立將獲得其
   他民族的尊重。
2. 諸民族會遵守條約與協定。
3. 諸民族是平等的，是簽訂對其有約束力的協議的各
   方。
4. 諸民族會遵守不干預義務。
5. 諸民族有權利自衛，除此之外，沒有任何發動戰爭的
   權利。

41　見 *A Theory of Justice*, 該書第2章討論了正義原則，第3章則根據與正義
　　原則之選擇有關的原初狀態來進行推理。所有參見 *A Theory of Justice* 的
　　部分，都引自初版（Harvard University Press, 1971）。

42　見 J. L. Brierly, *The Law of Nations: An Introduction to the Law of Peace*,
　　6th ed.（Oxford: Clarendon Press, 1963），以及 Terry Nardin, *Law, Morality,
　　and the Relations of States*（Princeton: Princeton University Press, 1983）.
　　Brierly 和 Nardin 都提出國際法原則的類似清單。

6. 諸民族會尊重人權。

7. 諸民族會遵守對戰爭行為所設下的某些具體約束。

8. 諸民族有義務援助生存條件低劣、且因而無法擁有一
   個公正且正派之政治與社會政制(regime)的民族[43]。

4.2 評論與限定條件。我們承認,這種對正義原則的陳述還
不完整。有些原則還得再加進來,已經列入的原則也還需要許多
的解說和詮釋。至於在一個諸良序民族之社會裡,有些原則並不
需要,比如第七項關於戰爭行為的原則,以及第六項關於人權的
原則。不過,主要的重點是在於,自由且獨立的諸良序民族準備
承認某些基本的政治正義之原則,來統理它們的行為。這些原則
建構出萬民法的基本章程。一項諸如第四項原則——不干預原則
——的原則,很明顯地只能適用於法外國家與對人權的嚴重侵害
這類一般情況。雖然它也適用於一個諸良序民族之社會,但對於
一個老是爭戰不斷和嚴重侵犯人權的諸失序民族之社會來說,卻
毫無用處。

獨立權,以及與其類似的自決權,只能在一定的限制下才能
擁有,而且是萬民法依據一般案例而具體規定的[44]。所以,任何一

---

43 這項原則爭議尤多。我放在§§15-16中討論。

44 Charles Beitz, *Political Theory and International Relations* (Princeton:
   Princeton University Press, 1979), chap. 2, 對「國家自主性」(autonomy of
   state)問題提出了頗具價值的討論,第121-123頁中則有主要重點的摘
   述。他的說明讓我受惠頗多。

個民族都不能以犧牲其他民族為代價，來追求它的自決權或分離(secession)權[45]。同樣地，也沒有任何一個民族可以一方面讓域內體制侵犯人權、限制少數居住者的權利，同時又抗拒世界社會的譴責。民族的獨立權和自決權不能用來當做免除譴責的護身符，更不能在違犯情況嚴重的時候，用來抗拒其他民族的強制干預。

還會有一些原則，用來形塑與規約諸民族之聯邦(聯合)，以及充當貿易與其他合作體制的公平標準[46]。有某些特定條文還會含括進來，處理饑荒和乾旱發生之時民族間的相互援助；以及——盡可能地——確實滿足所有合理自由主義的(與正派的)社會中的諸民族的基本需求[47]。這些條文具體規定了特定處境下的援助義務(見§15)，而隨著情況的嚴重程度，這些義務的緊迫性也有所不同。

4.3 **疆域的角色**。不管從歷史觀點來看，一個社會的疆域的形成有多麼任意，但民族的政府的重要角色之一，就是成為民族

45　一個有關「分離」的明顯例子是：1860-1861年時，美國南方有沒有權利脫離聯邦。照我的說法，南方沒有這種權利，因為它之所以意圖脫離，是因為它堅不放棄它的域內奴隸制度。無論怎麼說，這都是一個明明白白侵犯人權的例子，而且範圍擴及將近一半的人口。

46　關於這些原則，參見Robert Keohane, *After Hegemony* (Princeton: Princeton University Press, 1984).

47　所謂的基本需求，我大致是指那些如果公民們想要利用他們社會的權利、自由與機會的話，就必須充分具備的事物。這些需求包括經濟性的工具以及體制性的權利與自由(freedoms)。

的代表和有效的代理者，承擔職責，以保衛領土、維持環境的完
整以及人口的數量。我認為，財產權制度的要點是：除非有一個
確定的代理者能夠負責維護資產並為喪失資產而受懲，否則，這
些資產很容易就流失殆盡。在上述情況中，所謂的資產，是指民
族的領土以及這個民族**永遠**護持其領土的能力；而所謂的代理
者，就是這個民族之作為一個政治組織體的民族本身。我在導論
中曾經指出，民族會認清一點：不論是用戰爭奪取土地，或是用
強行方式移居未經其他民族同意之領土，都無法彌補一個民族未
能克盡其土地與自然資源之維護責任時所造成的損失[48]。

　　從歷史上看，疆域之形成是任意的。這雖是事實，但不能因
此就推論說，疆域在萬民法所扮演的角色是不能被證成的。相反
地，只要是想把他們的疆界固定化，就是把錯誤的事情固定化。
既然世上沒有世界國家，那就**必定**有某些疆域存在，就個別來

---

48 這個說法意味著，一個民族至少獲得授權對移民(移入者)加以限制。至
　　於這些授權可能是什麼，我在此暫且不論。我還提出一些重要的假設，
　　不過不在這裡討論，而是留到「第三編」§15中再行考量，在該節中，
　　我對「良序社會該對受不幸條件牽累的社會承擔多少義務」進行了考
　　察。還有一個限制移民的理由，就是為了保障一個民族的政治文化及其
　　憲政原則。Michael Walzer, *Spheres of Justice* (New York: Basic Books,
　　1983), pp. 38ff. 中有很不錯的討論。他在第39頁中說道：「正如Sidgwick
　　所憂慮的，拆除國家的圍牆創造不了沒有圍牆的世界，反而會創造出千
　　百個小堡壘。這些堡壘當然也可以拆除：唯一需要的，就是一個力量強
　　大、足以壓制所有地方性社群的全球國家。到那時，結果就是出現一個
　　政治經濟學家之世界，就如Sidgwick所描述的(或者我還可以補充一
　　句：全球資本主義的世界)——一個到處都是離鄉背井的男女的世界。

看，這些疆域的形成是任意的，而且是依歷史環境的程度而定。在一個合理公正的（或至少是正派的）諸民族之社會中，各民族所擁有的不同的權力大小、財富多寡，是由它們自己決定的。在我的說明中，上述種種是怎麼制訂出來的──這是現實烏托邦最重要的特徵之一──得要留到§§15-16再行討論，在那幾節中，我將討論合理公正的自由主義式民族與正派民族該對受不幸條件所牽累的社會盡多少援助義務。

　　4.4 第二原初狀態中的論證。域內情況的第二原初狀態的論證，有很大一部分和選擇有關，也就是，在正義兩原則的各種不同公式（被接受的是自由主義式的觀點）之中；在自由主義式原則與諸如古典（或平均）效益主義原則的選項之間；以及在各種不同形式的理性直覺主義與道德完美主義之中，進行選擇[49]。相對地，第二層原初狀態中的各方的唯一合適選項，就是萬民法之公式。原初狀態的第一次運用方式和第二次運用方式並不相同，主要差異有三：

　　（1）一個立憲民主之民族（作為一個**自由主義式的**民族）不會有**整全性的**善學說（前文§3.2），不過，自由主義式域內社會中的個別公民則確實擁有這類觀念，以打理他們身為公民所應有的需求，於是，「基本善」這一理念便用上了。

　　（2）一個民族之身為一個民族，其根本利益，是透過它的政

49　見*A Theory of Justice*, chapter 2 and 3.

治性正義觀，以及它們藉以對萬民法表示同意的原則，來具體規定的；但是，對公民來說，其根本利益卻是來自於他們的善觀、來自於他們相當程度地實現他們的兩種道德能力。

(3)第二原初狀態中的各方得在各種不同的對萬民法這八項原則的表達方式或詮釋中，進行選擇，就好像為何要提出制約兩項主權權力的理由一樣(§2.2)。

原初狀態的各種用途，有部分是展現在對上述兩種情況的運用方式中。而這兩種情況之間的種種差異，主要就是看，在每種情況中，各方是怎樣被理解的。

在第二原初狀態中，各方的首要任務，是訂出萬民法——它的各種理想、原則與標準——以及怎樣把這些規範應用在諸民族間的政治關係上。如果合理的整全性學說之多元主義是立憲民主政治(具有自由的制度)的基本特徵，我們就可以假設，諸民族之社會中各具不同文化與傳統的成員都會肯認，各整全性學說中還存在著更大的歧異。所以，古典(或平均)效益主義式原則是諸民族所無法接受的，因為，沒有任何一個由其政府所組織起來的民族願意讓自己承負重擔，以澤惠其他民族(**這可當做一項第一原則**)。諸良序民族主張一種彼此(身為民族)之間的**平等**，而且，不管是哪種類型的效益原則，這種平等主張都會把它們剔除。

我認為，萬民法這八項原則(見§4.1)優於其他任何原則。雖然在考察作為公平的正義之分配原則的時候，我們是從平等之基準線——在作為公平的正義的情況下，指的是社會基本善與經濟基本善的平等，而在這個情況下，則是指所有民族的平等及其平等權利——開始的。在第一個情況中，我們問，有沒有任何對平

等基準線的背離情形是可以接受的——假定這種背離對社會所有公民以及（特別是）最不利者都有益。（我在這裡僅稍事推論）然而，在萬民法中，人們不是面對一個而是面對許多個政府，各個民族代表都想保護它們社會的平等與獨立。在諸民族之組織和鬆泛[50]聯盟的運作中，都設計有不平等，為的是達成各民族所共有的多項目的。在這個情況裡，各或大或小的民族都準備提出或大或小的貢獻，也準備接受或大或小比例相當的報償。

　　因此，在第二層原初狀態的論證中，我只考量列在§4.1中的八項萬民法原則的優點。我是從國際法與國際實務的運作和歷史中，得出這些司空見慣、大致傳統的原則。各方並沒有像在《政治的自由主義》或《正義論》一樣，收到一份寫了各種等著被選擇的原則和理想的清單。而是說，諸良序民族的代表只是反省到了這些民族平等原則的長處，知道沒有理由違背它們或是建議其他選項。當然，這些原則還必須符合互惠（相互性）判準，因為，這項判準不論是在公民之作為公民的層次，還是在民族之作為民族的層次，都是被遵守的。

　　我們當然可以想像其他選項。例如：原則(5)有明顯的選項（現代歷史中的歐洲國家實際情況長期證實了這點），也就是：一個國家可以為了理性地追求其自身利益而投入戰爭。這些利益不一而足，可能出於宗教、王朝、領土，或是出於征服與帝國的榮耀。不過，從下文(§5)對民主和平的闡述來看，這個選項將被自

50　我用這個形容詞，是要強調，和「聯邦」(federation)比起來，「聯盟」(confederation)的聯結緊密度低很多，而且與聯邦政府的權力無涉。

由主義式民族所拒絕。而後文也將表明,這個選項還會被正派民族所拒絕(§8.4)。

在§2中關於兩種傳統主權權力的討論,充分顯示這八項原則可以有各種不同的詮釋。正是這許許多多的**詮釋**,將成為第二層原初狀態中的爭論點。關於這兩種主權權力,我們要問:諸自由主義式民族(已知道它們自己的根本利益)到底希望建立什麼樣的政治規範,以便統理它們彼此之間,以及它們與其他非自由主義式民族之間的相互關係?或是說,它們希望在一個合理公正的諸良序民族之社會中,看到什麼樣的道德氣候與政治氛圍?根據它們的根本利益,自由主義式民族將限制國家的戰爭權,只能為自衛而戰(這是為了集體安全),而它們對人權的關切,則導致它們限制國家與內部主權有關的權利。在萬民法裡,已經不去論證應用於域內情況中的第一原則,而是去討論在詮釋我這八項原則時所遇到的種種困難。「該如何詮釋這些原則?」這個問題經常會被提起,而且會從第二層原初狀態的觀點來進行討論。

4.5 **合作性組織機構**。除了對界定所有民族之基本平等的原則給予同意之外,各方還會制定某些指導方針以設立合作性組織機構;同意某些標準以進行公平貿易,以及同意某些條文以促進相互援助。假定有三種這類組織機構:一個旨在確保民族間的公平貿易;第二個允許民族向一個合作性的銀行體系借貸;第三個組織機構則扮演類似聯合國的角色,在這裡,我稱它為一個諸民

族(不是諸國家)之聯盟(a Confederation of Peoples)[51]。

　　先考量一下公平貿易：假設自由主義式民族認為，要是有一個合適的公平背景架構作為規約[52]，一個自由競爭市場的貿易規制(scheme)就會是一個使人人互蒙其利的規制，至少長期來看會是如此。於是接下來便會有一個假定：經濟較為富裕的較大國族將不企圖獨占市場，也不密謀成立一個卡特爾(cartel)或是進行寡頭壟斷。基於這些假定，以及先前的「在無知之幕下，沒有任何民族知道其本身經濟是大是小」這一假定，所有民族將會同意公平的貿易標準，使市場繼續保持自由與競爭(一旦這些標準都能被具體規定、遵循且確實執行時)。要是這些合作性組織機構在民族間進行分配的效果無法被證成，那麼，這些效果就必須被糾正，而且把援助義務列入考慮。我稍後會在§§15-16中討論這個問題。

　　對中央銀行以及對諸民族之聯盟的同意這兩種進一步情形，也可依同樣方式處理。無知之幕一直都存在的，組織機構總是互利的，而且總是開放給自由主義式的民主民族，讓它們主動積極地自由運用。就像域內情況一樣，諸民族認為，只要能夠穩固地建立一條平等基準線，就可以合理地接受各種根據功能而來

51　前兩個組織機構在某種程度上可以類似地設想成「關稅暨貿易總協定」(GATT)和「世界銀行」(the World Bank)。

52　我在此假設，和域內情況一樣，除非存在著公平的背景條件，而且一代一代不斷維繫下去，否則，市場交易無法維持公平，民族之間也將逐漸發展出種種沒有正當理據的不公平。這些背景條件和它們所牽涉的一切事物所扮演的角色，類同於基本結構在域內社會中所扮演的角色。

的不平等。所以,依據它們的大小,有些民族就得對合作銀行做出比其他民族更多的貢獻(根據貸款支付適當的利息),並支付給諸民族之聯盟這個組織機構更多的資金[53]。

§5. 民主式的和平及其穩定性

5.1 **兩種穩定**。為了完整的概述應用於各個良序的自由主義式社會的萬民法,我還得做兩件事。第一是區分兩種類型的穩定(stability):基於正確理由的穩定(stability for the right reasons)以

---

[53] 對於下述處境,萬民法會說什麼?假設有兩個或更多個自由主義式的歐洲民主社會,像是比利時和荷蘭,或者再加上法國和德國,決定結合起來,形成一個單一社會或是單一的聯邦統一體(federal union)。假設它們都是自由主義式的社會,所以,任何這類的統一體都必須透過已經在各社會中充分討論的一場選舉來決定是否進行統一。不只如此,既然這些社會是自由主義式的,所以它們也接受一種自由主義式的政治性正義觀(這些正義觀具有三種稟性殊異的原則),而且像所有自由主義式正義觀一樣(§1.2),必須滿足互惠(相互性)判準。不僅這些條件,這些社會的全體選民還必須投票決定哪一種政治觀念才是他們能夠相信的**最合理**的觀念,雖然所有這類觀念至少都是合理的。在這全體選民中,任何一位投票者都可能投給差異原則(最平等主義式的自由主義式觀念),只要他或她認為這個原則最合理的話。不過,只要互惠(相互性)判準能夠獲得滿足,這三種稟性殊異的原則的其他種種變體也就不會和政治的自由主義相矛盾了。為了避免混淆,我得補充一點:後文中所謂的「援助義務」(duty of assistance),只是這樣的一種應用義務:自由主義式的和正派的民族必須援助那些**有所拖累的**社會(§15)。就像我在後文中解釋的,這類社會既不是自由主義式的也不是正派的社會。

及作為一種勢力平衡(stability as a balance of forces)的穩定。其二則是對作為一種國際政治理論的政治現實主義(political realism)以及對那些指稱諸民族間的現實烏托邦理念只是一種唐吉訶德式幻想的人，提出回應。我的做法是，闡述一種民主式和平之觀點，並從中導出一種對戰爭的不同看法。

我們先來考量這兩種穩定中的第一種。回想一下(出自§1.2)，在域內情形中，我提到過一個過程，藉由這個過程，當公民們逐漸成長並參與他們公正的社會世界時，他們就會發展出一種正義感。作為一種現實烏托邦式的理念，萬民法也必須擁有一個相應的過程來導引民族(包括自由主義式與正派的民族)，讓它們自願地接受這些體現在正義的萬民法之中的法律規範，並按這些規範來行事。這個過程類似於域內情況中的過程。因此，只要諸民族尊崇萬民法超過一定的時日，而且具有彼此都能認知到的明顯遵守意圖，那麼，這些民族彼此間就很容易發展出相互的信任與信賴。不僅如此，諸民族還認為，這些規範對自己和自己所關心的人是有利的，因此，隨著時間的推展，它們也很容易接受萬民法，把它當成是一種行為理想[54]。要是沒有這樣一種心理過程——我稱之為「道德學習」(moral learning)——萬民法這一現實烏托邦理念中最至關重要的要素也就不存在了。

正如我曾經說過的，民族(相對於國家)具有一種明確的道德本質(§2.1)。這種本質包括了某種適當的自傲與榮譽感；它們也

---

54 這個過程在這裡類似於對於寬容原則的逐漸(即使一開始很勉強)接受過程。

許自豪於它們的歷史與成就，就像**名副其實的愛國主義**（proper patriotism）那樣。然而，它們所要求的適當尊重是一種和所有民族的平等都不違背的適當尊重。民族必須擁有利益——否則它們就很容易缺少活力且被動，很可能被一些不合理的甚至有時候是盲目的激情與衝動所動搖。這些使民族不斷推展的利益（也因此使民族有別於國家），是接受所有民族的公平平等與適當尊重所指導並與這些平等與尊重相配合的合理利益。正如我後文中將要點出的，正因為有這些合理利益，才使得民主式的平等成為可能，也正因為這些合理利益的缺乏，才導致各國之間的和平最多不過是一種暫訂的協議，也就是：一種各勢力間暫時的穩定平衡。

我們回想一下，在域內情形裡，一旦採用了有關政治權利（正當）觀與政治正義觀的原則，各方就必須問，這些原則在自由主義式社會中有沒有可能達成基於正確理由的穩定。基於正確理由的穩定描述了一種狀況：在這種狀況中，公民們隨著時間的推展，將會養成一種正義感，使他們不僅傾向於接受正義原則，也願意依據正義原則而行動。原初狀態中的各方在選擇原則之前，總是先小心翼翼地考慮：良序的自由主義式社會中的公民的這種學習心理，會不會引導他們養成某種正義感，以及某種基於這些原則而行動的性格。

同樣地，只要第二原初狀態論證是完整的，而且包括有關道德學習的說明，我們就可以先推測，各方所必須接納的萬民法就是這樣的一部法律：一部我們——此時此地的你我——將會接受的、而且公平地規定了民族合作之基本條款的法律。其次我們還會推測，這個諸自由主義式民族之正義社會將會形成基於正確理

由的穩定，這意味說，這個社會的穩定不只是一種暫訂的協議而已，部分還得仰賴一種對於萬民法本身的忠誠。

但是顯然地，這第二個推測還得有曾經發生過的歷史事實來加以確證才行。從分配給各民族或大或小的成就這件事而言，諸自由主義式民族之社會事實上一定會是穩定的。但這裡所說的成功並不是指一個社會有無高超的軍事才能，而是指其他種成功：能充分為它的公民帶來政治正義與社會正義、保障它們的基本自由、充實並展現這個社會的公民文化，以及為它的所有人民帶來合宜的經濟福祉。既然這個諸自由主義式民族之社會是基於正確理由而穩定的，它也就會由於正義的緣故而穩定；即使它們的關係與成就會隨著政治、經濟與社會的潮流而持續變動，諸民族間的各種體制與實務還是會繼續滿足權利（正當）與正義之各項相關原則。

5.2 **對現實主義理論的回應**。現實主義理論認為，打從修昔提底斯時代開始，國際關係就沒有變過，各國之間依然為了財富和權力而爭鬥不斷[55]。我藉著回顧一種人們熟悉的、有關諸自由主義式民族之社會的和平觀點，來回應上述看法。它使我們對戰爭有了一種與現實主義霸權理論迥然相異的看法。

自由主義式的民主和平理念至少統合了兩種理念。第一種理念是：在諸如瘟疫或流行病這類生命中無可轉變的痛楚與諸如命

55　參見前註27。

運與上帝意志這類遙遠的無法改變的動因之間，存在著可以民族之力加以改變的政治與社會體制。這種理念導致了18世紀的民主追求運動。正如聖・裘斯特（Saint-Just）①說的：「幸福理念在歐洲是一個新玩意兒。」[56]他的意思是，不能再把社會秩序看成一成不變了：只要能夠讓人民活得更快樂、更滿足，政治的與社會的體制當然可以修正、改革。

另一個理念是孟德斯鳩的**善俗**（*Moeurs douces*）理念[57]。這個理念認為，一個商業社會往往塑造它的公民，養成諸如勤勉、刻苦、守時、正直等德性；而且認為商業往往會帶來和平。結合這兩項理念——即：社會體制可以為了使人民更加滿足和幸福（透過民主政治）而被加以修正，以及商業往往會帶來和平——我們就可以設想，民主民族對商業的追求將使得它們沒有理由對彼此發動戰爭。在沒有其他理由的情況下，之所以有上述情形，是因

---

① 【譯註】Louis de Saint-Just（1767-1794），法國革命家。曾追隨羅伯斯比爾強烈抨擊法國國王。1792年選入國民公會，1793年進入公安委員會，處死丹東和埃貝爾。1794年任國民公會主席，通過一項激進的法令，進行財產重分配，厚澤貧民。其後在1794年「熱月政變」中被推翻，與羅伯斯比爾一起被送上斷頭臺。

56 見Albert Hirschman的*Rival Views of Market Society* (Cambridge, Mass.: Harvard University Press, 1992), pp. 105ff.

57 見Hirschman的*Rival Views*, pp. 107ff. "*moeurs douces*"(gentle manners, 溫和的風俗)一詞出自孟德斯鳩的*The Spirit of Law*, trans. and ed. Anne Cohler, Basia Miller, and Harold Stone(Cambridge: Cambridge University Press, 1989), book 20, p. 338. 在該書第2章中孟德斯鳩論道：商業往往會帶來和平。

為再也沒有比貿易更簡便快速的方式讓它們獲取日用所需，再者也因為，它們（身為一個自由主義式的立憲民主制民族）並不會被說動而企圖強迫其他民族改信國教或其他居於統治地位的整全性學說。

讓我們回想一下自由主義式社會的種種特徵（§2.1）。我們曾經提過，根據雷蒙‧阿宏(Raymond Aron)的用語，它們是**滿足的民族**(satisfied peoples)[58]。它們的基本需求獲得滿足，它們的根本利益也和其他民族的根本利益完全相容。（我們說一個民族是滿足的，並不意味說這個社會的公民必然是歡樂而幸福的）它們之間確實存在著真正的和平，因為所有的社會都對基於正確理由的現狀感到滿意。

阿宏把這種和平狀態稱之為「出於滿足的和平」(peace by satisfaction)（相對於「出於權力的和平」[peace by power]與「出於軟弱的和平」[peace by impotence]），他還描述了（在理論上）達成這種和平所必需的條件。他論道：政治單元不僅不能擴張它們的領土，也不可以統治其他人口。它們絕不能擴張自身，不管是為了增進物質及人力資源、推廣它們的制度，還是為了享受這種統治他人的驕傲情緒。

我同意阿宏的看法，這些條件對維持和平來說是有必要的，同時我也主張，處在自由主義式立憲民主政治下的民族也同樣滿

---

58 關於這段以及後幾段的文字，我引自Raymond Aron的論著*Peace and War*, trans. R. Howard and A. B. Fox(Garden City: Doubleday, 1966), pp. 160ff.

足這些條件。這些民族共同尊崇一項正當政府之原則,不管是追求權力與榮耀的熱情,或是沈醉於統治他人的自傲,都左右不了它們。這些熱情或許會鼓舞貴族階層或是少數寡頭統治成員爭取他們的社會地位與優勢處境;但是,這個階級,或甚至於種姓階級(caste),在立憲政制中並不掌有權力。這類政制不會汲汲於改變其他社會的宗教,因為自由主義式民族根據它們的憲法並不制訂國教——它們並不是宗教告解式的國家——即使它們的公民懷有高度的宗教性(不管是個人信奉還是組成信仰社團)也一樣。支配他人或追求榮耀,為征服他人而感到興奮或是為使用權力役使他人而感到快樂,不管是什麼,都不能逼使它們對抗其他民族。一旦所有條件都依此方式而獲得滿足,自由主義式民族也就沒有任何發動戰爭的必要了。

不僅如此,自由主義式民族不會為了盧梭所指出的自大傷人的驕傲或是缺乏適當的自尊而感到憤怒。它們之所以擁有自尊,是因為它們擁有自由且人格完整的公民,以及正義且正派的域內政治社會體制,當然,還有它們所成就的公共文化與公民文化。這林林總總,全都是它們公民社會根深柢固的一部分,和它們是否優於或劣於其他民族並沒有重大干係。諸民族彼此尊重對方,也同時承認,它們之間的這種平等和前述的尊重並不違背。

阿宏還說,出於滿足的和平只有在具備一般性的情況下,也就是說,在所有社會都主張這種和平的情況下,才能夠存續下去;否則,強權爭奪和和平毀滅等情況又會捲土重來。一個軍、經力量強大,準備進行擴張政策與追求榮耀的國家,足以讓戰爭不斷出現,而且永久處於備戰狀態。因此,一旦放棄世界國家之

理念（§4.1），光靠自由主義式的和正派的民族來接受萬民法，這
是不夠的。諸民族之社會有必要根據萬民法發展新的體制，進行
新的實務運作，以便在法外國家出現的時候，約束這些國家的行
為。在這些新的實務運作中，尤其要注重推動人權：這是所有公
正正派的政制的外交政策都應該堅定關注的議題[59]。

　　民主式和平這種理念暗示：自由主義式民族若想要進行戰
爭，那也只是針對那些不滿足的社會（unsatisfied society）或是法
外國家（依我的用語）。只要任何一個國家的政策威脅到它們的保
障與安全，它們就會為此而戰，因為它們必須保衛它們自由主義
式文化的自由（freedom）[①]與獨立，反抗那些力圖征服它們、支配
它們的國家[60]。

59　在「第三編」§15中我提到，「堅定地保障人權」這種主張可能給社會
　　施加壓力，促使它朝立憲政制的方向邁進，比如說，要是這樣一種政制
　　一心想防止災荒或飢餓的話。

①　【譯註】一般而言，"freedom" 和 "librerty" 通常都譯為「自由」，但
　　其實兩者意義並不全然相同。前者意義較為消極，通常的是指「不受外
　　在干預」的自由；後者則較積極，通常意含「人的主動施為的能力」。
　　為求區分清楚，凡原文為 "freedom" 者，皆以「自由（freedom）」表示。

60　還得補充一點，當它們受到某個國家的嚴峻壓力，被迫接受一些極度不
　　合理的和解條款時，我們就不能合理地期望，還有什麼自尊自重的、肯
　　認自身文化之自由權的自由主義式民族去接受這些條款。有個明顯例
　　子可以說明，就是第一次世紀大戰爆發前，德國對法國所發出的通牒。
　　關於這個例子，可參見Kagan, *Origins of War and the Preservation of
　　Peace*, p. 202.

5.3 **更精確的民主式和平之理念**。民主式和平的存在可能
性,和**實際的**民主政體——它們本身也包括一定程度的不正義、
寡頭政治的傾向,以及對利益的壟斷——並不是相容的,雖然這
些民主政體也會干涉(通常是私下的)那些弱小國家或甚至是根
基較不完善、較不安全的民主體制。要證明這些,就還得將民主
式和平之理念闡釋得更為精確才行;而且,我還要有系統地闡明
一項假設,作為指導,來展現它的意義。

(1)只要每一個合理公正的立憲民主社會能夠完全滿足這
    種政制的五種特徵(參下文概述)——而且它的公民也
    理解並接受它的體制以及這些體制的歷史與成就——
    它們之間的和平就會打造得更為穩固。
(2)只要每一個自由主義式社會能夠完全滿足上述(1)中所
    描述的條件,它們就更不可能和非自由主義式的法外國
    家進行戰爭,除非是基於正當的自衛(或保衛它們正當的
    同盟),或是為了保障人權而進行的干預。

一個合理公正的立憲民主政府,是一個根據三項特性原則
(§1.2)而將自由與平等這兩種基本價值結合起來並給予優先順序
的政府。這三項原則的前兩種原則標舉出基本權利、自由與機
會,並指定這些自由(freedom)在這類政制中具有優先性。第三項
原則則是一種充分保證,讓所有公民都擁有通用性工具
(all-purpose means),以便他們更精湛而有效地運用他們的自由
(freedom)。這第三項特徵必須符合互惠(相互性)判準,同時,它

還責成一種避免社會與經濟的不平等過度發展的基本結構。一旦缺少下述(a)到(e)的制度或是與此類似的安排，這類過度且不合理的不平等就無法遏止。

這些已經獲得保證的憲政自由，如果是單個來看，很可能遭受批評，認為它們純粹只是形式的自由[61]。對它們本身來說，如果缺少上述第三項特性原則，它們就只不過是某種內容被掏空的自由主義類型而已——實際上，它們根本不是自由主義，而是自由放任主義(libertarianism)[62]。後者用以結合自由與平等的方式和自由主義所用的方式不同；它沒有互惠(相互性)判準，而且無意撤除各種被該項判準判定為過度不平等的社經差距。自由放任主義式的政制不可能形成基於正確理由的穩定，但一個純粹形式的立憲政制卻往往不會有這種問題。想要達成穩定，就得具備下列幾項重要要求：

(a)一定的公平機會平等，特別是教育和訓練方面。(否則，社會中的所有各方就沒有能力參與公共理性之討論，也無法對社經政策有所貢獻。)

(b)合宜且符合自由主義之第三項條件的所得與財富分配：必須保證所有的公民都能夠獲得必要的通用性工具，以便他們精巧而有效地運作他們的基本自由(freedom)，並進而獲益。(若缺少這項條件，就容易導

61　見*Political Liberalism*, VII: §3 and VIII: §7.

62　同上，VII: §3.

致財富與所得較多的人支配財富與所得較少的人，使他
們逐漸控制對己有利的政治權力。）

(c)透過全國性的或地方的政府或是其他社經政策，讓社會
成為人民可以依靠的最後雇主。（缺乏長期的安全感、
沒有機會求得有意義的工作或職業，這種情況不僅傷害
了公民的自尊，更傷害了對他們的「我們是社會的成
員，而不只是寄居者」的感受。）

(d)保證所有公民都擁有基本的健康保障。

(e)公費補助選舉與確保管道以便將政策事務之相關資訊
公開[63]。（對於「保障各個代表和官員都能充分獨立，不
受特殊社經利益的影響」，以及對於「提供相關知識與
資訊，便於公民們形成與嫻熟地評估政策」這兩點而
言，所需為何？對這些安排的相關需求的敘述對此僅有
大略說明而已。）

所有自由主義式觀念的正義原則都可以滿足這些要求。這些
要求涵蓋一個基本結構（具有公共理性的理想）所必需的重要條
件，只要公民有意識地遵守它們，就可以保障各種基本自由，避
免過度拉大社會經濟的不平等。既然公共理性的理想包括某類型
的公共政治審議（public political deliberation），因此，這些條件（前
三項尤其明顯）對這種審議得以存在或茁壯來說，就顯得十分必

---

63 同上，VIII: §§12-13.

要了。「堅持公共審議之重要性」這一信念對於一個合理的立憲
政制來說，至關重要，有必要設立某種特殊安排，來支持並促進
這種信念。

　　還必須作更多的說明，才可能將民主式和平這種假設闡釋得
更為精到，因為還有許多重要問題尚待解決。比如說，必須將這
些(a)到(e)的要求體制化到什麼程度？要是這些要求彼此強弱
程度不同，會造成什麼樣的結果？它們又是如何一起運作的？接
著，比較性問題便產生了：像是，公費補助選舉和公平的機會平
等哪個比較重要……等等？想要確切地解答這些問題，並不容
易，就算是猜測也辦不到，因為還缺乏許多背景和資訊。所幸，
歷史會啟發我們，讓我們追索想要的答案。其中最該注意的是，
一旦立憲民主民族能夠具備從(a)到(e)這五項特徵，它們的所行
所為也會支持民主式和平的理念。

　　5.4 **歷史上所見的民主式和平**。歷史紀錄似乎表明：一個合
理公正的憲政民主制社會將會滿足基於正確理由的穩定所需要
的條件。雖然自由主義式民主社會通常還是會與非民主國家發生
戰爭[64]，但自西元1800年以來，各個根基穩固的自由主義式社會

64　見Jack S. Levy, "Domestic Politics and War," in *The Origin and Prevention of Major Wars*, ed. Robert Rotberg and Theodore Rabb (Cambridge: Cambridge University Press, 1989), p. 87. Levy提出好些個歷史研究，確證了Small和Singer的發現，見Small and Singer所著 *Jerusalem Journal of International Relations*, vol. I, 1976.

彼此之間卻已不再交戰[65]。

歷史上許多赫赫有名的戰爭，都不是發生在自由主義式民主體制已經確立的民族之間的。伯羅奔尼撒戰爭當然不是，因為雅典和斯巴達都沒有自由主義式民主[66]；同樣地，羅馬和迦太基之

---

65 見Michael Doyle一本很好的論著*Wars of War and Peace* (New York: Norton, 1997), pp. 277-284. 與此有關的是討論康德的第九章整章。Doyle的觀點有部分先前已經發表在一篇上下兩部分組成的文章 "Kant, Liberal Legacies, and Foreign Affairs," in *PAPA*, vol. 12, Summer/Fall 1983. 有關證據的說明在第一部分，pp. 206-232. Doyle在第213頁寫道：「這些相互尊重的協定[立基於自由主義式原則與體制之國際性意義之上]，已經對各個自由主義式民主體制之間的關係，形成卓有成效的合作根基。即使自由主義式國家還是和非自由主義式國家發生許許多多的戰爭，但憲政運作良好的自由主義式國家卻不曾對彼此發動戰爭。沒有人會爭辯說這種戰爭絕不可能發生；但初步的證據卻很清楚地指出……自由主義式國家具有一種明顯的反戰趨向。」也見Bruce Russett, *Grasping the Democratic Peace* (Princeton: Princeton University Press, 1993), 以及John Oneal and Bruce Russett, "The Classical Liberals Were Right: Democracy, Independence, and Conflict," *International Studies Quarterly*, June 1997. Oneal和Russett堅持認為，有三項因素降低了國族之間的可能衝突，即：共同享有的民主政治、相互往來的貿易與商業活動，以及國際性組織機構與區域性組織機構的成員資格。這三項要素的互動關係會在對萬民法的奉行過程中產生，同時也將充分獲得萬民法的認可。可以推定，這些組織機構的成員資格設立了許多外交聯繫，使它更能容易地調理各種潛在的衝突。

66 只要指出它們兩個都擁有奴隸這點就夠了。雖然雅典文化千真萬確極為光耀，但人們仍不能忽略，它確實擁有奴隸制，而且，在其域內只有大約3萬人有資格進入議會，卻專斷統治了其他包括奴隸、外邦人、工匠，

間的第二次布匿克戰爭（the Second Punic War）也不是，雖說羅馬
帶著某些共和體制特徵。至於16、17世紀的宗教戰爭，由於那時
候宗教自由和良心自由都還不被承認，涉入戰爭的國家當然還談
不上什麼憲政民主。19世紀的著名大戰，像拿破崙戰爭、俾斯麥
戰爭[67]，以及美國內戰，都不是自由主義式民主民族之間的戰爭。
俾斯麥主政下的德國從來就不曾適切地建立過立憲政制；而美國
南方，儘管它可能認為自己是民主的，但它擁有的奴隸幾乎達到
人口的一半，當然不是民主政治。至於許多主要強權都投入其中
的幾次戰爭，像是兩次世界大戰，民主國家則是結為同盟，並肩
奮戰。

　　各主要老牌民主體制之間不發生戰爭，只是各社會之間一條
簡單的經驗規律而已[68]。根據這個事實，我們可以認為，歷史紀錄
顯示，一個諸民主民族之社會是一個基於正確理由而穩定的社
會，因為所有這些社會的基本體制都受到自由主義式正當觀與正

─────────

（續）─────────────────

　　以及女人在內約30萬的人口。

67　對此，我指的是俾斯麥為了讓普魯士統占全德國而縱容引發的三次戰
　　爭：1864年的什列斯威－霍爾斯坦戰爭（Schleswig-Holstein），1866年的
　　普奧戰爭（the Austrian-Prussian War），1870-1871年的普法戰爭（the
　　Franco-Prussian War）。

68　見Levy的 "Domestic Politics and War," p. 88. 在他所提及的研究中，大
　　部分民主定義都可以和Small與Singer的民主定義相提並論。Levy在某個
　　註釋裡列出這些定義之要素：(1)定期選舉以及反對黨的參與；(2)至少
　　有10%以上的成年人參與；(3)議會機構控制行政部門或是與行政部門
　　平起平坐。我們對自由主義式民主政制的定義比這些定義還要精到。

義觀（這些觀念不必然是同一個）所良好規序。不過，正如Michael Doyle指出的，把所有可供佐證的歷史事證都列出來，這種舉動根本是浪費時間，因為民主式和平之理念有時候並不成功。在這些失敗例子裡，我的引導性假設則給我指引，寄望將那些在民主政治之核心支撐體制與實務運作中所發生的種種挫敗，全都找出來。

這些所謂的立憲民主政制實際上存在著許多重大缺點，因此，在這種情況下，對它們常常干預弱小國家（包括在某些面向上展現了民主的國家），甚至為了擴張主義的理由而進行戰爭這種種情況，也不必感到驚訝。至於前述第一種境況，包括美國所推翻幾個民主體制：智利的阿葉德（Salvador Allende）、瓜地馬拉的亞本茲（Colonel Jacobo Arbenz Guzman）、伊朗的穆沙登（Mohammad Mossadegh），有人可能還會加上尼加拉瓜的桑定（Sandanistas）。一個被壟斷與寡頭的利益所驅使的政府會隱匿訊息、避開大眾的批判，不細察那些政權的是非功過，便直接展開反對這些政權的秘密行動。「要保衛國家安全」這種超級強權對抗脈絡中的名義十分好用，可以輕易用來替秘密行動脫罪，但這會讓這類弱小的民主體制被當成危險製造者——儘管它們怎麼看也不像。雖然民主民族不是擴張主義者，但它們畢竟還是得保衛它們的安全利益，而一個民主政府正可以輕易地以此利益為理由，來支持秘密的干預行動，即使有時候其實只是為了隱藏在幕後的經濟利益[69]。

---

69 對這一點的討論，見Allan Gilbert, "Power Motivated Democracy," *Political Theory*, November 1992. 尤其是pp. 684ff.

　　當然，當今老牌的立憲民主國族很早以前便投入過帝國打造。許多歐洲國族在18、19世紀時就做過這事，大不列顛、法國、德國在第一世界大戰前的角逐時期也莫不如此。英國和法國在18世紀中葉便為「帝國」打過一仗──就是所謂的「七年戰爭」(Seven Years' War)。法國喪失了它在北美的殖民地，而1776年革命後，英國則喪失了它在美洲的殖民地。在此我沒辦法對這幾世紀來的重大事件給出詳盡的解釋，因為，若要想解釋得清楚，就得談到這些國族長時期以來的階級結構；這些結構怎樣影響英、法兩國早在17世紀時便產生的殖民慾望；以及軍事力量在支持這種慾望時所扮演的角色。另外還會牽涉到一項有關特許貿易公司(王室授予它們獨占權)在重商主義時代所扮演之角色的研究，這些公司比如東印度公司及哈德遜灣公司等[70]。顯然，這些社會身為具有必要之支撐因素──上述的(a)到(e)──的立憲民主國家，缺點是十分明顯的，隨便什麼粗略的調查也查得出來。因此，康德的「和平聯盟」假設能不能實現，就得看這一系列立憲政制之條件能在多大程度上符合這類擁有上述支持因素的理想政制。如果這項假設

70　有關這類事務及其經濟影響，見Adam Smith的*The Wealth of Nations* (1776)以及Joseph Schumpeter的 "The Sociology of Imperialisms," in *Imperialisms and Social Classes* (1917), ed. Paul Sweezy (New York: Kelley, 1951). 另見Albert Hirschman的*Rival Views of Market Society*, 請注意他所談的有關封建束縛的問題，pp. 126-132. 相關的文字請見Michael Doyle的*The Ways of War and Peace*, chapter 7, 他在那裡討論了商業和平主義的理念(the idea of commercial pacifism)，這一理念回溯到18世紀，Smith和Schumpeter是其重要代表。

是正確的,那麼,只要這些民主民族朝理想政制的方面邁進,就會傾向於消弭彼此間的軍事衝突,只在抵抗法外國家侵犯的情況下,才共組自衛聯盟投入戰爭。我相信這項假設是正確的,而且認為是它提供了保證,使萬民法成為一個現實的烏托邦。

§6. 諸自由主義民族之社會:它的公共理性

6.1 諸民族之社會以及合理的多元主義。許多民族具有合理的、而且可以預先想到的差異,它們具有獨特的體制和語言、宗教和文化,以及不同的歷史,占有不同的地區或世界中的某塊疆域,並且經歷不同的事件。到底有什麼事物可以作為基礎,將這些民族結成一個諸民族之社會?(這些差異對應於域內政制中的合理的多元主義之事實)。

要明白如何獲致這種基礎,我得重複我曾在〈導論〉中所說的:瞭解這一點是很重要的:萬民法是從政治的自由主義內部開展出來的。這個起點意味著萬民法是一種擴延應用,也就是,把用於**域內**政制的自由主義式正義觀延伸應用到**諸民族之社會**。若要在自由主義式正義觀內部發展萬民法,我們得將一個合理公正的自由主義式民族的外交政策的各項理想與原則給擬定出來。我區分兩種公共理性:自由主義式民族的公共理性與諸民族之社會的公共理性。前一種公共理性是域內社會之平等公民的公共理性,討論的是和他們自己的政府有關的憲法基本要素(constitutional essentials)與基本正義的問題(matters of basic justice)。後一種公共理性則是自由平等的自由主義式民族的公共

理性，討論的是它們之身為民族而具有的相互關係。萬民法及其
政治的概念、原則、理想與判準，就是這後一種公共理性的內容。
雖然這兩種公共理性所擁有的內容並不相同，但是，公共理性在
自由平等的民族彼此之間所扮演的角色，和它在立憲民主政制中
的自由平等公民彼此之間所扮演的角色，卻是相似的。

　　政治的自由主義提出，在一個立憲民主政制中，就公共理性
來說，整全性的真理學說或正當學說，會被一種針對身為公民的
公民而言的一種「在政治上是合理的」(the politically reasonable)
的理念所取代。這裡要注意的是對應關係：諸民族之社會的成員
也訴求公共理性，它的各項原則是針對身為民族的民族而提出
的。這些原則並不需要藉助整全性的真理學說或正當學說（它們
可能是這個或那個社會中最具影響力的學說）之力——來闡揚自
己，而是藉助各個不同民族都能共同擁有的事物。

　　6.2 **公共理性的理想**。公共理性的**理想**並不同於公共理性的
理念，必須區分開來。在域內社會中，只要法官、議員、行政首
長、其他政府官員或是公職候選人能夠依循或遵守公共理性的理
念，並根據他們認為最合理的政治性正義觀來向其他公民解釋他
們何以支持某些根本政治問題的理由，這時，公共理性的理想也
就被實現或被滿足了。他們以這種方式履行了我所說的「公民素
質之義務」(duty of civility)①，這是一種他們對彼此以及對其他

---

　① 【譯註】"civility" 在此意指文明的、得體的作為。羅爾斯用這個字來
　　描述民主社會中的公民應該有的合理舉止。因此，由於找不到適切的中

公民的義務。法官、議員或行政首長到底有沒有依循或遵守公共
理性，從他們的言談舉止可以清楚地看出來。

　　那些不屬於政府官員的公民又是怎樣實現公共理性的理想
呢？在代議制政府中，公民們投票是為了選出代表——行政首
長、議員或其他等等——而不是為了制訂特定的法律(但在州級
或區級例外，公民們可以為複決問題直接投票，不過，這些問題
通常不是根本性的問題)。為了回答這個問題，我們可以這樣說：
理想上，公民們可以設想他們自己**就好像是**立法者，而且問他們
自己，什麼法案[受符合互惠(相互性)判準的理由所支持]是他們
認為最合理而可以制訂的[71]。這種情況一旦穩固而且傳播開來，
公民們這種「視自己為理想的立法者，拒絕接受違犯公共理性的
政府官員與公職候選人」的傾向就為自由主義民主塑造了部分的
政治社會基礎，也成為自由主義民主能否長久存續、活躍的重要
關鍵。因此，在域內社會，只要公民們能盡力約束政府官員遵照
公共理性行事，他們也就履行了公民素質之義務並支持了公共理
性的理念。這項義務，如同其他的政治權利與義務，本質上是一
種道德義務。我要強調，它並不是一項法律義務，因為，它要是
法律義務的話，就會和言論自由相衝突了。

　　同樣地，只要行政首長、立法者、其他政府官員，以及公職
候選人都能依循或遵守萬民法的原則，而且向其他民族解釋他們

(續)————————————————

　　　文表達，因此譯為「公民素質」。

　71 這項判準和康德的原初契約原則有某些類似之處。見*Metaphysics of Morals, Doctrine of Right*, §§47-49, 及 "Theory and Practice," part II.

是基於什麼理由來推動或修正一個民族的外交政策，以及該民族與其他社會有關的國家事務，那麼，自由平等民族之公共理性這種理想也就獲得了實現或滿足。至於公民私人，我們認為，和前文一樣，理想上，公民會設想他們自己**就好像是**行政官員或是立法者，會問他們自己，哪些考量所支持的外交政策才是他們認為最合理且應該加以推動的。再一次地，上述情況一旦穩固而且向外開來，公民們這種「視自己為理想的行政官員與立法者，拒絕接受那些違反平等民族之公共理性的政府官員與公職候選人」的傾向就會成為某種政治與社會的基礎，以促進諸民族間之相互理解與和平。

　　6.3 **萬民法的內容**。回想一下前文說的，在域內情況中[72]，公共理性的內容是由關乎立憲民主政制的自由主義式正義原則之族系（family）所賦予的，而不是來自某個單一原則。自由主義有許多種，所以，合理的政治觀念之族系所具體規定的公共理性形式也有許多種。在發展適用於諸民族之社會的公共理性的時候，我們的任務是明訂它的內容──它的理想、原則和標準──並指出這些內容該怎樣應用在諸民族間的政治關係上。當我在思考§4中所列的萬民法八項原則的優點時，我們就是在第二層原初狀態中的第一次論證裡完成上述任務。這些熟悉常見且相當傳統的原則是我從國際法與國際實務的歷史與慣例中抽取出來的。我

72　見〈再論公共理性的理念〉。

在§4中說過，各方的處境並不像在《政治的自由主義》或《正義論》中所處的處境，他們並沒有收到一份列明各項待選原則與理想的表單。而是說，自由主義式立憲民主制的代表是諸民族間之各項平等原則的優點的反映。這些原則必須滿足互惠（相互性）判準，因為下述兩個層次都擁有這項判準——身為公民的公民之間，以及身為民族的民族之間。就後一種情況來說，它要求，一個民族或其代表在提出規約諸民族間之相互關係的原則時，必須好好想想，這項原則是不是提得合理，是不是其他民族也可以合理接受。

6.4 **結論**。我們剛剛在§§3-5中完成了理想理論的第一步驟。那麼，我們什麼時候才能夠合理地接受這萬民法的第一步驟暫時是堅實而且可以證成的呢？

(i)我們必須在第二原初狀態中認為，有關萬民法原則與標準的推理是十分有理據的，而且可以獲得更多的支持。對基於正確理由的穩定的說明，也必須讓我們覺得同樣是可信的。

(ii)民主式和平的觀點也應該是有理據的，而且應該獲得民主民族之行為的歷史紀錄的充分支持。導引性假設還確認：這些充分滿足了至關重要的支持性條件——(a)到(e)——的民主體制彼此間依舊是和平共處。

(iii)最後，身為自由主義式社會的公民，我們必須有能力——藉透過適當的反思——對萬民法的原則與判斷加以背書。比起我們所知道的其他觀念，萬民法的這種社會契約觀更應該將我們所有的一般性(generality)之層次上的深思熟慮的政治確信與政

治(道德)判斷整合在一起，成為一種通貫一致的觀點。

　　在「第二編」中的§§8-9，我要討論正派的層級式民族。在「第三編」中，我則要討論**非理想**理論的兩個步驟。之所以要進一步考慮正派的層級式民族，並不是為了制訂適用於**它們**的政治原則，而是為了對我們自己保證，自由主義式的外交原則從正派的非自由主義式觀點來看，也是合理的。達成這種保證的慾望，是自由主義觀念根深柢固的一部分。

第二編

理想理論之第二部分

§7. 對非自由主義式民族的寬容

7.1 **寬容的意義**。把萬民法延伸到非自由主義式民族身上時，有一項主要的任務，就是明確指出自由主義式民族要對非自由主義式民族寬容到什麼程度。這裡所說的寬容，不只是避免運用政治——軍事、經濟、或外交的——制裁的方法來使一個民族改變其行為方式。寬容的另外一個意思是：承認這些非自由主義式社會是平等參與諸民族之社會的合格成員，肩負一定的權利與責任，包括公民素質之義務，即：要求他們必須為他們的行動，對其他民族提出切合諸民族之社會的公共理由。

自由主義式社會將與所有合格的民族合作，並給予協助。如果所有社會都被要求必須是自由主義式的社會，這樣一來，政治的自由主義的理念將無法寬容其他種可以接受的規序社會的方

式(如果和我認為的一樣,有這種社會的話)。我們承認,自由主義式的社會要尊重其公民的整全性學說——宗教、哲學、道德的學說——只要這些學說之追求方式沒有違背合理的政治性正義觀及其公共理性。同樣地,我們也認為,一個非自由主義式的社會,只要它的基本體制符合某些明定的政治正當與正義之條件,能引領人們尊崇諸民族之社會所需要的一套合理公正的法律,自由主義式的社會還是會寬容並接受它的。由於目前找不到更好的名稱,我姑且把符合這些條件的社會稱之為**正派的**民族(§8.2)。

7.2 **對寬容觀的需求**。有些人可能會說,萬民法並不需要發展出上述這種寬容理念。他們所可能提出的理由是:自由主義式社會裡的公民應該依下述標準來判斷其他的社會:這些社會的理想和體制到底有多大程度表達與實現了一個合理的自由主義式政治觀。由於存在著多元主義的事實,所以,自由主義式社會裡的公民一方面既肯認一組合理的自由主義式政治性正義觀之族系,一方面也對哪一種觀念才是最合理的觀念抱有不同的意見。不過,他們都同意,非自由主義式社會沒辦法將具備理性、智識、道德感等各項能力的人都看成是自由而平等的人,**因此**,他們表示,應該常常視情況給予非自由主義式社會某種應有的制裁——政治的、經濟的、甚至軍事等。根據這個觀點,自由主義式外交政策的指導原則是,把尚未成為自由主義式社會的社會一步步地朝自由主義的方向來塑造,直到所有的社會(理想的話)最後都成為自由主義式的社會為止。

不過,幾行之前的黑體字「**因此**」所標示出的推論,使我們

非得問出下面這個問題不可：在試圖制定出一套合理的萬民法之前，在其他條件都相同的情況下，我們怎麼知道非自由主義式社會永遠是接受政治制裁的適當對象？在第二層原初狀態中，萬民法原則是為了自由主義式民族而選出的，我們在討論第二層原初狀態中的論證時知道，各方是諸平等民族的代表，而諸平等民族也會想維持這種彼此之間的平等。再者，各個民族的代表所擁有的選項，則是出自對§4列出的八項原則所做的種種詮釋。沒有任何民族願意讓其他民族的所得高於自己的所失；因此，效用原則以及道德哲學中所討論的其他道德原則，根本連成為萬民法的候選者資格也沒有。我稍後將會解釋，這個結果——可以在這一將自由主義式的政治正義觀念從域內法擴延到萬民法的程序中隱約看出——就算要進一步擴延到正派的民族，也同樣適用。

　　7.3 諸民族之社會的基本結構。下面還有一個更重要的考量：如果自由主義式民族要求所有的社會都必須成為自由主義式的社會，同時對非自由主義式的社會施以政治制裁，這樣一來，自由主義式民族就不可能會對正派的非自由主義式民族——如果有這種民族的話——給予應有的尊重。一旦缺乏這種尊重，正派的非自由主義式民族的民族自尊及其各別成員的自尊就可能遭受傷害，並可能釀成莫大的痛苦和憤怒。要拒絕賦予其他民族及其成員應有的尊重，就必須提出堅強的證成理由。自由主義式民族不能妄稱正派的民族否定人權，因為(我們將在§§8-9見到該節所開展的正派概念)這些民族並沒有不承認或不保障這些權利；自由主義式民族也不能指責正派的民族否定其成員的商議權

利或是不讓他們在決策中扮演實質的政治性角色，因為，我們會知道這些社會的基本結構確實包含某種**正派的商議層級制**或是與此相當的機制。最後是，正派的民族也容許異議權，不管是政府官員和司法官員，都必須尊重異議並給予應有的回應，也就是：根據司法體制所詮釋的法律規則(the rule of law)來處理問題的是非曲直。異議者不會被看成無知小兒或是低能瘋漢而置之不理。透過這類的或其他的方式，諸正派民族所秉持的共同善式的正義觀(the common good conception of justice)或許可能在這些民族之成員的異議刺激下，隨著時間而漸漸改變。

所有社會的變革都是循序漸進的，這一點，正派的社會和其他社會沒有兩樣。自由主義式民族不應該假設正派的社會沒有能力自行改革。自由主義式民族應該把這些社會視為諸民族之社會的真誠成員，藉此鼓勵這種改變。自由主義式民族無論如何都應該尊重正派的民族，因為，不這麼做的話，很可能會阻斷它們社會的變革。至於某些文化形式和生活方式本身到底好或不好(我相信是好的)，我們暫時撇開這個深刻問題不談，可以確定的是，在其他條件都相同的情況下，個人和結社組織能夠隸屬於他們特定的文化並參與這個文化共同的公共生活和市民生活，是一件好事。這樣一來，政治的社會就被展現並獲得實現了。

這件事一點也不小。它主張應該給民族自決之理念和一個諸民族之社會的某些鬆散的或同盟的形式留下一些揮灑的空間。別忘了，民族(相對於國家)具有一種明確的道德本質(§2.1)。這種本質包括了某種適當的驕傲和榮譽感；我所說的「名副其實的愛國主義」(§5.1)容許民族可以對它們的歷史和成就感到驕傲。它們所

要求的尊重，是一種和「諸民族一律平等」相符的應有尊重。而促使民族向前推進（並使它們有別於國家）的利益，和公平的平等（fair equality）及對其他民族應有的尊重，也是一致的。自由主義式民族必須試著鼓舞正派的民族，而不是強制堅持所有的社會非得成為自由主義式的社會不可，以致破毀正派民族的生命力。不僅如此，如果正如我所相信的，自由主義式的立憲民主制事實上優於其他種社會形式，那麼，一個自由主義式的民族應該會對他們自己的信念深具信心，同時會認為，一旦正派的社會獲得自由主義式民族所給予的應有尊重，那麼，長此以往，或許他們就會看出自由主義式體制的優點，讓自己朝自由主義逐步邁進。

　　我在前面三個段落努力要說的是，所有正派的民族能夠維持自尊並得到其他自由主義式或正派民族的尊重，是多麼重要的事。根據自由主義原則，自由主義式或正派的民族所構成的社會世界，當然不是完全正義的。有些人可能會覺得，若沒有強而有力的理由，就不能容許不正義，也不能不堅持要求每一個社會都必須尊崇自由主義原則。我相信這種理由是存在的。最重要的是維持諸民族之間的相互尊重。要是關係退步，一方總是蔑視他人，而另一方總是痛苦和氣憤，結果必然成事不足，敗事有餘。個別來看，這些關係不是每個（自由主義式或正派的）民族內在基本結構的問題。反而是，在諸民族之社會中維持諸民族之間的相互尊重才構成了這個社會之基本結構和政治氛圍的核心部分。在鼓吹正派社會朝自由主義方向改革時，萬民法認為這個比較寬廣的背景基本結構及其政治氛圍的優劣，要比這個社會是否存在自由主義式的正義重要多了。

§8. 延伸到正派的層級制民族

8.1 **程序上的評論**。別忘了，在理想理論當中，把自由主義式的正當與正義之政治理念延伸到萬民法，要以兩個步驟來進行。第一個步驟我們已經在§§3-5中說明過，也就是：只將萬民法延伸到自由主義式社會。理想理論的第二個步驟就困難多了；這個步驟強力要求我們具體指出第二種社會——一個雖非自由主義式的但卻正派的社會。這種社會被政治上講理的諸民族之社會承認為合格的成員，就這個意義來說，它也是一種「被寬容」的社會。我們必須嘗試制定出正派社會之判準。目的是為了把萬民法延伸到正派的社會，並說明它們所接受的萬民法就是自由主義式社會所接受的同一部萬民法。這部共同使用的法律描述出所有自由主義式及正派的社會所企望的那種諸民族之社會，也表達出它們的外交政策的規約性目的。

我在導論中寫道，在我所思考的政治和社會世界中，一共有五種類型的域內社會：第一類是**自由主義式的民族**，第二類是**正派的民族**。有一種正派民族的基本結構具有我所謂的「正派的商議層級制」（decent consultation hierarchy），我把這些民族稱之為「正派的層級制民族」（decent hierarchical peoples）；另外一種正派民族是我暫時保留不談的類別，而只是假設可能存在著其他種正派民族，其基本結構並不符合我對商議層級制的描述，但又有資格成為諸民族之社會的一員（我把自由主義式和正派的諸民族一律統稱為「良序的民族」）。此外，還有第三類，**法外國家**（outlaw states)，以及第四類，**受不幸條件所牽累的社會**(societies burdened by unfavorable conditions)。最後，則是第五類，**仁慈的絕對主義**(benevolent absolutisms)社會：它們尊崇大多數的人權，不過因為拒絕讓社會中的成員在政治決策當中扮演有意義的角色，所以不是良序的社會。

在這個部分，我首先說明的是對任何的正派層級制政治體制都適用的的兩項判準。雖然自由主義式的民主制政治體制也會符合這些判準，但我們接下來就會清楚地發現，這兩項判準並不要求社會必須是自由主義式的。接下來，我們確認，在具備無知之幕的適當原初狀態(位於第二層)中，這些作為正派層級制民族之代表的各方，所處的位置是公平的，它們是理性的，而且只會根據適當的理由而動作。原初狀態在這裡又再次作為代表的模型，只不過這一次是為了在正派的層級制民族之間制定出一部萬民法。最後，根據這兩項判準所指明的根本利益，作為正派層級制社會之代表的各方所採用的萬民法，和作為自由主義式社會之代表的各方所採用的萬民法，是同一部(我在前面說過，不會討論正派民族的其他可能種類)。

在§9.3中，我提出一個例子，一個想像的正派層級制穆斯林民族，我稱之為「卡贊尼斯坦」(Kazanistan)。卡贊尼斯坦尊崇並尊重人權，它的基本結構包括一個正派的商議層級制，足以讓這個民族的成員在政治決策中扮演實質性的政治角色。

8.2 **正派的層級制社會的兩項判準。**這些社會可能採用的體制形式不一而足，包括宗教的和世俗的形式。不過，所有這些社

會在形式上都屬於我所說的**結社組織式**(associationist):也就是說,這些社會中的成員在公共生活中都被看做不同團體的成員,而每一個團體在法律制度中都有正派商議層級制裡的一個「體」(body)來代表。下面討論的兩項判準明確指出,一個正派的層級制社會應該具備哪些條件,才能成為合理的諸民族之社會中合格成員(許多秉持各自不同的正義理念的宗教及哲學學說都有可能導出滿足這些條件的體制。不過,由於這些正義理念是某種整全性宗教或哲學學說的一部分,所以無法具體規定出我所指稱的政治性正義觀)。

1. 首先,社會不具有侵略性的目標,而且也認知到必須透過外交,以及貿易和其他和平的方式,來獲得它正當的目的。雖然這個社會的宗教或其他根本性的學說被認為是整全性的,而且對其政府結構及社會政策有所影響,但這個社會仍然尊重其他社會的政治及社會秩序。就算真要尋求更廣泛的影響力,它也不會採用妨礙其他社會之獨立性的做法,包括宗教和公民的自由在內。社會的整全性學說這項特徵支持著這個社會的和平行為之體制性基礎,也讓這個社會有別於16和17世紀宗教戰爭期間位居領導地位的歐洲國家。

2. 第二個判準分成三部分。

   (a)第一部分是,一個正派層級制民族的法律制度,根據其共同善式的正義理念(見§9),為該民族的所有成員鞏固了所謂的人權。一個違反人權的社會制度無法明

確提出一個足以遂行政治與社會合作的正派政制
(decent regime)。奴隸社會不存在正派的法律制度，因
為它仰仗一個以強力為依據的命令規制來推動它的奴
隸經濟。它欠缺社會合作之理念(在下文§9當中，我會
從共同善式的正義理念與正派商議層制度之理念間的
關係，做比較詳細地討論。)

人權包括了生命權(取得生存及安全手段的權利)[1]；自
由權(脫離奴隸制度、農奴制度、被迫的職業，以及得
到充分的良心自由，以確保宗教及思想自由)[2]；財產權
(個人財產)；以及自然正義之規則所表達的形式平等的
權利[3]。按照這樣的理解，人權不能以「不過是某種特
別的自由主義式理念或西方傳統下的獨特理念」這樣的

1　見Henry Shue, *Basic Rights: Substance, Affluence, and U. S. Foreign Policy* (Princeton: Princeton University Press, 1980). Shue在本書23頁，以及R. J. Vincent在他的*Human Rights and International Relations*當中，對生存所做的詮釋，包含了最低限度的經濟保障，這兩位都認為生存是一種基本權利。我同意這個說法，因為，不管是哪一種，只要是有意義地和理性地行使所有的自由，並且能聰明地運用財產，往往也就意味著擁有一般的通用性經濟手段。

2　如§9.2所討論的，這種良心自由對於社會所有成員來說，未必都是廣泛而平等的：例如，可能有某個宗教合法支配了一個國家政府，在這政府下，雖然其他宗教獲得寬容，但卻可能不被允許擁有維持其特定地位的權利。我認為這種情況是，允許了「良心自由，只是還不是一種平等的自由。」

3　有關自然正義之規則，見Hart, *The Concept of Law*, pp. 156ff.

說法而被任意否定。它們在政治上並不是一種狹隘的理
念[4]。我們在§10會再討論這些問題。

(b) 第二部分就是，一個正派民族的法律制度必須能
夠強制民族疆域內的所有人承擔真實的道德義務和責
任(和人權不同)[5]。既然民族的成員被認為是正派而理
性的，同時能夠承擔職責，也能在社會生活中扮演一個
角色，他們認知到這些義務和責任符合他們共同善式的
正義理念，也沒有把這些責任和義務僅僅視為強制的命
令。他們有能力從事道德的學習，也知道社會中所理解

---

4 在 "Human Rights as a Neutral Concern," in *Human Rights and U. S.
Foreign Policy*, ed. P. Brown and D. MacLean (Lexington, Mass.:
Lexington Books, 1979), pp. 83, 89-92當中，T. M. Scanlon就強調這一
點。上文這一點是很重要的，只要我們指出，對人權的支持應該成為良
序社會外交政策的一部分。

5 我這裡引用的是Philip Soper的*A Theory of Law* (Cambridge, Mass.:
Harvard University Press, 1984)，特別是頁125-147。Soper認為法律制度
不同於一個單純強制實施命令的制度，法律制度必須促進社會全體成員
的道德義務和責任。法律制度的維繫，必須有賴於法官和其他官員真誠
且合理地相信，法律是受到共同善式的正義理念所引導。但是我並不完
全同意Soper的所有看法。一個諸規則之規制必須符合他的定義，才叫
做適當的法律制度；見Chapter IV, pp. 91-100。但我想避免長年爭議不
休的有關法律之定義的法理學問題，我也不想辯說南北戰爭前的美國南
方沒有法律制度。因此我把上述判準的第二部分——正派民族的法律制
度必須強制施加真正的道德義務和責任——看成是源於一個延伸到萬
民法的自由主義式正義觀。Samuel Freeman對這些論點做出極有價值的
討論，也讓我獲益良多。

的是與非的差異。相對於奴隸經濟，他們的法律制度明
確指出了一個促成政治與社會合作的正派規制。

從第二個判準可以看出，一個正派的層級制社會所具有
的人觀（conception of the person），不見得非得是下面這
種自由主義式理念不可：人們首先是公民，也享有平等
公民的平等基本權利。而是把人們視為個別團體中能夠
負責合作的成員。因此，人們作為這些團體的成員，能
夠按照他們的道德義務與責任來認知、理解與行動。

　　(c)最後，第二項判準的第三部分是，法官和其他管
理法律體系的官員，必須懷抱一種真誠而且不是不合理
的信仰，相信法律確實是受到共同善式的正義理念所指
導。法律若只是依靠強力來支持，就會造成反叛和反
抗。下述這種情況就算稱不上不理性，至少也是不合
理，那就是：人權已經遭到有系統地摧殘，但法官和其
他官員還以為共同善式的正義理念(這種理念指定了一
個民族所有成員都必須享有人權)還是被遵守著。法官
和官員的這種真誠而合理的信仰，必須展現在他們的良
好信念和意志上，公開捍衛法律所證成的社會的命令。
法院正是為了這種辯護而開設的論壇 6。

　8.3 **兩項判準的基礎**。正如政治的自由主義中「合理的」的

6　這是改編自Soper的理念，見*A Theory of Law*, pp. 118, 112.

理念，關於何謂正派，沒有一個定義能讓我們推演出這兩項判準（見§12.2）。我們反而說，依其一般性的表述看來，這兩項判準似乎都可以接受[7]。我認為正派和合理性（reasonableness）是同一類的規範理念，只是程度比較弱而已（即「正派」所包含的範圍比「合理性」要小）。我們透過對它的使用來為它賦予意義。因此，一個正派的民族必須尊崇各種和平法則（laws of peace）；它的法律制度必須尊重人權，強制疆域內的所有人承擔義務和責任。其法律制度必須遵循共同善式的正義理念，而這個理念必須考慮到所謂社會中每個人的根本利益。最後，法官和其他的官員必須有真誠而並非不合理的信仰，相信法律確實是受到共同善式的正義理念所引導。

對於「正派」的這番說法，就和對「合理性」的說明一樣，是藉由設定各種不同的判準並解釋其意義而發展出來的。讀者必須根據這兩個判準，來判斷一個正派的民族是否能被寬容並接納為諸民族之社會的合格成員。我推測，自由主義式社會中大多數講理的公民會認為，任何民族只要能夠符合這兩項判準，就可以被接受為合格的民族。當然，不是所有講理的人都會這麼想的，不過大多數人確實會這樣想。

我們前面所討論的這兩種正義理念根本南轅北轍。自由主義式的觀念是一種在我們自己的社會中倚之為出發點，而且透過適當的反思之後，也認為是妥當適切的觀念。層級制民族之正派的

7　正派商議層級制在§9有所討論。

共同善理念(the decent common good idea of hierarchical peoples)則是一個最低限度的理念(minimal idea)。一個社會只要實現了這個理念，就表示它的體制值得被寬容。符合正派的層級制理念的體制形式可能有許多種，不過我不會去一一考察。我的目標是簡單地描繪出一種正義理念，雖然它和自由主義式觀念相去甚遠，但仍然有些特徵，讓那些受到這種理念所規約的社會取得合宜的道德地位，進而依此而成為合理的諸民族之社會的合格成員。

　　有兩種方法可以用來說明我目前所描述的人權的特徵。一種是認為，人權既隸屬於一個合理公正的自由主義式政治性正義觀，也是一個立憲的自由主義式民主制政治體制當中，全體自由平等的公民受到妥善保障的權利與自由裡的一個適當子集(proper subset)。另外一種方法則是認為，人權是隸屬於結社組織式的社會形式(這是我的說法)，這種組織首先把人看成團體——結社組織、公司和社會等級——的成員。作為這種團體的成員，人們享有權利和自由，便於他們能夠完成他們的義務和責任，並參與一個正派的社會合作體系。至於目前我們所稱的人權，則是被視為任何社會合作體系都必須具備的必要條件。要是這些人權遭受有規律的違反，那麼，我們所擁有的，就只是武力強制(command by force)，一種奴隸制度，而不是任何可能的合作。

　　人權所仰賴的，並不是任何一種特定的、針對人性的整全性宗教學說或哲學學說。舉例來說，萬民法並沒有說人類都是道德的，在上帝眼中都具有平等的價值；或者說人類具有某些道德或智識的能力，讓他們有資格享有這些權利。這些論證方式會涉及許多正派的層級制民族可能無法贊同的宗教或哲學學說，它們會

認為，這些學說不過是自由主義或民主制的論述，或在某些方面
具有西方政治傳統的特點，而且對其他文化懷有偏見。儘管如
此，萬民法依然沒有否定這些學說。

　　重要的是，我們必須瞭解，並不是只有自由主義式社會才會
一致認為萬民法足以保障人權。我接下來就是要證實這一點。

　　8.4 **針對正派層級制民族而言的原初狀態**。從正派層級制民
族自己本身所具有的、符合上述兩項判準的正義裡念來看，它
們屬於良序的民族。既然如此，我認為，自由主義式社會的代
表將會採納的那八項原則(§4.1)，同樣也會被正派層級制民族在
適當原初狀態中的代表所接納。這種說法的論證如下：正派層
級制的民族不會從事侵略戰爭；因此它們的代表會尊重其他民
族的公民秩序(civic order)和完整性，並且接受原初狀態的對稱
境況(平等)，當成是公平的。接下來，就正派層級制社會所秉
持的共同善式的正義理念而言，這些代表一方面致力於保障人
權和他們所代表之民族的善(good)，同時也維持了它們的安全
與獨立。這些代表關心貿易帶來的好處，也接受諸民族在需要
時互相協助的理念。因此，我們可以說，層級制社會的代表是
正派而理性的。照這種推論看來，我們也可以說，正派層級制
社會的成員不僅會接受——就像你我都會接受一樣 [8]——諸民
族間的原初狀態是公平的，也將會贊同它們的代表所採用的萬

　　8　在這裡，我們都是正派的層級制社會的成員，但不是同一個正派層級制
　　　　社會。

民法，認為這部法律具體規定了與其他民族進行政治合作時所
需的公平條款。

　　我稍早在討論對寬容理念的需求時（§7.2-3）就已經說過，有
些人可能會提出反對意見，他們認為，要是平等沒有辦法在域內
社會中獲得伸張，那麼，這種「平等對待諸民族之代表」的做法
就是有矛盾的或不公平的。有人或許會說，平等之直觀力量
（intuitive force）只存在於個人與個人之間，而且，平等對待諸社
會的基礎正在於平等地對待社會的成員。我不同意這種說法。我
反而認為，只要各式各樣的講理、正派和理性的個人或集體之間
的平等關係合於目前他們當下面對的狀況，他們彼此之間的平等
關係就成立了。譬如：就某些特定事務來說，教會可能受到平等
的對待，而在某些政策問題上，他們也會同等地成為諮詢對象——
——例如天主教會和公理教會。這似乎可以算是很明確的實際狀
況，即使前者是層級式的組織，而後者不是。第二個例子是：大
學也可能有許多種不同的組織方式。有些學校可能用一種把所有
被公認的團體都包括在內的商議層級制來遴選校長，有些學校則
是採用包括大學生在內的全體成員都參與投票的選舉方式。還有
些學校，則只允許校內成員每人投一票；而有些安排方式，則會
視投票者的身分，而容許他投一張以上的票。不過，儘管各大學
內部的安排各有不同，並不會因此而在某些情況下不給予他們適
當的平等對待。至於更進一步的例子，當然不難想見 [9]。

9　我感謝Thomas Nagel對這個問題的討論。

　　顯然，我已經認定各民族的代表必須獲得同等的位置，即使他們所代表的正派的非自由主義式社會的正義理念還允許社會成員彼此間存在著基本的不平等（例如有些成員可能得不到我所謂的「平等的良心自由」；見前註2）。不過，這並沒有矛盾：一個真誠地肯認非自由主義式正義理念的民族還是可能合理地認為，依照合理公正的萬民法，它的社會應該獲得平等的對待。雖然一個社會的內部可能欠缺充分的平等，但它還是可以合理地要求平等，以作為反對其他社會的訴求。

　　要注意的是，就正派的層級制社會而言，沒有任何原初狀態的論證能夠推衍出它的基本結構的形式。就如同在社會契約觀中所運用的，一項針對域內正義所提出的原初狀態論證乃屬於自由主義式的理念，並不適用於關於正派的層級制政權的域內正義。這就是為什麼萬民法只用了三次原初狀態論證的緣故：有兩次是針對自由主義式社會（一次是在域內層次，一次是在萬民法層次），只有一次是針對正派的層級制社會，而且是在第二層次中使用。只有平等的各方能夠在原初狀態中處於對稱的地位，平等的諸民族或它們的代表，在萬民法的層次上即是平等的各方。在另外一個層次上，當自由主義式的和正派的諸民族共同進入某種地區性的聯合體或聯邦時，例如歐洲共同體或是前蘇聯的共和國協，就可以合理地認為，自由主義式的或正派的諸民族是共同處在原初狀態當中。我們很自然地會去設想，未來的世界社會在很大的程度上，是由這些聯邦，以及某些能夠代表世界上所有社會發言的特定機構——譬如聯合國——所組成的。

§9. 正派的商議層級制

9.1 **商議層級制與共同目標**。第二項判準的前兩部分要求：一個正派層級制社會的法律制度必須由我所謂共同善式的正義理念來指導[10]。不過，這樣一種理念的意義目前還不是很清楚。為了進一步說明，首先，我把這個理念和一個民族的共同目標(如果有的話)分隔開來；其次，則是堅持：一個正派的層級制民族的法律制度必須包含某種正派的商議層級制。也就是說，這個社會的基本結構必須包含一組代表體族系(a family of representative bodies)，這個代表體族系在層級制當中的角色，就是參與一個當下現有的商議程序，同時照顧這個民族的共同善式的正義理念所認定的民族全體成員的重要利益。

整個社會想要為它自己或它的成員所完成的，就是這一共同的目標或目的(應該有一個才是)。共同的目標或目的會影響人們的收穫及其福祉。在共同善式的正義理念中，應該要鼓勵去追求這項共同的目標，不過，這不是要把這個共同目標本身極大化，而是說，在極大化的時候，必須符合基於尊崇商議程序中的步驟而做出的種種限制，這就為民族成員的權利與義務之保障提供了體制上的基礎(許多社會彼此間不存在共同的目標，但具備我後

---

10 具備自由主義式政治正義觀念的良序社會也擁有這樣意義下的共同善觀念，這種共同善就是：長期地促成這個社會之全體公民的政治正義，並保存這種正義所允許的自由文化。

文所說的「特殊優先事項」[special priorities, §9.3]。這裡的情況也一樣，對這些優先事項的追求方法必須符合商議程序所具體規定的種種限制）。

雖然，所有居住在正派層級制社會中的人都不曾被視為自由平等的公民，也不曾被視為應該獲得平等代表（equal representation）的分立個人（根據下面這個格律：一位公民，一張選票），但他們還是被看成是正派的、理性的，而且有能力學習業已獲得他們社會認可的道德。作為社會中有負責能力的成員，他們能夠認知到：在什麼時候他們的道德義務與責任是和民族的共同善式的正義理念相符一致的。每個人都隸屬於某個在商議層級制度中有其代表體的團體，同時，每一個人也都參與個別不同的活動，並在全體的合作規制中扮演某種角色。

在政治決策方面，正派的商議層級制容許不同的聲音有被聆聽的機會——當然，並非用民主制體制所容許的方式，而是適切地應用社會在其共同善理念中所表達的宗教價值和哲學價值。人們作為結社組織、法人和等級的成員，有權利在商議程序的某個階段點上（通常是在選擇團體代表的階段）表達政治異議，政府則有責任正視任何團體所表達的異議，並謹慎地給予答覆。不同的聲音必須被聆聽，這是很重要的，因為法官和其他官員對法律制度之正義的真誠信仰，必須包括尊重任何可能出現的異議[11]。法官和其他官員必須願意處理反對意見。他們不

---

11 見Soper, *A Theory of Law*, p. 141.

能藉著指控異議者能力不足或理解力不足,而拒絕聆聽。因為
這樣一來,我們就不可能擁有一個正派的商議層級制,而是一
個家父長制的政權了[12]。不僅如此,縱使法官和其他官員聆聽了
異議,異議者也不必非接受他們的回答不可;只要異議者能清
楚表明為什麼還不滿意,就可以再次提出抗議,而法官和官員
們不應該拒絕對他們的說法提出更為完整周全的回答。異議展
現了一種公共抗議的形式,只要保持在共同善式的正義理念之
基本架構內,就沒有理由禁止。

9.2　三種觀察。在完全搞清楚正派的商議層級制的理念之
前,還有許多要點需要檢視。我列舉三點。

第一個觀察的重點是,為什麼團體在商議層級制當中,有
「體」作為它們的代表(在自由主義式的規制中,個別分立的公
民也有他們各自的代表體)。答案之一是,正派的層級制社會所
抱持的觀點,或許和黑格爾的觀點是類似的,這個觀點如下:在
良序的正派社會中,人們首先隸屬於等級、法人和結社組織──
也就是團體。既然這些團體代表其成員的理性利益,那麼,在商
議過程中,有些人將會參與其中,公開地代表這些利益,不過他
們是以結社組織、法人和等級成員的身分來代表,而不是以個人
的身分。對這種安排的證成是這樣的:按照這種觀點,在每位公

12　在討論伊斯蘭政治體制的時候,常常會提到商議的程序;但是,很清楚
　　的,這種商議的目的往往只是為了讓哈里發獲得臣民忠誠的奉獻,或是
　　有時候讓他感覺出反對者的力道。

民一人一票的自由主義社會中，公民的利益往往會限縮，集中在
他們的私人經濟利害上，而致損害了共同體的聯繫，然而在商議
層級制中，當他們的團體得到了這樣的代表，這些不同團體的擁
有投票權的成員就會考慮到更為廣泛的政治生活之利益。當然，
正派的層級制社會從來沒有一人一票的概念，這種概念是和自由
主義式的民主思想傳統結合在一起，而正派的層級制社會對這種
傳統非常陌生；它們可能還會認為（就像黑格爾以為的），這種想
法呈現出一種個人主義式的理念——每一個人（作為一個原子式
的單位）都擁有平等參與政治審議的基本權利——而這種呈現是
錯誤的[13]。

---

13 見Hegel, *Philosophy of Right* (1821), §308. 對自由派國王在1815-1816
年所提出的符騰堡憲法(Constitution of Würtemberg)，黑格爾主要的反
對意見完全針對該憲法的直接投票權(direct suffrage)理念。下面這段話
出自1817年的文章 "The Proceedings of the Estates Assembly in the
Kingdom of Würtemberg, 1815-1816"，從其中某一部分就可以看出他的
異議：「不然的話，選舉人不會和公民秩序和國家組織有所關聯。公民
們是作為孤立的原子而呈現的，選舉集會就像是沒有秩序的無機聚集；
整個民族被分解成一堆人。這是共同體在著手任何事業時無論如何都不
能採取的形式；這種形式和共同體最不相稱，也和它的概念——作為一
種精神秩序——有最大的矛盾。年齡和財產是只對個人產生影響的質
性，並無法特殊地構成個人在公民秩序中的價值(worth)。個人只有基
於他高於同儕的職務、地位，以及卓越技藝，才能具有這種價值，而這
種情況一旦被與他同時代的公民所認可，該人就會被冠稱為該門技藝的
大師。」(p. 262)這段話沿著這些路徑繼續講下去，並且下結論：「另
一方面，對於一個年齡只有25歲，名下的房地產可以讓他每年獲得至少
200基爾德(guilder)以上的人，我們說『他只是無名小卒』。如果憲法

其次，我們必須精確地談一談：一個正派民族對宗教寬容的觀點在本質上究竟是什麼。雖然在正派的層級制社會中，國教在某些問題上可能是社會內部的終極權威，也可能在某些重要的事務上控制了政府的政策，但這份權威並沒有用政治的手段（我已經強調了這一點）延伸到和其他社會的關係上。而且，正派層級制社會的（整全性）宗教或哲學學說絕對不能是完全不合理的。我這句話的意思是，在其他條件相同的情況下，這些學說無論如何都必須承認充分的良心自由，以及宗教和思想的自由，即使正派社會的成員所享有的這些自由不像自由主義式的社會那樣廣泛而平等。雖然這個受扶持的宗教可能擁有種種特權，但要成為一個正派的社會，最根本的條件就是：沒有任何宗教受到迫害，也不曾拒絕接受任何使人們得以和平而無畏懼地信仰宗教的公民條件及社會條件[14]。除此之外，就宗教自由可能的不平等看來，

（續）─────────────

　　最後還是給了他『一位投票者』這樣的身分，這等於是在此人和其他公民體（civic bodies）沒有任何關聯的情況下，授予他崇高的政治權利，並將某種最重要的事務帶入一種更趨近民主式的（甚至是無政府式的）分立原則──而非有機秩序的原則──的局面。」（pp. 262-263）。儘管有這些反對意見，黑格爾還是站在自由主義式的王權憲法（the liberal constitution of the King）這一邊，反對保守的等級。上述黑格爾論文的英譯，引自T. M. Knox譯Z. A. Pelczynski撰寫導言的*Hegel's Political Writings* (Oxford: Clarendon Press, 1964)。

14 關於此項規定的重要性，見Judith Shklar的 *Ordinary Vices* (Cambridge, Mass.: Harvard University Press, 1984)，她在其中提出了她所謂的「恐懼之自由主義」（liberalism of fear）。特別注意書中的導論和第一章及第六章。Shklar曾經把這種自由主義叫做「永久的少數」；見其*Legalism*

如果沒有其他的理由的話，最根本的就是：一個層級制的社會允許移民(移出)，並為移民權提供協助[15]。

這裡可能會引發的一個問題是，那些不承認充分而平等的良心自由的宗教或哲學學說為什麼不是不合理的。我不是說這些學說是合理的，而是說它們不是完全不合理而已；我認為，在完全不合理和完全合理之間，我們應該容許一個空間。後者要求充分而平等的良心自由，前者則完全予以否決。我相信，要是有某種傳統學說容許某種程度的良心自由而不容許充分的良心自由，那麼，這種學說就是座落在這個空間裡，它不是完全不合理的。

第三個觀察關切的是某些社會成員——例如婦女——在商議層級制裡面的代表，這些成員備受壓迫與虐待，她們的人權長期遭到侵犯。要確保她們的主張被適當地納入考量，或許可以作這樣的安排：選出那些權利被侵犯的人，由她們組成這些(過去)被壓迫者之代表體的多數成員。我們知道，正派的層級制社會的條件之一，就是它的法律制度和社會秩序都不會侵犯人權。必須

(續)————————————————

(Cambridge, Mass.: Harvard University Press, 1964), p. 224.

15 只要符合某些資格，自由主義式的社會必須允許這種權利。可能有人會提出反對。他們認為，要是欠缺「被某地接受」的移入權，外移權並沒有意義。可是按照這種說法，許多權利都是沒有意義的：舉幾個例子來說，像是結婚的權利、邀客作訪的權利、甚至是做出承諾的權利。這些權利都需要兩造雙方才能履行。另外還有一個複雜的問題，外移權應該延伸到什麼地步。不管答案是什麼，宗教少數團體的外移權當然不應該只是形式上的，民族應該在適當的時候為外移者提供協助。

好好地安排商議的程序，讓它足以防止任何對人權的侵犯[16]。

9.3 **卡贊尼斯坦：一個正派的層級制民族。**萬民法沒有預設
正派的層級制民族真的存在，也沒有預設合理公正的立憲民主制
民族真的存在。如果我們把標準設得非常高，那兩者皆屬子虛烏
有。就民主民族而言，我們最多只能說有些民族確實比較接近合
理公正的立憲政制。至於正派的層級制民族，清晰度就更低了。
我們有辦法前後一貫地描述正派層級制民族的基本社會體制和
政治德性嗎？

根據§§8-9的引導，我現在描述的是一個假設的正派層級制民
族。舉這個例子的目的，是表示正派的政府是可能存在的，只要
其統治者不讓自己腐化，無論是因為圖利富人還是因為對權力操
作的熱衷。想像一個理想化的伊斯蘭民族，叫做「卡贊尼斯坦」
（Kazanistan）。卡贊尼斯坦的法律制度不採政教分離制。伊斯蘭
教獲得特殊的優待，只有穆斯林可以獲取具有上層的政治權威地
位，並影響政府的主要決策和政策，包括外交事務在內。不過，
其他的宗教並沒有被禁止，除了沒有權利取得上層政治或司法職

---

16 我會在§10再談這一點。這裡要注意的是，有些作者堅持，必須有充分
　　民主的和自由主義式的權利，才能防止人權被侵犯。這種說法是一個經
　　驗事實，也獲得歷史經驗的證實。我不打算反駁這個論點，事實上，這
　　種說法很可能是對的。可是，我對正派的層級制社會的論述是概念性
　　的。也就是說，我要問的是我們能否創造出這樣的社會；以及，萬一這
　　樣的社會真的存在了，我們會不會真的判定這一個社會應該獲得政治上
　　的寬容。

務以外，信奉其他宗教的人無須恐懼或失去大多數的公民權(這
種排除性是卡贊尼斯坦和自由主義式民主政制的根本差異，原則
上，後者所有的官職和地位是每一位公民都可以爭取的)。這個
社會鼓勵其他的宗教和結社組織，讓它們追求自己豐盛的文化生
活，參與更廣泛的社會的公民文化[17]。

　　就我的想像，這個正派民族的特色是，它以開明的方式對
待各種非伊斯蘭的宗教和其他的少數族群，這些少數族群不管
是來自很久以前的征服行動，或是後來在這個民族所准許下的
移入者，都已經在這個疆域裡住了好幾代，他們一直是社會的
忠誠臣民，沒有受到肆意專斷的差別待遇，也沒有在公共關係
或社會關係上被穆斯林以次等人民對待。政府為了要強化他們
的忠誠，允許非穆斯林可以加入武裝部隊，並擔任比較高階的
指揮工作。和大多數穆斯林統治者不同的是，卡贊尼斯坦的統
治者並沒有追求建立帝國和擴張疆域。這有一部分是因為卡贊

----

17 導致寬容的途徑有許多種；關於這一點，見Michael Walzer的 *On
　Toleration* (New Haven: Yale University Press, 1997)。我放在卡贊尼斯坦
　統治者身上的學說和幾百年前在伊斯蘭教發現的某種學說很類似(鄂圖
　曼帝國寬容猶太教徒和基督教徒；鄂圖曼帝國的統治者甚至邀請他們前
　來君士坦丁堡的首都)。這個學說肯定了所有正派宗教的價值。根據這
　個學說：(a)各民族之間所有的宗教差異都是神的旨意，無論信徒是否
　屬於同一個或不同的社會，都是一樣的；(b)只有上帝可以懲罰錯誤的
　信仰；(c)不同信仰的團體要互相尊重；(d)所有人對於自然宗教都有天
　生的信仰。Roy Mottahedeh 在其 "Toward an Islamic Theory of
　Toleration" (in *Islamic Law Reform and Human Rights*, Oslo: Nordic
　Human Rights Publications, 1993)一文中，討論了這些原則。

尼斯坦的神學家是從精神和道德的意義來詮釋「聖戰」(jihad)，而不是從軍事的角度著手[18]。穆斯林的統治者一直認為，社會的所有成員都自然而然地想成為他們之所從出的國家的忠誠成員；除非受到不公平的待遇和歧視，否則，這種態度是不會任意改變的。對這個理念的遵守，證明結果是非常成功的。卡贊尼斯坦的非穆斯林成員和其中的少數族群在遭逢危險的時候，對政府一直忠心耿耿地全力支持。

我認為大可以把卡贊尼斯坦想像成一個正派的商議層級制組織：這個層級制不時產生變革，以便更能敏銳地感受人民，以及由商議層級制中的法律體所代表的許多不同團體的需求。這個層級制相當地滿足了下列六項指導方針。首先，所有的團體都必須獲得諮商。第二，民族的每一個成員都必須隸屬於一個團體。第三，每一個團體都有其代表體，而這些代表體必須有團體本身的成員加入，這些成員瞭解並共享團體的根本利益。這前三項指導原則是為了確保所有團體的根本利益都獲得商議，並納入考量[19]。第四，做出最後決策的「體」——卡贊尼斯坦的統治者——必須衡量每個被商議體的觀點和主張，而且，如果必要的話，法官和其他官員還必須解釋並證成統治者的決策。根據程序的精神來

18　「聖戰」在精神意義上的詮釋，在伊斯蘭國家一度非常普遍；根據這種詮釋，聖戰被理解為每一個穆斯林的責任。見Bernard Lewis, *The Middle East* (New York: Scribner, 1995), pp. 233ff.

19　這似乎最接近John Finnis所提出的第一種共同善的意義，見*Natural Law and Natural Rights* (Oxford: Clarendon Press, 1980), pp. 155ff.

看，和每個體所進行的商議有可能對結果產生影響。第五，決策的制定必須根據一種觀念，就是卡贊尼斯坦的各種特殊優先性。其中一個特殊優先性，是建立一個正派而理性的、尊重境內之宗教少數團體的穆斯林民族。我們可能會預期，非穆斯林的少數團體和某些優先性之間的關係不像穆斯林那麼密切，但我相信，我們可以合理地推測，穆斯林和非穆斯林都會理解這些優先性，並承認它們的重要性。第六點，也是最後一點——但非常重要——這些特殊優先性必須切合一種整體的合作規制，而且應該明確地指出足以使各團體進行合作的公平條款[20]。這個觀念並不精確；不過，從實際情況和既有的期待這種背景來看，它還是可以當做決策的指導原則。

最後，我設想，卡贊尼斯坦的基本結構中包括了議會，也就是商議層級制裡的代表體用來集會的地方。各代表可以在這裡唱言反對政府的政策，而政府成員則在這裡提出他們的回答，這是政府必須做的事。異議獲得了尊重，因為政府必須提出解答，並詳細說明為什麼政府可以依循其共同善式的正義理念來合理地詮釋其政策，進而強制社會的全體成員承擔義務和責任。我進一步想像，下面這個例子可以說明，一旦異議被容許了，被聆聽了，

---

20 這個共同善之觀念接近Finnis所提出的共同善之意義中的第三種。又見 *Natural Law and Natural Rights*, pp. 155ff. 我在這裡反覆重申，商議層級制不只要極力把共同目的的成就極大化。而是既要把這種成就極大化，也要遵守商議程序所重視的所有限制。這就是公正或正派的社會和其他社會之所以截然不同的關鍵。

是可以激勵出變革的：在卡贊尼斯坦中，隨著司法體系承認既有的規範無法符合社會的共同善式的正義理念，針對女權和女性角色所提出的異議，終於導致了重大的改革。

我不認為卡贊尼斯坦是一個公正無瑕的民族，但我真的覺得這樣的社會是正派的。不僅如此，就算只是想像的產物，像卡贊尼斯坦這樣的社會是有可能存在的，我不認為這有什麼不合理，尤其這在真實的世界裡又不是沒有前例可循（見註18）。讀者或許會指控我是毫無根據的烏托邦主義，但我不同意這種說法。應該說，我覺得像卡贊尼斯坦這樣的地方是我們現實上——前後一貫地——所能企望的最好國度了。就對待宗教少數團體來說，這是一個開明的社會。我認為，自由主義本身的局限所給予我們的啟發，就是建議我們嘗試構思出一部合理公正的、不管是自由主義式的或是非自由主義式的民族都可以共同背書的萬民法。要不如此，就只能選擇宿命論式的犬儒主義，完全以權力的角度來構思生命的善。

§10. 人權

10.1 **充分自由主義式的萬民法**。有人也許會駁斥說，萬民法還沒有達到充分的自由主義的地步。這種反對論調通常採取兩種形式。首先，有些人會認為，人權和合理的立憲民主政制中的公民所擁有的權利大致上沒什麼差別；這種看法只是簡單地將人權的種類擴張，把所有自由主義政府所保證的權利通通收納進去。相對地，萬民法中的人權卻不是這樣，它所呈現的

是一類特殊的迫切性權利(urgent rights)，像是不受奴隸制或農奴制壓迫的自由、良心自由(但非平等的自由)，以及保障族群團體的安全，免於大規模的屠殺或遭致種族清洗等。不論是講理的自由主義式民族或是正派的層級制民族，都會同聲譴責這種侵犯權利的行為。

認為萬民法還沒有達到充分的自由主義的人士還提出第二種主張：只有自由主義民主政府才能有效地保障人權，尤其是萬民法所具體規定的人權。採取這種批評意見的人認為，世界上許多不同國家的歷史早已經證明這是一項事實。要是這些備受政治及社會思想的推理所支持的歷史事實顯示，層級制政制總是(或幾乎總是)壓迫或排斥人權，這樣一來，我們才能說，只有自由主義式的民主政府才能有效保障這些人權[21]。不過，萬民法既假定正派的層級制民族是存在的或是能夠存在的；同時也思考，它們為什麼應該獲得自由主義民族的寬容，並被接受為合格的民族。

10.2 **人權在萬民法當中的角色**。人權這種類別的權利在合理的萬民法中扮演特殊的角色：人權對戰爭及戰爭行為的證成理由施加限制，對一個政制的對內自主性也設下明確的限制。這樣一來，人權反映出從二次大戰以後，在主權權力的構成方式上所產生的兩種具有歷史深遠異議的基本變化。首先，戰爭不再是可以

---

21 1990年的哥本哈根會議以「民主權利是工具性的權利」這種方式來作為辯護。

被允許的政府政策手段，只有在自衛或是制止嚴重侵害人權的情況下，才可以證成戰爭行為。其次，是對政府的對內自主性施加限制。

　　人權不同於憲政權利，不同於自由主義式的民主公民資格的權利[22]，更不同於特定政治體制所含括的其他權利，不論這個體制是個體主義式的還是結社主義式的。人權為域內的政治和社會體制的正派與否設下了一個雖不充分但卻必要的標準。這樣一來，人權也就對一個合理公正的諸民族之社會中的合格社會所容許的域內法設下了限制[23]。因此，這一類特殊的人權具有下列三種角色：

22　見 Judith Shklar 在 *American Citizenship* （Cambridge, Mass.: Harvard University Press, 1991）中對民主公民資格的權利所提出的富有啟發性的討論，以及她對奴隸制之歷史意義的強調。

23　把各種國際宣言中列出的人權加以區分，就可以釐清這段話的意義。看看1948年的〈世界人權宣言〉。首先，第3條：「人人有權享受生命、自由與人身安全」；和第5條：「任何人不得被施以酷刑，或予以殘忍的、不人道的或侮辱性的待遇或刑罰」；都顯示了名副其實的人權。在處理某些詮釋的問題之前，第3條到第18條可能都可以算是名副其實的人權。其次，有的人權顯然隱含了第一類權利。第二類權利涵蓋了討論種族滅絕(1948)和種族隔離(1973)的特別大會中所描述的極端個案。如同上述文字所解釋，這兩種類別構成了和共同善結合在一起的人權。
　　關於其他的宣言，有的應該說是陳述自由的渴望，例如1948年〈世界人權宣言〉第1條：「人人生而自由，在尊嚴及權利上一律平等。他們賦有理性和良心，並應以兄弟關係的精神相對待。」至於其他條款，則似乎是以某些種類的體制為先決條件，例如第22條享受社會保障的權利和第23條同工同酬的權利。

1. 人權的實現是一個社會的政治體制及其法律秩序
   (§§8-9)正派與否的必要條件。
2. 人權的實現足以排除其他民族的正當而強制的干預，
   比如外交制裁、經濟制裁，或甚至是嚴重的武力干預。
3. 人權對諸民族間的多元主義做設下了限制[24]。

10.3 **法外國家中的人權**。依照下述的意義，自由主義式和正
派的層級制政權所尊崇的諸項人權應該被理解成普遍性的權
利：這些權利是萬民法的固有內容，不管有沒有得到地方性的支
持，都會產生政治(道德)上的影響。也就是說，人權的政治(道
德)力量延伸到所有的社會，約束了所有民族與所有社會，連法
外國家也不例外[25]。任何侵犯這些權利的法外國家都會遭到譴
責，嚴重的話還可能受到強力制裁，甚至是干預。從我們對兩項
傳統的主權權力所做的反省(§2.2)，已經可以看出，萬民法是可

---

24 見Terry Nardin, *Law, Morality, and the Relations of States*(Princeton:
   Princeton University Press, 1983), p. 240, 引用Luban的 "The Romance
   of the Nation-State," PAPA, vol. 9(1980): p. 306.

25 Peter Jones在 "Human Rights: Philosophical or Political," in *National
   Rights, International Obligations,* ed. Simon Caney, David George, and
   Peter Jones (Boulder: Westview Press, 1996)一文中對我在 "The Law of
   People" (原刊於*On Human Rights: The Oxford Amnesty Lectures,* New
   York: Basic Books, 1993)文章中所陳述的人權有所詮釋，但我認為他的
   詮釋方式是錯誤的。他說對了一點，就是：我把人權詮釋為一組自由主
   義式和正派的商議制民族都會實施及認知的權利。但我不清楚的是，他
   是否也把這種權利視為同樣可以應用在法外國家的普遍性權利。

以被適當實行的，而且，後文中我對援助義務所發表的看法也將
會確認干預權(the right to intervention)。

　　有人可能會這麼問，良序的自由主義式及正派的民族有什麼
權利可以正當地以侵犯人權為理由來干預法外國家。整全性的學
說，無論是宗教或非宗教學說，或許把人權的理念立基在有關人
類本質的神學、哲學、或道德的觀念上。不過萬民法並不走這條
路。我前面說過，我所謂的人權，是指一個自由主義式立憲民主
政制中，公民所擁有之權利的一個適當的子集，或是正派的層級
制社會的成員所享有的權利。既然我們已經制定出自由主義式的
和正派的民族所需要的萬民法，這些民族就不會寬容法外國家。
拒絕寬容這些國家，是自由主義和正派所造成的結果。如果政治
的自由主義之政治觀念足夠堅實，如果我們用來發展萬民法的步
驟也行得通，那麼，按照萬民法，自由主義式和正派的諸民族就
有權不寬容法外國家。自由主義式和正派的民族有相當有力的理
由採取這種態度。因為法外國家充滿侵略性和危險性；這種國家
一旦改變或被迫改變他們的作風，所有的民族都因此而獲得更高
的安全與穩定的保障。否則，這些國家將對國際上的權力和暴力
之氣氛有深刻的影響。我在第三編論述非理想主義的時候[26]，會
再回頭談談這些問題。

26　我們遲早一定會遭遇到下述這個問題：某些法外國家事實上還很弱小，
　　尚不構成對其他國家的危害或侵略，卻只因為它們對人權有所違犯，就
　　對他們施加干涉。我在§14-15討論非理想理論的時候，會回來談談這個
　　嚴肅問題。

§11. 對萬民法之程序的評論

11.1 **普世正義的地位**。完成了理想主義的兩個部分以後,我要暫停一下,用自由主義式的社會契約政治性正義觀來評論一下萬民法是如何制定的。

有些人以為任何一部自由主義式的萬民法,特別是任何一部像這種萬民法的社會契約,一開始就應該處理這些適用於所有人的關於自由主義式的普世正義或全球正義的問題。他們主張說,依照這種觀點,所有人都被認為是講理而理性的,同時具有我所謂的「兩種道德力量」──正義感的能力和善觀念的能力──無論是在康德或密爾的整全性自由主義,或是政治的自由主義當中,這兩種能力都是政治平等的基礎。他們從這個出發點開始,繼續想像一個被無知之幕所遮蔽的全球性原初狀態,各方在這裡所處的位置是對稱的。遵循這一套在域內原初狀態中很熟悉的推論[27],各方會採取的首要原則是,所有人都有平等的基本權利和自由。根據這種方式推演下去,接下來就會用政治性(道德性)的自由主義式全球正義觀(political [moral] conception of liberal cosmopolitan justice)來作為人權的基礎[28]。

---

27 見*A Theory of Justice*, §§4, 24.

28 Brian Barry在他的*Theories of Justice* (Berkeley: University of California Press, 1989)討論這個程序的優點。亦見Charles Beitz, *Political Theory and International Relations* (Princeton: Princeton University Press, 1979), part III;

　　不過,要是照這樣推演下去,我們就會回到§7.2的的情況(我當時思考而且駁斥下面這個論證:非自由主義式的社會總是應該受到某種形式的制裁),因為這等於是說,所有人都將享有立憲民主中同等的自由主義式公民權。根據這種說法,自由主義式民族的外交政策——這是我們要詳細說明的問題——將逐漸地以自由主義為歸向,去塑造所有尚不是自由主義式社會的社會,直到最後所有社會(在理想的情況下)都成為自由主義式社會為止。不過,這種外交政策只是假定:只有自由主義式民主社會才是可以被接受的社會。可是,若不努力制定出一套合理的自由主義式萬民法,我們就不能判定非自由主義式的社會是不可以被接受的社會。從全球性原初狀態的可能性當中看不出這一點,而我們也不能只是停留在假定而已。

　　照我們看來,萬民法是從我們所認為的國際政治的世界出發,關注的是一個合理公正的自由主義式民族該有什麼樣的外交政策。為了詳細說明這個外交政策,萬民法討論了兩種良序民族,即自由主義式民主民族和正派的層級制民族。這部法律也討論了法外國家和受不利條件牽累的國家。我承認我的說法有大量的簡化。儘管如此,我們還是可以用合理的現實方法,來檢視一個自由主義式民族的外交政策應該以什麼為目標。

(續)───────────────

　　Thomas Pogge, *Realizing Rawls* (Ithaca, N. Y.: Cornell University Press, 1990), part 3, chaps. 5-6; 以及David Richards, "International Distributive Justice," *Nomos*, vol. 24 (1982). 他們似乎也都是採取這個途徑。

11.2 **關於正派社會的幾點澄清。**我再重複一次，我的意思不是說正派的層級制社會和自由主義式社會一樣合理、正義。因為照自由主義式民主社會的原則來判斷，正派的層級制社會顯然沒有平等對待該社會內部的成員。不過，正派的社會確實具有一個共同善式的政治性正義觀(§8.2)，而這個社會的正派商議層級制也尊崇這個正義觀(§9.1)。除此之外，正派的社會也尊崇和自由主義式民族相同的一部合理而正義的萬民法。這部法律所應用的，是諸民族如何以**民族**的身分相互對待。我們必須認知一點，諸民族彼此的對待方式，和它們如何對待自己的成員，完全是兩回事。就算一個正派的層級制社會因為欠缺自由主義式的公民資格理念而未曾合理地或正義地視自己的成員為自由平等的公民，它也會對合理公正的萬民法表示尊崇。

正派的層級制社會所具備的道德與法律要件，足以壓制我們對這個社會的人民、和他們的體制與文化強行施以制裁或干預的任何政治理由。我們必須強調，之所以不強制實施制裁，不只是為了預防和外國民族打交道時可能出現的錯誤和失算。提出制裁之一方所可能產生的錯誤、失算，以及傲慢當然是必須考量的要點；但重點是在於，正派的層級制社會的體制確實擁有某些值得尊敬的特徵——即便從政治的自由主義或一般自由主義的觀點來看，這種社會的體制整體上並不十分合理。自由主義式社會在許多方面可能是有很大差異的[29]：比如有些社會比其他社會顯得

---

29 見*Political Liberalism*, pp. 6-7提到的平等主義的三個層面。

更接近平等主義。不過，諸自由主義式民族之社會會寬容這些差
異。但就某些層級制社會中的體制來說，難道它們不該獲得類似
的寬容嗎？我認為應該。

因此，我認為有一點是確定的：正派的層級制社會一旦尊崇
§§8-9所列舉的條件，自由主義式民族在經過反思之後，就會把這
些社會視為合理的諸民族之社會的真誠成員。這就是我所謂的寬
容。批判性的反對意見——不管是基於政治的自由主義或是宗教
或非宗教的整全性學說——會持續關注這項問題，以及所有其他
問題。自由主義式的民族有權提出這些反對意見，而這完全不違
背正派層級制社會的自由和完整。在政治的自由主義中，我們必
須把下列兩者區分開來：第一，以萬民法的公共理性為基礎而進
行政治干預；以及第二，以公民的整全性學說為基礎而進行的道
德和宗教干預。根據我的評估，若要在諸多元主義式社會之間維
持穩定的和平，前者就必須比後者更占上風不可。

11.3 **提供誘因的問題**。不過這裡還是出現了一個真正的問
題：應該提供誘因給一個正派的非自由主義式社會，促使其發展
一個更加自由主義式的民主憲政嗎？這個問題引發了許多困難
議題；我提幾個可以提供方向的建議。首先，有一點似乎是很清
楚的：（理想上）像聯合國這種由合理正派的諸民族所構成的組
織，不應該向其會員民族提供讓它們朝自由主義方向變動的誘
因，因為這會讓它本身的會員彼此產生嚴重的衝突。然而，這些
正派的非自由主義式民族本身倒有可能會為了這個目的，而自願
向國際貨幣基金(IMF)之類的組織要求資助，這些組織應該依照

和其他貸款相同的基礎來處理這一類的資助。不過,要是讓這種貸款成為特殊的優先要務,也許又會引發自由主義式民族和正派民族之間的衝突[30]。

雖然公民社會裡的人可能會為了這個目的而成立私人基金,但如果自由主義式民族為了利誘其他民族提高其自由主義化的程度,而有意將經援其他民族當做外交政策的一部分,我認為這做法並不合理。因為,更重要的是,一個自由主義式的民主政府必須去思考,它對受不利條件所牽累的民族應該負有什麼樣的援助義務。我稍後(§16)也會討論到,對一個民族來說,自決——透過適當的條件而獲得妥善約束的自決——是一種很重要的善,自由主義式民族的外交政策應該認知這種善,而不是一味地擺出高壓的姿態。正派的社會應該有機會決定它們自己的前途。

§12. 終結的觀察

12.1 **萬民法是普遍適用的。**這裡已經是萬民法理想理論第二部分——把萬民法延伸到正派的層級制民族(§§8-9)——的最後終結。我已經表示,合理公正的自由主義式及正派的層級制民族都會接受相同的一部萬民法。基於這個理由,諸民族間針對彼此相互關係的政治性辯論,就應該依據萬民法的內容和原則來呈現。

---

30 事實上,現在的國際貨幣基金經常在貸款時附加政治條件,包括要求設立更開放、更自由的民主體制。

　　就域內情況而言，我們可以這麼說，原初狀態中的各方在形成正義原則的時候，是在古典（平均的）功利主義、一組理性直覺主義之原則族系，或是一種道德完美主義之形式三者之間做選擇。不過，政治的自由主義並沒有訂定一種可以規範到道德及政治生活之所有層面的普遍首要原則。也就是說，這些適用於自由主義式民主社會之基本結構的正義原則，並不是充分的一般性原則。這些原則並不適用於所有對象：不適用於教會或大學，更不適用於任何一個社會的基本結構。對具有自主性的萬民法來說，它們也是不適用的。這八項萬民法原則（§4）適用於被認為是自由平等的良序民族；對這八項原則有各種不同的詮釋，而我們在此可以說，各方其實是在這些不同詮釋之間進行選擇。

　　在制定萬民法的時候，我們先是理出一個封閉而自足的自由主義式民主社會之基本結構所需要的政治正義原則[31]。接下來，我們會在一個第二層的但卻適當的原初狀態中塑造各方，在這種原初狀態中，各方作為平等諸民族的代表，將選出良序的諸民族之社會所適用的萬民法的各項原則。而為了調整以符合眼前的對象，這種原初狀態理念會在程序調整的每個步驟上展現出它的彈性。如果萬民法是合理完整的，它就一定含有對所有政治上相關之對象——如自由而平等的公民及其政府，以及自由而平等的民族——都適用的合理的政治原則；同時還含有協助諸民族彼此成立合作組織並指派不同義務與責任的指導方針。如果萬民法因此

31　見*Political Liberalism*, lecture I, "Fundamental Ideas."

具有合理的完整性，我們就說它具有「普遍的適用性」(universal in reach)，因為它可以藉由延伸，而為所有政治上的相關對象賦予它們所適用的原則(萬民法規約了含括範圍最大的政治對象，亦即政治性的諸民族之社會)。就政治上而言，對於任何一個相關對象，我們都有原則和標準來加以判斷。在「第一編」和「第二編」中，兩層次順序(two-level sequence)是不是合理，得要看在經過適當的反思[32]之後，這兩層次順序所產生的結果能否獲得贊同。

　　12.2 **並非推演自實踐理性**。雖然我所表達的萬民法有很多地方受惠於康德的和平聯盟(foedus pacificum)理念，以及他的其他許多思想，不過，我還是得這麼說：不論是正當原則和正義原則、正派原則或是理性(rationality)原則，我們都不是從背景內的實踐理性觀中推演出來的[33]。反而應該這麼說，實踐理性之理念及其三個組成部分——合理性理念、正派理念和理性(rationality)理念——的內容都是我們給定的。這三項規範性理念的判準都不出自演繹，而是在每一項案例裡列舉出來並加以定性。這種類型的實踐理性的角色，只是在推論什麼事情是應該去做的，或是推論什

---

32 我這個用詞的意思和*A Theory of Justice*, §§3-4, 9中所解釋的「反思的均衡」相同。

33 在就這方面而言，*Political Liberalism*的Lecture III讓人產生誤解。在那本書裡，我有許多處寫得讓讀者以為「合理的」與「理性的」的內容是從實踐理性原則中推演出來的。

麼樣的體制和政策才是合理的、正派的或理性的,而其原因又是什麼。對這三項理念來說,沒有什麼一體適用的必然條件或充分條件,只能預期將會有意見紛歧的情況發生。不過,我們還是可以這樣推想:只要能夠把合理性、正派和理性(rationality)之內容妥善地展現出來,那麼,那些被推導出的正當與正義之原則和標準就會緊密地結合在一起,並且將藉由適當的反思,而獲得我們的肯認。不過,這看法還沒法獲得保證。

雖然實踐理性理念和康德是結合在一起的,不過,政治的自由主義和他的先驗理念論卻毫無干係。政治的自由主義具體說明了「合理性」(reasonableness)這一理念[34]。雖然《正義論》一書經常用到「合理的」(reasonable)這個字眼,但我想,它其實從來都沒有被具體說明過。《政治的自由主義》是藉由為每一個研究對象——也就是每一種可以被稱為「合理的」的事物——賦予相關的判準,而具體說明了什麼叫做「合理的」[35]。因此,講理的公民的主要特性就在於:他們認知到判斷之負擔,因此,他們願意提出便於在平等諸人之間進行社會合作的公平條款[36]。不僅如此,據說講理的公民也只肯認合理的整全性學說[37]。反過來說,只要能認知到自由主義式民主政制[38] 的核心要素,並以前後一貫

---

34 我這裡是參照*Political Liberalism*及〈再論公共理性的理念〉。

35 見*Political Liberalism*, p. 94.

36 同上,pp. 48-64.

37 同上,p. 59.

38 同上,p. xviii.

而穩定的方式展現出對許多生命價值(不管是宗教或非宗教的)
的一種經過仔細推理後的順序(reasoned ordering),那麼,這類的
學說就是合理的。雖然這些學說相對上是很穩定的,但是,照它
們的傳統的發展來看,它們還是有可能由於人們所接受的良好且
充分的理由而繼續演變下去[39]。再者,我們可以合理地預期,人
們一般而言對於政治判斷會有各式各樣不同的意見,因此,一味
地否定所有的多數決投票規則(majority voting rules)就是不合理
的舉動了。否則的話,自由主義式的民主政治將無由產生[40]。政
治的自由主義並沒有提供任何方法來證明這種具體說明的本身
是合理的。只是,根本就不需要提什麼證明。就政治來說,對其
他自由而平等的公民提出公平的合作條款本來就是合理的事,只
有拒絕這麼做,才是不合理的。

正派理念也是根據同樣的方式來取得其意義。我已經說過,
一個正派的社會不具有侵略性,它只有在自衛的時候才會從事戰
爭。這種社會具有一種共同善式的正義理念,這種理念將人權配
發給它的所有成員;它的基本結構包括一個正派的商議層級制,
保護這些人權及其他權利,並同時確保社會中所有的團體都能夠
擁有經選舉產生的「體」,在商議體制中合宜地代表它們。最後,
法官和管理法律體系的官員們必須要有真誠而並非不合理的信
仰,相信法律確實是受共同善式的正義理念所指導的。法律若只
靠強力來支撐,那只會釀成反叛和抵抗。這些情況在奴隸社會中

---

39 見 *Political Liberalism*, p. 59.

40 同上,p. 393.

十分常見，但正派的社會則沒有。

　　至於理性（rationality）原則，《正義論》已經有所詳列。在那本書裡，我們討論的是計算式理性的原則（用於決定生活計畫）、審議式理性，以及亞里斯多德式原則[41]。計算原則（acounting principles）是最簡單的也是最基本的原則，它們是這麼說的：理性的（rational）行為是，在其他條件都相同的情況下，應該選擇能夠最有效地達成目的的方法。或是：理性的行為是，在其他條件都相同的情況下，應該選擇一種涵蓋範圍比較廣寬的選項——這種選項不僅可以讓我們實現所有其他選項冀圖達成的目標，還能夠實現某些額外的目的。我要再說一次，就如同方才所顯示的，這些理性之原則不是被演繹或推導出來的，而是被標舉或制訂出來的。

41　我在 *A Theory of Justice*, sec. 63, p. 411寫道：「這些（理性選擇[rational choice]）原則是一項一項列出來的，以便它們最終能取代理性（rationality）這一概念。」關於計算原則，見sec. 63, pp. 411-415.

第三編

非理想理論

§13. 正義戰爭的學說：戰爭權

13.1 **非理想理論的角色**。到目前為止，我們關心的都是理想理論。在延伸自由主義式正義觀方面，我們已經為良序的諸民族之社會——也就是自由主義式與正派的民族——發展出一種理想的萬民法觀念。這種觀念的目的在於指導諸良序民族間的行為，並為它們彼此的好處設計一種共同的體制。同時，它也指導它們如何對待非良序民族。因此，在完成對萬民法的討論之前，我們必須去思考（儘管無法完全周密）我們的世界（充斥著各種巨大的不義和四處流布的社會惡）的這種極度非理想的條件所引發的種種問題。根據假設，世界上存在著某些相對上良序的民族，那麼，基於這個假設，我們要問，從非理想理論來看，這些民族應該如何對待非良序的民族。我們認為，良序民族的基本特徵之

一，就是希望生活在一個全體民族都接受並遵守萬民法（之理想）
的世界。

非理想理論問：這個長期目標該如何（通常是循序漸進地）實
現，或是說，該如何朝這個目標前進。它尋找的是在道德上被允
許、在政治上有可能、在有效性上也確實可行的政策或行動路
線。在這樣的構想下，非理想理論必須預設我們已經有了理想理
論。因為，除非我們已經指認出這種理想，否則就大體上──我
們最多也只能作這種期望──來看，非理想理論至少還需要一個
對象（即一項目標），而我們只有在參考這個對象之後，才有辦法
回答它所質問的問題。雖然，我們的世界的這些特定條件不論在
什麼時候──即當時的現狀──都無法決定理想的諸民族之社
會觀為何，但非理想理論所提出之問題的特定答案還是會被這些
條件所影響。因為，這些有關轉型(transition)問題的重點是在於：
如何從包含法外國家和受不幸條件所牽累之社會的世界，邁向一
個所有社會都將接受並遵守萬民法的世界。

我們在〈導論〉裡說過，非理想理論有兩種。其中一種處理
不服從之情境，在這些情境中，某些政權拒絕服從一套合理的萬
民法；這些政權認為，之所以涉入戰爭，其充分理由之一就是戰
爭可以提升或可能提升該政制的理性（並非合理的）利益。我把這
些政制稱為**法外國家**。另外一種非理想理論處理的是不幸的情
境，也就是說，處在這種社會情境下，由於它的歷史的、社會的，
以及經濟的環境，很難或者幾乎不可能有任何一種良序的政權
（無論是自由主義式的或正派的）被打造出來。我把這些社會稱為

受牽累的社會 [1]。

　　我一開始先談不服從理論，接著回顧：萬民法第五條「初始的平等原則」(the fifth initial principle of equality)(§4.1)確實給了良序民族一種進行自衛戰爭的權利，不過，它並沒有像傳統的主權看法那樣給予良序民族一種為了理性地追求國家的理性利益而發動戰爭的權利；光靠這些的話，理由還不夠充分。任何良序的民族，不管是自由主義式的還是正派的，都不會對彼此發動戰爭；它們之所以涉入戰爭，是因為它們真誠合理地相信，法外國家的擴張主義政策已經使它們的安全和保障遭受嚴重的威脅。接下來，我要說明萬民法為了規約戰爭行為而提出的原則的內容。

　　13.2 **良序民族的戰爭權**。沒有任何一個國家有權為了追求**理性的利益**(相對於**合理的利益**)而發動戰爭。不過，萬民法確實規定，任何良序的民族(亦即任何遵守及尊崇合理公正之萬民法的社會)，無論是自由主義式的或正派的，都有進行自衛戰爭的權利 [2]。雖然所有良序的社會都擁有這個權利，但它們還是可以依

1　也有其他的可能性。有些國家既非良序且侵犯人權，不過卻沒有侵略性，也沒有攻擊鄰國的計畫。他們沒有受不利條件所苦，只是有某項國家政策侵犯了其中某些少數團體的人權。因為侵犯了合理正義及正派的諸民族之社會所認可的權利，所以便成為法外國家，要是情況嚴重的話，還可能招來某些干預。我在下述註6及稍後的相關文字裡，會更詳細地處理這個問題。

2　戰爭的權利一般都包括協助防衛盟國的權利。

據自己對目標和目的的看法，以不同的方式來詮釋它們的行動。
我會指出這其中的一些差異。

　　一個自由主義式社會之所以從事自衛戰爭，是為了保障及維
繫它的公民的基本自由(freedom)和它的立憲民主政治體制。事實
上，一個自由主義式社會不能要求它的公民為了獲得經濟財富或
是獲取自然資源而戰，這不符合正義，至於為了贏得權力和帝
國，那就更不用提了 3(一個社會一旦致力於追求這些利益，就
不可能再尊崇萬民法，同時也將淪為一個法外國家)。除非是基
於自由主義式的政治觀並以自由本身為目的，也就是說，純粹是
為了捍衛自由主義式的民主體制，以及公民社會的許多宗教及非
宗教傳統及生活形式 4，否則，不能用徵兵或其他增加武力的作
為來侵害公民的自由。

　　自由主義式立憲政府的特殊意義在於，公民可以透過他們的
民主的政治(democratic politics)，遵循公共理性的理念，來表述他
們對他們社會的觀念，並採取適當的保衛社會的行動。也就是說，
在理想上，公民可以形成一種**真正的**政治意見，而不只是一些和
如何才能最好地增進他們(作為公民社會之成員)的特殊利益或隨
便別的什麼利益有關的空泛高論。這樣(真正政治性)的公民會形
成一種意見，足以判斷政治正當和政治正義的是非對錯，並指出
社會各個不同部分各自所需的福祉。正如《政治的自由主義》所

3　當然，我們所謂的自由主義式社會有時候也會幹這種事，但這只顯示他
　們可能做錯了。

4　見 *A Theory of Justice*, sec. 58, pp. 380ff.

說的，每一位公民都被認為具備了我所謂的「兩種道德能力」——一種是正義感的能力，一種是善觀念的能力。書中也假定，每一位公民隨時都具有一種和整全性的宗教學說、哲學學說或道德學說相容的善觀念。這些能力讓公民能夠實現他們身為公民的角色，並且支持他們的政治自主性和市民的自主性。正義原則保障了公民更高序的利益；這些都是自由主義憲法的架構和社會的基本結構內部所確保的利益。這些體制建立了一個合理公正的環境，在這個環境下，公民社會的背景文化⁵ 得以蓬勃發展。

　　正派的民族同樣也擁有自衛戰爭權。對於自己要捍衛些什麼，正派民族的說法和自由主義式民族有所不同；不過，它們確實有值得捍衛的事物。例如，我們所設想的正派民族卡贊尼斯坦的統治者，他可以正正當當地捍衛他們的正派層級制穆斯林社會。這個民族允許且尊重社會內部擁有不同信仰的成員，同時它們也尊重其他社會的政治體制，包括非穆斯林的社會和自由主義式的社會。他們尊重並尊崇人權；它們的基本結構包含著一個正派的商議層級制；而且也接受(合理的)萬民法，願意受它的約束。

　　稍早列出的第五類社會——**仁慈的絕對主義**——似乎也有自衛戰爭權。儘管仁慈的絕對主義確實尊重並尊崇人權，但它不是一個良序的社會，因為它並沒有讓社會成員在政治決策中扮演有意義的角色。不過，**任何一個**不具侵略性並且尊崇人權的社會

5　見Political Lieralism, p. 14.

都可以擁有自衛權的。在我們眼裡，它們精神生活和文化的水準可能不高，但它們永遠有捍衛自己的疆域不受侵犯的權利。

13.3作為外交政策之指導方針的萬民法。合理的萬民法將指導良序的社會，告訴它們，在面對法外政制的時候，心中該懷抱什麼樣的目的，有哪些手段可以採用，而哪些手段一定要避免。不過，防衛只不過是這些社會的最先要務和最急任務。它們的長期目標，則是在最後讓所有的社會一律尊崇萬民法，並成為良序諸民族之社會的充分合格的成員。這樣一來，不管到哪裡，人權都會受到保障。至於要如何讓所有的社會達成這個目標，這是一個外交政策的問題；不但需要政治智慧，多少也要靠一點運氣才能成功。在這方面，政治哲學可以補充的不多；我只提醒大家幾個耳熟能詳的論點。

良序民族如果要達成這個長期目標，就應該建立一些新的體制和實踐，以此作為一種聯盟中心（confederative center）和公共論壇，來形成它們對非良序政制的共同意見和政策。它們可以在聯合國之類的體制內部進行這種討論，或是由各個良序民族針對某些議題上形成分立的聯盟。這種聯盟中心既可以用來整理諸良序社會的意見，也可以用來表達這些意見。甚至，它還可以把高壓的、擴張主義的政制種種不義的和殘暴的體制，以及它們對人權的侵害，暴露在大眾面前。

即使是法外國家，對這種批評也無法嗤之以鼻，尤其這種批評所依據的基礎是一部合理且理據充分的萬民法，無法被輕易地貶成只是一種自由主義或西方的理念。只要這種情況長久持續下

去，良序民族就可以逐漸壓迫法外政制改變其做法；不過，若光靠這種壓力，可能還無法成事，可能還需要某些支援：譬如，其他民族堅拒給予經濟或其他的協助，或是拒絕讓它們加入各種彼此得利的合作實踐。不過，這些問題到底該如何處理，基本上這是一個政治判斷的問題，完全要看對各種政策可能產生之政治後果所做的政治評估而定 6。

6　我先前曾經說過，我們遲早必須問一個問題：如果某個法外國家對其他國家不具有危險性或侵略性，事實上國力還可能十分衰弱，卻只因為它們侵犯了人權，就遭到其他國家的干涉，那麼這時候，這種干涉行動到底正不正當。當然，在這種情形下所進行的干預，乍看之下是合理的，不過，我們還是不能把初始社會和已經有所演進的文明放在一起同等對待。原始、孤立的社會與自由主義式的或正派的社會沒有接觸，我們確實沒有辦法發揮任何影響力。但是，如果社會開發程度比較高，又企圖與自由主義式或正派社會進行貿易或其他合作計畫，那又是另外一回事了。設想一下一個和阿茲克特人類似的已開發社會。雖然它對諸民族之社會的所有守法成員並沒有任何害處，但它把社會內的低層階級當做奴隸，還隨時準備拿年紀小的成員當做神廟祭祀儀典上的犧牲。有沒有任何周詳的做法可以勸導他們改掉這些習俗呢？我深信，我們必須讓它們瞭解，若不尊重人權，就根本不可能參與任何的社會合作體系，而這樣體系對他們而言是有益的。一個靠奴隸制和以活人祭祀作為威脅而推動的體系不是合作的體系，也不可能成為國際合作體系中的一分子（亦見§17.1）。什麼時刻才需要進行強制干預呢？如果對於人權的侵犯已經非常嚴重，而社會又沒有做出任何制裁，這時，這種為了保衛人權而進行的干預就是可以接受的，而且是必須實施的。接下來在§15.4，我會進一步討論下面這個命題：一旦適當的時機到了，如果各民族以積極的方式浸淫於自由主義式文明和文化的基本原則和理想，就有可能準備接受這些理想和原則並倚之為行動準則，它們對人權的侵犯也就可能隨之減

§14. 正義戰爭的學說：戰爭行為

14.1 **限制戰爭行為的原則**。遵循前文對於正義戰爭之目的所提出的陳述，現在讓我們來談談戰爭行為的限制原則——戰爭法（*jus in bello*）。對於這項主題，我首先要說一說以下六項原則和假設，它們在傳統思想中並不少見：

（i）由正義的良序民族所發動的一場正義戰爭，目的是為了維持諸民族彼此間正義而永續的和平，特別是維持民族及其當前敵人間的和平。

（ii）各良序民族之間不會彼此開戰（§§5, 8），只有在抵抗非良序國家的時候才會涉入，因為後者採行擴張主義，威脅了良序政制的安全和自由體制，導致戰爭的發生 [7]。

（iii）在戰爭行為上，良序的民族必須仔細區隔三個團體：法外國家的領導者和官員、軍人，以及老百姓。良序的民族之所以一定要把法外國家的領導者、官員，和老百姓區別開來，是因為：

（續）————————————

少。只要這種情況持續下去，各個彼此關懷的民族所組成的群體就可能會隨著時間而逐漸擴大。

7　通常很難說哪一方該負起全部的戰爭責任。不過，責任程度是大是小，卻可以看出來。因此，主張某一方可能比另一方應該受更多的譴責，當然是正當的。也就是說：有些人的手確實比較髒。另外還有一件事情也很重要，我們必須認知到：即使一個良序社會有時候手確實不太乾淨，但它們還是有權利、甚至義務以戰爭來保衛自身的。這一點可以從第二次世界大戰歷史中看得十分清楚。

既然法外國家並非良序國家，社會當中的非軍事成員就不可能是
組織和發動戰爭的人 [8]。那是領導者、官員，以及其他操控國家
或是受國家雇用的精英們所一起幹下的好事。他們是罪魁禍首，
是他們執意發動戰爭，他們才是罪犯。老百姓通常只是被蒙在鼓
裡或是被國家的宣傳所蠱惑，是不必負責的。即使有某些民眾沒
有那麼無知，也非常好戰，但老百姓還是無需負責。不管戰爭爆
發的原因為何（比如西元1914年6月，奧匈帝國王儲斐迪南大公在
塞拉耶弗被一位賽爾維亞國族主義者暗殺；或是當前巴爾幹半島
和其他地方所發生的族群仇恨），啟動戰爭的最終都是國族的領
導者，而不是平民百姓。照這些原則來看，不管是1945年春天以
燃燒彈轟炸日本東京及其他城市，還是以原子彈炸平廣島和長崎
（兩次攻擊的主要對象都是老百姓），都是非常嚴重的錯誤。這種
看法目前相當廣泛（雖然還不是全面性的）。

　　至於法外國家的軍人（暫且先不提比較高階的軍官），他們和
老百姓一樣，不必為他們國家所發動的戰爭負責。因為，軍人之
所以踏上火線，往往是因為被徵召或是受其他方式所強迫的；他
們被強制灌輸武德；他們的愛國主義總是被殘酷地利用 [9]。他們

8　我這裡依循Michael Walzer的*Just and Unjust Wars*（New York: Basic
　　Books, 1977）的說法。這是一本論述十分精彩的著作，我認為我的說法
　　和這本書並沒有任何重要差異。

9　日本最高統帥部在整個二次世界大戰中，是以「武士道」精神，也就
　　是日本武士的榮譽準則，來推動戰爭的。日本皇軍軍官復活了這種準
　　則，將其融入日本正規軍隊之軍紀中。武士道要求士兵們隨時準備犧
　　牲生命，不能被俘，要是投降，就須處死。因此，絕沒有投降這回事，

之所以直接遭受攻擊，並不是因為他們是戰爭的罪魁禍首，而是良序的民族沒有別的選擇。良序的民族除了戰鬥，沒有別的辦法自我防衛，他們非得保衛自己不可。

(iv)良序的民族必須盡量尊重敵方成員的人權，不管他們是老百姓還是軍人。原因有兩個：第一，根據萬民法(§10.3)，敵人也和其他所有人一樣擁有人權。另一個原因是，要以敵方的軍人和百姓受到的待遇為示範，來向他們教育人權的內容。這樣他們才最能夠親身感受到人權的意義和重要性。

(續)───────────────

　　每一場戰役都是殊死戰。即使完成任務的機會早已喪失，日本軍人還是以所謂的「萬歲」(自殺式)攻擊(這個名稱來自作戰時吶喊的口號 "Tenno heika banzai"[天皇陛下萬歲])，奮戰到底。舉例來說，1944年3月日軍攻擊布干維爾島的托洛基納河，是役中美軍死亡數78人，日軍卻超過5500人。諸如此類毫無意義的攻擊不勝枚舉，其中最著名的或許就是1944年6月的塞班島戰役。針對戰俘所制定的〈日內瓦公約〉就是為了防止這種事情發生。不過，南太平洋的美軍為了自保，除了死命地還擊之外，別無他法，因此，雙方在步兵作戰(所謂小隊、班、排和連之間的「交火」)之時既不接受戰俘，也不願投降。如果天皇曉得該做什麼的話，他就會知道，他有義務插手戰務，為他的人民的前途著想，而他最後也確實這麼做了。至於和法、德境內美軍部隊(暫且先不論納粹武裝親衛隊)作戰方式截然不同的太平洋戰區步兵作戰，其性質參見Eric Bergerud, *Touched with Fire* (New York: Viking, Penguin Books, 1996), pp. 124-145 and 403-425; and Gerald Linderman, *The World within War* (New York: Free Press, 1997), chap. 4. 我對武士道和自殺式攻擊的解釋，來自*Oxford Companion to World War II* (New York: Oxford University Press, 1995, ed. I. C. B. Dear and M. R. D. Foot.)中的相關詞條。

　(v)延續著前面教育人權之內容的思維，下一項原則是：良序的民族藉著它們的行動和宣言，只要有適當時機，就可以在戰爭期間預示它們意圖達成的和平，以及它們意圖追求的關係。透過這種做法，它們以公開的方式闡明它們所懷抱的何種目的和它們的所屬民族。最後這幾項義務差不多都落在良序民族的政府領導者和官員身上，因為只有他們才擁有職銜來代表整個民族發言，並依照這項原則來行事。雖然前面幾項原則也指明了政治家的義務，不過(iv)和(v)在這方面說得更為明確。戰爭的進行方式和終結戰爭的行動會繼續活在社會之歷史記憶中，可能會也可能不會搭起未來戰爭的舞台。以長遠的眼光來看這個問題，永遠是政治家該有的義務。

　(vi)最後，在判斷一項行動或政策適當與否的時候，「實際的手段－目的」這種推理方式所能扮演的角色永遠只是有限的。這種思考模式——無論採取的是功利主義式的推理、成本效益分析、衡量國家利益或是其他可能的方式——必須局限在前述原則和假設的框架內，並且受到嚴格的限制。戰爭行為的規範設下了某些我們絕對不能跨越的界線，戰爭計畫和策略以及戰鬥行動都不能逾越這些界線。唯一的例外，就是面臨最高緊急狀態的境況。下文中我將討論這個議題。

　14.2 **政治家之理想**。我已經觀察到，對戰爭行為的第四和第五項原則是特別用來約束身為民族之偉大領袖的政治家的。因為他們所處的地位最能夠代表民族的目標和責任。只是，誰是這位政治家呢？政治家不像總統、總理或首相，政治家不是

一種職位。應該說，政治家是一種理想，就像理想中的一位誠信而有德性的個人。任何總統或首相或其他高級官員，只要他能夠彰顯出（透過他們在職務上足以作為典範的行事和領導）力量、智慧和勇氣，就足以被稱為政治家[10]。他們在危疑顛沛的亂世中引領著人民。

從下面這句話大致可以看出政治家之理想：政客關心的是下一次選舉，而政治家關懷的則是下一代子孫。哲學研究者的任務，是條理清楚地表達出一個良序社會所需的永續條件和真正利益。而政治家的任務，則是在實務上看出這些條件和利益。政治家比其他大多數人看得更深更遠，也瞭解哪些事情是應該要做的。政治家必須撥亂反正，或至少是振衰起弊，而且絕不戀棧權位。華盛頓和林肯都是政治家[11]，俾斯麥則不是[12]。政治家位居要津之時，可能有他們自己的利益，但在判斷和評估社會的根本利益的時候，他們必須是無私的，更不能被復仇的激情所煽動，

---

10 康德在*Critique of Judgment*, Ak. 262ff.當中表示，統帥（*Feldherr*）的勇氣使他比政治家更顯崇高。不過在這裡，我相信康德是判斷錯了，因為政治家也可能展現出和統帥一樣的勇氣。

11 關於華盛頓，見Stanley Elkins and Eric McKittrick, *The Age of Federalism* (New: Oxford University Press, 1993), pp. 58-75. 關於林肯，見*Frederick Douglass: Autobiographies*, ed. H. L. Gates (New York: Library of America, 1994)；1876年「自由人林肯紀念碑」（位於華盛頓特區林肯公園）揭幕儀式上所發表的講詞也收入書中，作為附錄，pp. 915-925.

12 見我在「第一編」§5.5, 註67的評論。

特別是在戰時[13]。

最重要的是，政治家必須力求正義的和平，必須避免任何阻撓達成這種和平的事物。就這一點來說，他們必須保證：以他們人民之名所發出的宣言已經明白宣示，和平一旦重新建立，將會承認敵方社會本身是一個自主的良序政制（不過，可能有一段時間戰敗社會在外交政策上的自由度會受到適當的限制）。

不能把投降的敵方人民當成奴隸或農奴[14]，也不能不在適當的時候給予他們充分的自由。因此，政治家之理想還包含著道德元素。如果只是依照所謂的世界歷史方向來決定行止，是不可能讓一個人變成政治家的。拿破崙和希特勒確實一次又一次不停地改變了歷史和人類生活；但他們絕對不是政治家。

14.3 **最高緊急狀態豁免**。在戰爭中，老百姓通常具有一種使自己免於遭受直接攻擊的絕對地位（strict status），但最高緊急狀態豁免[15]——在某些特殊的情況下——卻容許我們暫時把這種絕對地位擱置不顧。我們在這裡的推論必須謹慎小心。第二次世界大戰期間，有沒有什麼時刻可以讓英國適當地宣告平民的絕對地位已經被中止，因此可以對漢堡或柏林進行轟炸？可能有吧，不

13　林肯的一個了不起的地方，就是他作為政治家的無私精神。

14　見邱吉爾在 *The Hinge of Fate* (Boston: Houghton Mifflin, 1950), pp. 685-688解釋「無條件投降」之意義的說法。

15　「最高緊急狀態」(supreme emergency)的名稱來自Walzer，見 *Just and Unjust Wars*, chap. 16, pp. 255-265.

過前提是：除非英國能確定這些轟炸將會帶來某些實質上的善；如果只是一些不確定有無的邊際收益，是無法證成這種行動的[16]。當英國孤軍奮鬥，找不到其他任何方法破解德軍的優勢軍力時，這時，對德國城市進行轟炸可以說成是正當的[17]。這段時期起自（至少）1940年6月法國淪陷，一直到1941年夏、秋俄國徹底擊潰德軍的首波攻擊為止，而英國這段時間的堅持也顯示它有能力和德國奮戰到底。或許我們還可以這麼說：這段時刻沒這麼短，它還延續到1942年夏、秋兩季，甚至一直到史達林格勒攻防戰（這場戰役以1943年2月德軍兵敗而結束）。不過，1945年2月對德勒斯登的轟炸行動則顯然已經失去了正當性。

最高緊急狀態豁免是否適用，取決於某些環境，而對於環境，有時會有不同的判斷。英國到1941或1942年底為止對德國所進行的轟炸之所以還能證成，是因為絕不能讓德國打贏這場戰爭，之所以如此，有兩個基本原因。第一，對全球各地的文明生活來說，納粹主義預示了無法預見的道德惡和政治惡。第二，立憲民主的本質和歷史及其在歐洲歷史中的地位，已經到了存亡絕續的關頭。在法國有條件投降的那一天，邱吉爾對下議院表示，「一旦我們〔對抗希特勒的行動〕失敗了，包括美國在內的整個世界，就會陷入新的黑暗時代。」邱吉爾這番話並沒有誇張。總而言之，這種威脅為訴諸最高緊急狀態豁免提供了證成，這不僅代表了立憲民主，也代表了所有良序的社會。

16　和Thomas Pogge的討論令我獲益良多。

17　禁止刑求戰俘的禁令仍然存在。

　　我們必須瞭解納粹主義這種特殊的惡。希特勒的特質是，他根本不認為有任何和敵國維持政治關係的可能性。這些國家永遠可以被恐怖和殘酷所恫嚇，被武力所宰制[18]。對俄軍事行動從一開始就是一場毀滅性戰爭，甚至有時候根本就打算把斯拉夫民族屠戮殆盡，頂多只留下最初的居民（如果還有的話）充當農奴役使。雖然戈培爾[①]等人同聲反對，認為用這種方法根本打不贏戰爭，但希特勒連理都不理[19]。

　　14.4 **政治家精神的失敗**。不過，最高緊急狀態豁免顯然從來就沒有應用在美國的對日作戰中。美國對日本城市的轟炸行動並沒有獲得證成；1945年6月7月，於原子彈轟炸廣島和長崎前夕，同盟國領袖曾進行會商，在討論期間，「以實際的手段－目的推理來衡量輕重」這種看法取得了壓倒性的優勢，感覺此舉已經逾越應有之界線的人所抱持的種種憂慮都被忽略不顧。

18　Stuart Hampshire 對此提出了頗具啟發性的討論，見 *Innocence and Experience* (Cambridge, Mass.: University Press, 1989), pp. 66-78,

①　【譯註】戈培爾(Joseph Goebbels, 1897-1945)，納粹德國政治家，是激烈的反猶主義者，也是希特勒的狂熱支持者，曾於納粹政府擔任部長職務。德國戰敗，他與妻子在柏林的一個地下掩體中殺死他們的六名兒女，而後自殺。

19　有關戈培爾和其他人的異議，見 Alan Bullock, *Hitler: A Study in Tyranny* (London: Oldham's Press, 1952), pp. 633-644. 亦見 Omar Bartov, *Hitler's Army* (New York: Oxford University Press, 1991). 這部作品是研究在納粹德軍被打敗的東部戰線上，戰爭何以落得如此殘暴和野蠻。

　　當局宣稱，為了提早結束戰爭，是可以投下原子彈的。顯然杜魯門和大部分同盟國領袖都認為此舉可以盡早結束戰爭，拯救美國士兵的生命。而日本軍民的生命可能比較沒有價值。除此之外，主事者還推測，投擲原子彈會給天皇和日本領導者一個保留顏面的機會，這對日本軍事和武士道文化來說十分重要。有些學者則相信，投彈行動可以讓俄國對美國的力量心生震懾，讓俄國領導者比較願意同意美國的要求[20]。

　　這些理由顯然無法證成各種違犯戰爭行為原則的行動。這些同盟國領袖為什麼失去了政治家精神？杜魯門曾把日本人描述成禽獸，說他們本來就該被待之以獸道[21]；可是在今天，「德國人和日本人全都是蠻族和禽獸」這種說法聽起來有多麼地愚蠢[22]。

20　對於最後這個理由的討論，見Gar Alperovitz, *Atomic Diplomacy: Hiroshima and Potsdam* (New York: Penguin Books, 1985). 如果這理由是真的，那就真是罪無可恕了。由於存在著這些理由，我不打算對這種相對重要性做出評估。

21　有關杜魯門和喬治亞州羅素參議員在1945年8月的對話，見David McCullough的 *Truman* (New York: Simon and Schuster, 1992), p. 458.

22　我認為 Daniel Goldhagen 的 *Hitler's Willing Executioners: Ordinary Germans and the Holocaust* (New York: Knopf, 1996)對大屠殺的看法是錯誤的。他認為，大屠殺乃是源自德國數百年來所存在的政治文化特有的認知思考態度，而納粹只是將這種態度表現出來而已。但其實並非如此。雖然德國出現了反猶主義，但歐洲大部分地區同樣也出現了反猶主義——法國19世紀末有德雷福斯案，波蘭和俄國則有對猶太人的集體迫害——在16世紀末的反宗教改革運動期間，反猶主義甚至成為教會的政策，主張把猶太人隔離在猶太區裡。其實，大屠殺帶給我們的是別的教

納粹和東條英機這些軍國主義者確實是蠻族和禽獸，但他們不等於德國人民和日本人民。邱吉爾辯稱他之所以在德勒斯登大轟炸這件行動上判斷失誤，都是因為被衝突所導致的激情和緊張所左右[23]。雖說這種情感的產生是自然而不可避免的，但政治家的義務不就在於避免這種情感阻礙良序民族對於和平的追求嗎？政治家明白，和當前敵人之間的關係具有特殊的重要性：戰爭必須在眾目睽睽之下公開地以某些方式進行，這不僅使敵方人民心裡有譜知道他們將會獲得什麼樣的待遇，也可以使永續而友好的和平有可能實現。任何讓敵方人民心懷恐懼或胡思亂想、以為將來會遭到仇恨和報復的做法，都必須禁止。儘管不容易做到，但當前的敵人還是必須被看成是將來在共享且正義的和平中一同合作的伙伴。

政治家精神的另外一個失敗是：在採取諸如1945年春天以燃燒彈轟炸日本城市，以及轟炸廣島和長崎這些激烈手段之前，不

（續）───────────────

訓：一個極權成性、窮兵黷武的強大國家的奇里斯瑪式領袖，藉著無休無止的狂熱宣傳，就足以煽動相當數量的人口，執行種種甚至是罪大惡極、泯滅天良的計畫。任何地方只要有這種國家出現，那裡就有可能發生大屠殺。除此之外，並不是所有德國人都聽信希特勒對猶太人的謾罵抨擊，而有些人之所以信從他，其原因也無法只用固有的反猶主義來解釋。亦見 *Unwilling Germans? The Goldhagen Debate*, ed. Robert R. Shandley, trans. 至於許多當代德國作者對Goldhagen此書所做的評論和討論，見Jeremiah Riemer (Minneapolis: University of Minnesota Press, 1998)

23 見Martin Gilbert, *Winston Churchill: Never Despair*, vol. 8 (Boston: Houghton Mifflin, 11358), p. 259.

曾考慮有否可能和日本人進行交涉。我相信這種交涉很有可能奏
效,也可能避免傷亡擴大。8月6日之前的占領日本之舉是沒有必
要的,因為戰爭實質上已經結束了[24]。但不管事實真否如此,都
已經無關緊要。身為一個自由主義式的民主民族,美國還欠日本
人民一個談判終止戰爭的提議。日本政府和軍方在6月26日,或
者更早以前,就已經接獲日本天皇指示[25],要設法終止戰爭,他
們當然也明白,既然海軍已經毀損,內外諸島也被占領,這場仗
已經徹底完了。這個政制的領導者們滿腦子都是武士道榮譽,他
們自己是不會考慮談判的,但在天皇的詔令之下,他們或許有可
能積極地回應美國的善意提議。只是,這一切都沒有發生。

  14.5 **政治文化的意義**。很清楚地,像轟炸廣島和長崎,以及
用燃燒彈轟炸日本各城市這類行動當然是十分重大的錯誤,政治
領導者基於政治家義務,一定要避免;不過也很清楚的是,就算
當時有人生動有力地闡述了正義戰爭的原則,結果也不會有任何
改變。原因是「太遲了」:在那個時候,轟炸老百姓已經成為一
種可以被接受的戰爭行動。什麼對正義戰爭的反思,根本沒人聽
得進去。為了避免這種憾事發生,有必要在衝突發生之前就仔細
地考量這些問題。

---

24 見 Barton Bernstein, "The Atomic Bombings Reconsidered," *Foreign
  Affairs*, 74: 1, January-February 1995.

25 見 Gerhard Weinberg, *A World at Arms* (Cambridge: Cambridge University
  Press, 1994), pp. 886-889.

　　同樣的，立憲民主的根據及其權利與義務的基礎必須不斷在
公民社會的各個結社組織中持續討論，當做公民在參與政治生活
之前的理解和教育。這些事務必須成為政治文化的一部分；它們
不可以支配日常政治的流水內容，而是應該被當成先決條件，存
於背景中，並在背景中運作。人們在二次大戰大規模轟炸的時候，
沒有足夠的先見之明看出正義戰爭的原則極為重要，因此無法表
達意見，制止這種隨手就能拿來運用的「實際的手段－目的推
理」。這種推理太容易被運用了，支配政府的人很快就可以利用它
來擺平任何礙手礙腳的道德顧慮。如果戰爭原則沒有在事前就提
出來，到時候它們就只會變成放在天平上衡量的諸多因素之一而
已。這些原則必須在戰爭發生之前就提出來，並且盡可能地讓一
般公民全都理解。政治家精神的失敗和惡化，多少就在於公共政
治文化──包括它的軍隊的文化，以及它的戰爭學說[26]──沒有尊
重正義戰爭的原則。

---

26 使人墮入邪惡的一大誘惑，就是空中武力。說也奇怪，納粹德國空軍的
　官方軍事守則其實是對的(即使理由是錯誤的)：空武乃於陸戰或海戰
　時用以支援陸軍和海軍。合宜的軍事守則宣稱，不能用空武來攻擊老百
　姓。我認為，遵守這個守則，應該不會讓美國陸、海軍擊敗日軍的效率
　受到影響。美國海軍1942年6月在中途島擊敗日本海軍，1944年6月在塞
　班島外的菲律賓海戰鬥中殲滅了日本航母艦隊，1944年10月則在雷迪島
　以北聖伯納的諾海峽，以及該島以南舍里亞果海峽兩處打爛了日本主力
　艦隊；同時，海軍陸戰隊還拿下了馬紹爾群島、關島、塞班島和硫磺島，
　陸軍拿下了新幾內亞和菲律賓群島，最後一戰則取得了沖繩。這場戰役
　有效地為戰爭劃下了句點。但事實上，在此之前，以交涉方式取得和平
　的各種步驟早就已經設定好等在那裡了。

我們必須徹底揚棄兩種虛無主義式的戰爭學說。首先是雪曼
(Sherman)那句話：「戰爭就是地獄」。這種虛無主義說法意味著
只要能戰爭能夠盡快結束，大可以不擇手段[27]。另外一種說法則
主張我們大家都是有罪的，所以我們都是在同一個水平上，無法
光明正大地責怪別人，或被別人指責。這些學說──如果配稱為
學說的話──表面上都否定了所有合理的區別；下述這個事實彰
顯出上述兩種說法的道德空洞性：一個社會之所以是正義和正派
的文明社會──它們的體制和法律、它們的公民生活、背景文化
等等──就在於它們總是能夠有意義地將道德與政治區別開
來。戰爭當然是一種地獄；不過為什麼這就應該表示規範性的區
別已經不再有意義？就算每個人有時候在某種程度上都是有罪
的，或者幾乎所有人都是如此；但這不表示每一個人的罪惡都一
樣深。總之，不論什麼時候，我們都必須謹守各種道德與政治原
則的細微差別，以及各項層次井然的限制[28]。

14.6 **與基督教教義的比較**。萬民法和大家耳熟能詳的基督教
自然法的正義戰爭教義有其異同之處[29]。相似之處在於，兩者都

---

27 基於對Sherman公平起見，我們必須說指出，1864年秋天，他的部隊行
    經喬治亞州時，只造成當地財物的損失。他們沒有攻擊平民。

28 見Hannah Arendt的 *Eichmann in Jerusalem* (New York: Viking Press,
    1963),尤其是Postscript中有關審判之角色的最後那四頁。

29 這種教義源自聖安布魯茲和聖奧古斯丁,他們引用希臘和羅馬古典作家
    的著作。Roland Bainton的 *Christian Attitudes toward War and Peace*
    (Nashville: Abingdon Press, 1960) pp. 91-100對奧古斯丁的說法提供了

意味著，假使諸民族都遵循基督教自然法的教義**或是**萬民法——
萬民法並沒有排除自然法或其他任何一種合理的整全性學說—
—各國族之間的普遍和平是有可能達成的。

　　不過我們在這裡必須先退後一步，看看萬民法和自然法
（natural law）根本的差異何在；也就是說，它們兩者的構成方式
有什麼不同。自然法被認為是上帝法（the law of god）的一部分，
而這種上帝法則是我們藉由對世界之結構的研究，就能用理性之
本質能力（the natural powers of reason）來理解的。既然上帝擁有凌
駕於萬物之上的最高權威，自然法就約束了作為社群一分子的全
體人類。按照這樣的理解，自然法不同於永恆法（eternal law），
永恆法存在於上帝的理性中，引導著上帝在創造與維繫世界時的
活動。自然法也和天啟法（revealed law）不同，後者無法藉由自然
理性之能力（the powers of natural reason）而得知，同時，自然法也
有別於教會法（ecclesiastical law），教會法是用來處理教會的宗教
事務或裁判事務。相形之下，萬民法則是座落在「政治性的」的

（續）────────────

　　很有用的摘要。奧古斯丁並沒有對自己的觀點發表過任何論文或持續性
　　的討論，因此必須從他的許多著作中匯集。亦見St. Thomas Aquinas,
　　Summa Theologica, II-II, Question 40, Articles 1-4; 以及Francisco de
　　Vitoria, "On the Law of War," in *Political Writings*, ed. A. Pagden and J.
　　Lawrence (Cambridge: Cambridge University Press, 1991), pp. 295-327.
　　Ralph Potter在他的*War and Moral Discourse* (Richmond: John Knox
　　Press, 1969)當中，對基督教教義進行全面性的討論，還有書目評論和
　　參考資料。至於對古代世界的有效探索，見Doyne Dawson, *The Origins of
　　Western Warfare* (Boulder: The West-view Press, 1996).

領域中，當做一種政治性的觀念。也就是說，萬民法的原則固然可能得到基督教自然法教義的支持，但它的原則還是只能藉由政治性的觀念，以及它的政治價值來表達[30]。這兩種觀點都支持自衛戰爭權；不過這些規範戰爭行為的原則的內容並不完全相同。

最後這句話的明顯例證，就是天主教的雙果律（double-effect）教義。在戰爭行為方面，它贊同萬民法的原則（見上述§14.1），認為老百姓不得受到直接的攻擊。這兩種觀點都同意，1945年春、夏以燃燒彈轟炸日本，以及將原子彈投擲在廣島和長崎的行動，都是重大的錯誤。然而兩者的不同之處在於：根據社會契約觀念，戰爭行為的原則包括最高緊急狀態豁免在內（§14.3），而雙果律教義則不這麼認為。除了針對軍事目標進行正當攻擊時所無意或間接造成的結果之外，雙果律教義禁止造成百姓的傷亡。基於「絕不殺害無辜」這條神律，這種教義主張，絕對不接受「可以藉由殺害敵國百姓的無辜生命來攻擊敵國」這種意圖。政治的自由主義容許最高緊急狀態豁免；天主教教義則斷然否決，表示我們必須信仰及恪守神的誡命[31]。這個教義淺顯易懂，但卻和政治

---

30 我在這裡應該註明，雖然萬民法和政治的自由主義一樣，純屬於政治性的，但它**並不是**世俗的。我這句話的意思是，萬民法沒有透過諸如「非神喻的」或「非形而上的」（社會或自然的）理論來否定宗教或其他的價值觀。政治價值的重要性高低，是由公民和政治家根據他們的整全性學說來決定的。進一步的討論，請見*Political Liberalism*, IX, "Reply to Habermas," §2, pp. 385-395, 以及〈再論公共理性的理念〉§6.

31 見G. E. M. Anscombe那篇鏗鏘有力的文章 "War and Murder," in *Nuclear Weapons and Christian Conscience*, ed. Walter Stein (London:

的自由主義中的政治家義務背道而馳。

我們在§14.2討論過，政治家是思考戰爭行為的核心人物，必須隨時準備為了捍衛自由的民主政制而發動一場正義的戰爭。事實上，公民也期待那些尋求總統或首相大位的人要這麼做，不管是基於宗教、哲學或道德的理由。要是拒絕這麼做，或至少沒有在選舉前明確做出這樣的公開宣言，那就等於違反一項根本的政治見解。對一切戰爭都持反對立場的貴格教派（Quakers）可以在立憲政制方面和大家保有相同的共識，但他們未必總是贊同民主政治的某些特殊決策——這裡所說的是從事一場自衛戰爭——雖然從民主政治的政治價值來看，這些決策也都是合理的。這表示，如果不是處在特殊環境下，他們就無法秉持良好的信仰，在一個自由的民主政制中追求最高的職務。政治家必須關照政治世界，他必須在遇到非常狀態的時候懂得分辨：什麼是他或她所服務的良序政制的利益，什麼又是他或她個人所奉行的宗教學說、哲學學說或道德學說的律令。

§15. 受牽累的社會

15.1 **不幸條件**。我們已經在不服從理論中看到，（相對）良序的社會的長期目標，應該是把法外國家帶進良序的諸民族之社

（續）————————————

> Merlin Press, 1961), pp. 45-62. 這篇文章的目的在於反對牛津大學於1952年授與杜魯門總統榮譽學位的決定。就廣島這個特殊議題而言，§14的看法和Anscombe的看法是一樣的。

會。在現代初期，現代歐洲的法外國家[32]——西班牙、法國和哈布斯堡王朝——或是後來的德國，都曾經試圖讓歐洲許多國家臣服在它們的意志之下。它們希望擴張自己的宗教和文化，追求支配和榮耀，財富和疆域當然更不在話下。這些國家都算是當時組織比較有效率，經濟也比較進步的社會。它們的錯誤在於本身的政治傳統和法律體制、財產和階級結構，加上它們長久的宗教與道德信仰，以及作為支撐基礎的文化。正是這些要素塑造出一個社會的政治意志；在一個社會能夠支持一部合理的萬民法之前，它們必須有所改變。

接下來我要談的是第二種非理想理論，也就是受不幸條件所牽累的社會（因此叫做**受牽累的社會**）。受牽累的社會雖然無意擴張領土或向外侵略，但畢竟欠缺政治傳統和文化傳統，人力資本和技術資訊，而且往往也欠缺成為良序社會所需要的物質資源與技術資源。（相對）良序社會的長期目標，應該是把受牽累的社會，比如法外國家，帶進良序的諸民族之社會。良序民族有**義務**援助受牽累的社會。不過，這並不表示執行這種援助義務的唯一或最佳方式就是遵循分配正義的原則，來規範諸社會之間的經濟不平等與社會不平等。這種原則大多沒有一個明確的目標、目的或截止點作為判定基準，以便停止援助。

諸社會之間財富水準和福利水準可能有所差異，事實上可能也是如此；不過，調整那些水準並不是援助義務的目標。只有受

---

32 有些人可能會反對這種用詞，然而這些國家確實是法外社會。它們的戰爭基本上屬於王朝戰爭，犧牲了社會大多數成員的生命和根本利益。

牽累的社會才需要幫助。再者，受牽累的社會未必都很貧窮，就像良序的社會未必都很富有。只要政治傳統、法律、財產和階級結構，以及背後的宗教和道德信仰及文化能夠維繫一個自由主義式的或正派的社會，即使天然資源稀少，財富寥寥可數，仍然會是一個良序的社會。

　　15.2 **援助義務的第一項指導方針**。第一個要考慮的指導方針是，良序社會未必是一個富有的社會。在這裡我要回顧一下《正義論》§44中我曾經詳細說明的有關（在域內社會裡）「正義的儲蓄」(just savings)之原則的三個基本論點。

　　(a)正義(真正的)儲蓄的原則的目的，是為一個自由的立憲民主社會建立起(合理)正義的基本體制，並且確保一個讓全體公民都有可能過著有意義的生活的社會世界。

　　(b)因此，一旦建立起正義的(或正派的)基本體制，儲蓄就可能停止。在這個時機，真正的儲蓄(也就是各種實際資本的淨增加[net additions])可能會下降至零；現有的儲蓄只需要維持或更新，而無法更新的資源就仔細地保存起來，以備未來妥善運用。因此，作為對當前消費的限制，儲蓄率會表現在累積總資本、放棄資源使用以及發展科技，以保存和再生自然世界維持其人口的能力。有了這些以後，再把其他的基本元素加進來，一個社會當然有可能在這個時機以後繼續儲蓄，不過儲蓄已經不再是正義之義務了。

　　(c)對建立正義的(或正派的)體制來說，巨大的財富並不是必然要件。至於要多少，則取決於一個社會特殊的歷史及其正

義觀。因此一般而言，良序民族彼此之間的財富並不在同一個
水準上。

這三個儲蓄過程的特徵，在《正義論》當中都曾討論過，它
們突顯出萬民法中的援助義務和域內正義儲蓄之義務兩者的雷
同之處。無論前者或後者，目的都是為了實現並保存正義的（或
正派的）體制，而不僅僅是為了增加（更不可能是無限地極大化）
財富的平均水準，或是任何一個社會的或社會中任何特定階級的
財富。在這些方面，援助義務和正義儲蓄義務表達出同一個作為
支撐基礎的理念[33]。

33　我這裡所表達的主要想法，引用自J. S. Mill的*The Principles of Political
　　Economy*, 1st ed. (London, 1848), book IV, chap. 6, "The Stationary
　　State." 我遵循Mill的觀點，認為儲蓄的目的在於促成一個正義的社會基
　　本結構；一旦這種結構獲得確實保障，真正的儲蓄（實際資本的淨增加）
　　可能就不再需要了。按照他的說法，「生活的技巧」(the art of living)
　　比「生存的技巧」(the art of getting on)更重要。這種「真正的儲蓄和經
　　濟成長會無限期地繼續向上及向前發展，而且是沒有任何明確目標的」
　　的想法是資本主義社會商業階級的理念。但Mill在乎的，是正義的基本
　　體制，以及他所謂的「勞動階級」的福利。Mill說：「『要在正義的私
　　有財產體系和社會主義兩者之間』作決定，主要要看一個考量因素，也
　　就是：這兩種體系當中哪一個最能帶來最大量的人類自由和自發性。在
　　生存的方法確定了以後，人類下一個最強烈的個人慾望就是自由，而自
　　由（不同於隨著文明的進展會變得比較節制也比較容易控制的肉體慾望）
　　會隨著智力和道德能力進一步的發展，在強度上不減反增。」這段話出
　　自Mill生前出版的第7版也是最後一版的*Principles*, paragraph 9 of §3 of
　　chap. 1 of book II. Mill在書中說的話和萬民法及其政治價值之結構完全
　　吻合，雖然我不能接受他的立論。我所參考的Mill的*Principles*，出自

15.3 **第二項指導方針**。第二項有關於思考如何實施援助義務
的指導方針是：我們必須明白，絕不能輕忽受牽累社會的政治文
化；同時也要懂得，不可能有任何秘訣，當然更沒有特效藥，可
以使良序的民族幫助受牽累的社會改變其政治文化與社會文
化。我相信，一個民族的致富原因及其財富的形式，都在於它們
的政治文化，以及支撐其政治及社會體制之基本結構的宗教、哲
學和道德傳統，同時也在於該民族成員的勤奮與合作的能力。這
一切都有賴於政治德性（political virtues）的支持。我會進一步推
測，一旦經過合理及理性的組織和管理，世界上沒有任何一個社
會——除了邊際性的例子之外[34]——的資源會貧瘠到無法成為良
序的社會。歷史上的例子似乎告訴我們，資源貧瘠的國家可能會
豐衣足食（例如日本），而資源豐富的國家可能面臨嚴重的困難
（例如阿根廷）。造成這種差異的關鍵因素，是這個國家的政治文
化、政治德性與市民社會，它的成員的正直和勤奮、他們革新的
能力，以及其他諸多因素等等。另外一個關鍵是國家的人口政
策：這方面的政策必須小心，不能讓人口數量超過土地和經濟所

（續）————————————————————

Jonathan Riley 所編的平裝版，列入 *Oxford World Classics*（Oxford:
Oxford University Press, 1994）．至於 *Principles* 的完整文本，現則收錄在
The Complete Works of John Stuart Mill, vols. 2 and 3, Introduction by V.
W. Bladen, ed. J. M. Robson（London: University of Toronto Press,
Routledge and Kegan Paul, 1965）．

34 例如北極的愛斯基摩人就夠稀少了，也不需要影響我們整體的做法。我
想他們的問題可以用特別的方式處理。

能負荷的程度。但無論如何，援助義務絕對不能減少。我們必須瞭解，光靠分配資金並不足以矯正基本的政治不公和社會不義（雖然金錢通常是最基本的）。不過，對人權的強調或許能改變沒有效率的政制，並且讓漠視其人民福祉的統治者改變其行為。

　　阿馬蒂亞‧森恩（Amartya Sen）有關饑荒的研究也證明了對人權的堅持是正確的[35]。他對歷史上四次重大的饑荒（1943年孟加拉饑荒；1972-1974年衣索比亞；1972-1973年撒亥爾饑荒；1974年孟加拉共和國饑荒）進行經驗研究，結果發現，糧食減少未必是饑荒的主因，甚至連次要因素也稱不上。就他的研究案例來看，只要擁有一個正派的政府，能夠關懷全體人民的福祉，準備好一套合理的規制以便透過公共體制來提供後援津貼，這樣一來，糧食生產的驟減就不足以釀成饑荒了。問題的主因出在各個政府沒辦法分配（或補足）現有的糧食。森恩的結論是：「饑荒是經濟災難，不只是糧食危機。」[36]換句話說，問題正是出在這種政治與社會結構內部的缺失，以及這個結構沒有能力制定相關政策以彌補糧食生產短缺所釀成的影響。明明可以預防，政府卻讓人民挨餓，這反映出它對人權欠缺關懷，而我前文描述的那種良序政制

35　見Amartya Sen, *Poverty and Famines* (Oxford: Clarendon Press, 1981)。Sen和Jean Drèze的著作*Hunger and Public Action* (Oxford: Clarendon Press, 1989)都肯定這些論點，並強調民主政制在處理貧窮和飢餓方面的成功。見他們在chap. 13, p. 25的簡述。亦見Partha Dasgupta的重要著作*An Inquiry into Well-Being and Destitution* (Oxford: Clarendon Press, 1993), chaps. 1, 2, and 5.

36　Sen, *Poverty and Famines*, p. 162.

是不可能容許這種事情發生的。我們盼望，對於人權的堅持能有
助於防止饑荒發生，而且能夠產生壓力，促使良序的諸民族之社
會中的各個政府朝著效能政府的方向邁進（我順便提一下，要是
缺少對失業者的預備救助規制，西方所有的民主政治體制都將發
生大規模的饑荒）。

　　受牽累的社會的人口壓力和它的經濟的適宜支持力有關，但
對人權的尊重，同樣也能夠紓緩這種壓力[37]。其中決定性的因素
似乎是女性的地位。有些社會──中國就是一個耳熟能詳的例子
──強行限制家庭人數的多寡，並且採取其他嚴苛的手段。不過
根本沒必要這麼嚴苛。最簡單、最有效也最為人所接受的政策，
就是為女性建立平等正義元素。印度的喀拉拉省在這方面可以給
我們一些啟發。1970年代末期，喀拉拉省授予女性權利，讓她們
可以投票、參政、接受和使用教育、擁有並管理財富與財產。結
果不到幾年時間，在完全不用訴諸國家的強制力量下，喀拉拉的
出生率就降得比中國還低[38]。其他地方也實施過類似的政策──
例如孟加拉、哥倫比亞和巴西──得出的結果也十分近似。基本

37　我在這裡不用「人口過剩」這個說法，因為這好像是暗示有所謂最適宜
　　的人口；但那是什麼呢？從受牽累社會的經濟力所能夠提供的支持來
　　看，有沒有人口壓力，是一目了然的。對於這個論點的看法，我得自
　　Amartya Sen。

38　見Amartya Sen, "Population: Delusion and Reality," *The New York Review
　　of Books,* September 22, 1994, pp. 62-71. 關於喀拉拉，見pp. 70ff. 中國在
　　1979年的出生率是2.8；喀拉拉是3.0。到了1991年，兩者的出生率分別
　　是2.0和1.8。

正義元素已經證明是社會政策的有效基本要件了。不正義之所以
發生，是因為有那些根深柢固的利益做依靠，它不會輕易消失；
但它也不能用缺乏天然資源當做藉口，來為自己開脫。

我再重複一次，想要協助受牽累的社會改變其政治文化，是
沒有任何特效藥可用的。砸錢通常只會討人厭，使用武力又會被
萬民法排除在外。不過，某些類建言或許能幫得上忙，再者，受
牽累的社會最好也多多關心女性的根本利益。「女性的地位若不
總是立基於宗教，就是與宗教觀點有密切的關係」這個事實本身
[39] 並不是造成女性落入次屬地位的原因，因為通常還有其他因素
存在。人們或許可以解釋說，所有的良序社會都肯認人權，而且
至少擁有一個正派的商議層級制或是與此類似的機制。這些機制
特徵要求：任何一個代表女性之基本利益的團體，其半數以上成
員都必須由女性組成（§8.3）。這個想法是這樣的：任何一種商議
程序的條件，只要能夠使女性人權免於遭受侵害，就應該被採
納。這不是什麼特別的自由主義式理念，對所有正派民族來說，
早就司空見慣了。

接著，我們可以把這個理念當做一項條件，附加於所提供的
援助上，而且不會被指控成不當地瓦解一個社會的宗教與文化。
這項原則在這裡和一直以來在宗教主張方面所奉行的原則十分

---

39 我之所以這麼說，是因為有很多穆斯林作者否認伊斯蘭教容許穆斯林社
會常見的女性不平等地位，他們把這種不平等歸咎於各式各樣的歷史因
素。見Leila Ahmed, *Women and Gender in Islam* (New Haven: Yale
University Press, 1992).

類似。因此，一個宗教不能把「為了維持自我之存續，有必要不寬容其他的宗教」這種主張當成是一種證成；同樣地，宗教也不能把「使女性落入次屬地位是宗教之生存必要條件」這種主張也當成是一種證成。這裡所涉及的是基本人權，而這些都是所有自由主義式社會和正派社會之共同體制與實踐的組成部分[40]。

15.4 **第三項指導方針**。實施援助義務的第三項指導方針是，援助任務的目的是幫助受牽累的社會，讓它們有能力合理且理性地處理本身的事務，最終成為良序的諸民族之社會的成員。這明確界定了援助的「標的」。這個目標完成以後，即使現在已成為良序社會的社會相對上依舊較為貧困，但進一步的援助卻是不需要了。因此，提供援助的良序社會絕對不能擺出家父長制的姿態，反而要謹慎小心，不能違背援助的最終目的：讓原本受牽累的社會獲得自由和平等。

　　某些文化形式和生活方式本身是否如我相信的就是一種善？這個深刻的問題我們暫且不談，我們可以認為，個人和結社組織能夠歸屬於他們特定的文化，並參與共同的公共和公民生活，當然是一種善。依照這種方式，歸屬於某個政治社會並熟悉它的公民和社會世界，就會得到表達和實現[41]。這不是一件小事。而是主張為民族自決的理念保留充分的空間，並支持某種鬆散的或聯盟形式的諸民族之社會——只要一個諸良序政權之社會能

40　見*Political Liberalism*, V: §6.

41　同上，V: §7.

夠馴化（這一點有可能辦到）各個不同文化中可能引起分裂的敵意。我們所追求的，是一個可望終止國族主義戰爭（由族群仇恨所釀成）的世界。名副其實的愛國主義（§5.2）是一個人的民族與國家的一項附屬品，同時也是在充分尊重其他民族之正當訴求的情況下，捍衛民族和國家之正當訴求的意志[42]。良序的民族應該試圖鼓勵這樣的政制。

15.5 **援助義務與親近性**。關於援助義務，必須顧慮到一點：鼓勵人們去遵守援助義務的這種支持力量，背後是不是已經預設諸民族彼此之間具有某種程度的親近性（affinity）（亦即某種社會性的凝聚感和親近感），而這種親近性是不可能期待會在一個語言、宗教和文化上各自分立的自由主義式的諸民族之社會——更不用說所有的良序民族所構成的社會了——中產生的。在單一的域內社會裡，成員們共同擁有一個中央政府和政治文化，整個社會的政治和社會體制是他們共同的日常生活的一部分，而對政治概念和政治原則的道德性學習在這個脈絡裡最為有效[43]。同一個社會的成員每天參與共同的體制，應該有能力依照公共理性，在共同的基礎上解決社會中的各種政治衝突和問題。

政治家的任務，就是在各不同民族之間潛在欠缺親近性時力挽狂瀾，並且試著去治療導致親近性欠缺的病因——只要這些病

---

42 這些在萬民法當中都有詳細說明。

43 Joshua Cohen, "A More Democratic Liberalism," *Michigan Law Review*, vol. 92, no. 6 (May 1994), pp. 1532-33.

因是源自過去域內體制性的不義，或是社會階級之間透過共同的歷史和對抗而承襲下來的敵意。隨著整個社會的體制所涵蓋的範圍增加，文化的距離也越拉越遠，諸民族之間的親近性自然減弱（這是人類心理學的問題），因此，政治家必須不斷地和這些短視的趨勢搏鬥[44]。

為政治家的工作帶來鼓舞的是，親近性的各項關係並非一成不變，只要諸民族能夠在它們所發展出來的合作體制中一起工作，長此以往，這些關係是有可能不斷被強化。尋求一個所有民族都各有其良序政制的世界，是自由主義式民族及正派民族的特性。我們可能會先假設，推動這個目標的，是每個人的**自我利益**，因為這樣的政制非但不危險，反而是和平的、合作的。然而，隨著諸民族之間的合作繼續推進，它們可能會相互關懷，彼此的親近性也會越加強烈。因此，它們就不再是只為自我利益所動，而是憑著對彼此的生活方式和文化的相互關懷，再者它們也願意為彼此而犧牲。這種相互關懷是它們經過一段長時間的共同經驗和成果豐碩的合作行為，所造成的結果。

世界上相互關懷的諸民族所構成的一個相對狹窄的圈子，長期下來可能向外擴張，所以不能把它看成是固定不變的。漸漸地，

---

44 我在這裡引用一項心理學原則，要對支持政治體制的道德態度進行社會性學習時，透過整個社會共享的體制和實踐，是最有效的。這種學習會在文本中所提到的條件下逐漸弱化。在一個現實的烏托邦裡，這個心理學原則對哪些事物可以被明智地提出來作為萬民法的內容，設下了限制。

諸民族再也不會全憑自我利益或相互關懷來動作，而是會肯認它們自由主義式的和正派的文明和文化，直到最後準備要奉行它們的文明所標舉的**理想和原則**。宗教的寬容在歷史上就是以各個敵對信仰之間的暫訂協議（*modus vivendi*）這種面貌首次出現的，後來則演變成一種被文明民族共享並受這些民族之主流宗教所認可的道德原則。奴隸制和農奴制的廢除、法治、以自衛為唯一目的的戰爭權，以及人權的保證，一路走來也都是如此。這些都成為自由主義文明和正派文明的理想和原則，以及所有文明民族之萬民法的原則。

§16. 論諸民族之間的分配正義

16.1 **諸民族之間的平等**。對這個問題的觀點看法有兩種。一種主張平等本身就是正義的，或本身就是一種善。另一方面，萬民法則主張，不平等未必一律都是不正義的，而且一旦不平等變得不正義，那是因為這些不平等對諸民族之社會的基本結構，以及對諸民族之間和民族內部成員彼此之間的關係，產生了不正義的影響[45]。在討論「對正派的非自由主義式民族加以寬容」這種需求時，我們看到了這個基本結構不容小覷的重要性（§§7.2-7.3）。

我要點出為何要關切域內社會中的不平等的三個理由，並且思考每個理由該如何應用在諸民族之社會。降低域內社會內部不

---

45 我對不平等的討論，往往有很大一部分是受惠於T. M. Scanlon。

平等的第一個理由，是紓解貧民的痛苦和艱困。不過，這並不需要讓所有人在財富上都是平等的。貧富的差距可能有多大，這個問題本身其實並不重要。重要的是結果。在一個自由主義式的域內社會，貧富差距不能超過互惠（相互性）判準所容許的範圍，所以（按照第三項自由主義式原則所要求的），最貧窮的人可以擁有充分的通用性工具，讓他們明智而有效地運用他們的各種自由，過著合理而值得的生活。一旦這種情況存在，就沒有再進一步縮小貧富差距的需要了。同樣的，在諸民族之社會的基本結構中，援助義務一旦被滿足，而且所有民族也都擁有了各自的有效的自由主義式政府或正派政府，這樣一來，也就同樣沒有理由再去拉近各不同民族彼此平均財富之間的差距了。

拉近域內社會內貧富差距的第二個理由是，這種差距往往會使得某些公民被貼上標籤，遭受次等公民的待遇，而這種情況是不正義的。因此，在一個自由主義式的或正派的社會中，必要抗拒這種習俗，即：透過表示順服來建立被社會所認可的階層。對於沒有受到認可的人，這些習俗可能會對他們的自尊造成不正義的傷害。同樣的，要是一個國家的公民因為另一個國家的公民比較有錢，就感到矮了人家一截，這也會對諸民族之社會的基本結構造成不正義的傷害——**假定**那些感覺能夠說得通。然而，要是援助義務已經被充分履行，而每個民族也都擁有自己的自由主義式的或正派的政府，那麼，這些感覺就說不通了。因為到時候，每個民族都會對它自己的社會的財富對它自身的意義和重要性加以調整。如果這個民族還沒有獲得滿足，大可以繼續增加儲蓄，要不（要是前法行不通的話）就向諸

民族之社會的其他成員借貸。

對諸民族間之不平等進行思考時所持的第三個理由，在於關注：公平在諸民族之社會之基本結構的政治過程中所扮演的重要角色。就域內情況來說，從保障選舉公平以及保障競選公職之政治機會的公平，就可以明顯看出這種關注。政黨和競選活動的公共募款，就是試圖處理這些問題。同時，當我們談到公平的機會平等，指的不只是形式上的法律平等而已。粗略地說，我們的意思是：所謂的背景社會條件，指的是，每一位公民無論什麼階級或出身，只要有同樣的才能和嘗試的意志，都應該享有同樣的機會以取得有利的社會地位。要達到這種公平的機會平等，可以採取以下諸項政策：保障所有人公平的受教機會，同時消除所有不公正的差別待遇。在諸民族之社會之基本結構的政治過程裡，公平也扮演了一個很重要的角色，這和它在域內社會所扮演的角色十分類似，儘管不完全一樣。

諸民族彼此間之所以有基本的公平，是因為它們在無知之幕所遮蔽的第二原始狀態中擁有平等的代表。因此，諸民族的代表會想要保持自己社會的獨立性，以及與其他民族之間的平等。在諸民族的各個組織與鬆散聯盟的運作下，不平等被設計用來打理諸民族所共同擁有的許許多多目的(§4.5)。在這種情況下，大大小小的民族，將隨時能夠做出或大或小的貢獻，然後按比例接受或大或小的回報。此外，各方將制定出設立合作性組織的指導方針，也會同意貿易的公平標準，以及某些相互援助的條款。萬一這些合作性組織產生了不當的分配結果，就必須在諸民族之社會的基本結構中予以矯正。

16.2 **諸民族之間的分配正義**。為了規範諸民族之間的不平等，並防止不平等過度氾濫，已經有人提出了好幾項原則。查爾斯・拜茲(Charles Beitz)討論了其中兩項[46]。還有一項是托瑪斯・博格(Thomas Pogge)的平等主義原則(Egalitarian Principle)[47]，這項原則在許多方面十分類似拜茲的第二項再分配正義原則。這些都是容易引發聯想而且經過大量討論的原則，我必須說明自己為什麼不接受它們。不過，我當然接受拜茲和博格的目標——達成自由主義式的或正派的體制、保障人權、滿足基本需求。我相信，前面一節所討論的援助義務已經把這些目標都含括在內了。

首先讓我陳述拜茲的兩項原則。他區分了他所謂的「資源再分配原則」(the resource redistribution principle)，以及「全球性分配原則」(global distribution principle)。兩者的區分如下：首先假設每個國家貨物和服務的生產都是**自給自足的**，也就是說，每個國家都完全倚賴自己的勞力和資源，沒有進行任何一種貿易。拜茲主張某些地區擁有豐富的資源，而位於這些地區的社會應該會把它們的自然資源做出最好的運用，從而蓬勃發展。其他的社會

46　Charles Beitz, *Political Theory and International Relations* (Princeton: Princeton University Press, 1979).

47　博格在 "An Egalitarian Law of Peoples," PAPA, 23: 3 (Summer 1994)中所陳述的全球平等主義原則，並不是對他自己所偏好之觀點的說明，而是一種對他在《正義論》內部所看到的觀點的陳述。這種陳述說明了他所認為的——如果以《正義論》一書看待域內體系的方式來看待國際體系的話——看待國際體系的應有方式。

就沒有這麼幸運，因為資源貧瘠，儘管付出再大的努力，所獲得的，可能只是些許微薄的幸福而已[48]。拜茲認為，資源再分配是讓每個社會有一個公平的機會，去建立公正的政治體制，以及一個能夠滿足社會成員之基本需求的經濟。肯認這項原則，「就是對資源貧瘠之社會裡的人民提供保證，使他們的不幸命運不至於妨礙他們實現足以支持公正社會體制並保障人權的經濟條件。」[49]他並沒有說明享有充分資源的國家該如何把資源再分配給資源貧瘠的國家；不過，這無關宏旨。

拜茲所討論的全球性分配原則所關注的是這樣一種境況：生產不再是自給自足，而國與國之間具有貿易和勞務的流動。他相信在這種情況下，全球性的合作體系早已經存在。拜茲提議，全球性差異是可以應用在上述情況的，以便在社會之間設定分配正義的原則（類似於在《正義論》的域內情況中所應用的原則）[50]。既然他相信富國之所以比較富有，是因為能夠取得更多的資源，因此可以推定，全球性原則（比如說連同其稅收規制）就是把擁有較多資源所獲得的好處再分配給資源貧瘠的民族。

不過正如我前面談過的，一個國家的進展如何，關鍵因素還是在於它的政治文化——其成員的政治德性和公民德性——而不是資源的多寡[51]，因此，自然資源在分配上的隨意性，並不會

48 Beitz, *Political Theory and International Relations*, p. 137.
49 同上，p. 141.
50 同上，pp. 153-163.
51 David Landes在他的著作*The Wealth and Poverty of Nations*（New York:

造成任何困難。所以我覺得我們不需要討論拜茲的資源再分配原則。另一方面，如果一項適用於萬民法之上的全球性的分配正義之原則（a global principle of distributive justice），是為了應用在我們這個受極度不正義、貧病交迫，以及不平等所困擾的世界，那麼，它的訴求就是可以理解的。但如果是為了毫無止境地——可以說是漫無目標——持續應用在充分滿足援助義務之後所達到的一個假想世界，那麼，它的訴求就有問題了。我認為，在後面這種假想世界裡，一個全球性原則會給我們帶來無法接受的後果。請想想下面這兩個例子：

案例（i）：兩個自由主義式的或正派的國家，有相同的財富水準（用基本善來估計），相同的人口的規模。第一個國家決定工業化，並且提升（真正的）儲蓄率，第二個國家則沒有這種打算。他們滿足現狀，寧願擁有一個比較田園悠閒式的社會，這個社會再次肯認它的社會價值。幾十年後，第一個國家的財富是後者的兩倍。我們假設，這兩個社會都是自由主義式的或正派的社會，它們的民族是自由而負責的，而且有能力做出它們自己的決定，這時，有必要對工業化國家徵稅以便資助第二個國家嗎？根據援助義務，根本就不會有徵稅這回事，而這也似乎沒什麼不對；可是，要是根據漫無目標的全球性平等主義原則，只要一個民族的財富

（續）————————————————

W. W. Norton, 1998）中對這一點提出強而有力（如果有時候太強烈了點的話）的論證。見他對石油輸出國家組織會員國的討論，pp. 411-414. Landes認為，石油蘊藏的發現對阿拉伯世界來說，一直是一種「重大的不幸」（p. 414）。

比另外一個民族少，就永遠會產生稅收的流動。這一點似乎是令人無法接受的。

案例(ii)和案例(i)十分雷同，除了一項不同：自由主義式的或正派的社會一開始時的人口成長率都相當高。這兩種國家依照良序社會的要求，都為女性提供了平等正義元素；不過，第一個國家恰好很強調這些元素，該國女性在政治世界和經濟世界裡十分活躍。結果，他們逐漸到達人口零成長，使得財富水準可以逐年增加。第二個社會中的女性雖然也可以自由掌握這些平等正義元素，但因為它當時的流行宗教和社會價值使然，人口成長率並沒有降低，反而居高不下[52]。和前面的例子一樣，幾十年後，第一個社會的財富是後者的兩倍。假設這兩個社會都是自由主義式的或正派的社會，它們的民族是自由而負責的，能夠自己做決定，因此援助義務不會要求如今比較富有的第一個社會繳稅，但漫無目標的全球性平等主義原則就會這麼要求。再一次地，後者的立場似乎也同樣令人難以接受。

關鍵點在於：援助義務的角色，是在於協助受牽累的社會成為諸民族之社會的充分成員，而且足以為自己決定將來所要前進的道路。這是一種**轉型**原則，而域內社會中那種長期的真正儲蓄之原則在很大程度上同樣也是這種轉型原則。如同§15.2所解釋

---

52 正因為有了這些讓女性享有平等正義的基本元素（包括良心自由和宗教自由），我認為，人口成長率是可以受意願控制的，也就是說，女性不會因為她們的宗教或是她們在社會結構中的地位而遭受壓迫。這個問題顯然還需要更多的討論，不過，這已經不是我在這裡所能夠繼續進行的。

的，真正的儲蓄是為了替正義的基本社會結構奠定基礎，一旦基礎奠定了，或許援助義務就可以終止。在萬民法的社會裡，援助義務要一直維繫到所有社會都達成正義的自由主義式或正派的基本體制。不論是真正儲蓄之義務還是援助義務，都是由**標的**所界定的，一旦標的達成，就不需要再履行這些義務。這兩種義務確保了**政治自主性**(political autonomy)的基本要件：域內社會裡自由而平等之公民的政治自主性，諸民族之社會裡自由而平等之自由主義式民族與正派民族的政治自主性。

　　這引出了一個問題：全球性平等主義原則和援助義務之間的差異何在[53]。全球性平等主義原則就是為了幫助全球各地的窮人而設計的，它提議，每一個社會都各自提出一筆社會總收益(General Resource Dividend, GRD)，存入一個國際基金，用以幫助窮人。針對這個原則，我們要問的是，它到底有沒有一個標的和一個切割點。援助義務是兩者兼具的：一方面要努力扶植世上的窮人，直到他們成為一個合理的自由主義式社會裡自由而平等的公民，或是一個正派層級制社會的成員。這是援助義務的標的。援助義務也設計了一個切割點，因為，只要達成這個標的，

53　關於Pogge個人觀點的陳述，見其 "Human Flourishing and Universal Justice," 即將刊載於*Social Philosophy*, 16: 1 (1999). Pogge對我說，在這篇文章裡，他的觀點確實有一個標的和一個切割點。我在文中提過，這引發一個問題：Pogge在 "Universal Justice" 一文中所採用的全球平等主義式的觀點和援助義務之間，到底會有多大的差異。如果沒有參酌他的討論的細節，我不能在這裡作進一步的討論。

這個原則對受牽累的社會來說就已經不再適用了。全球性平等主義原則可能也是這樣運作的。姑且稱它是「一項擁有標的的平等主義原則」吧。援助義務和這個平等主義原則之間的差異到底有多大？當然，是有一個時間點，在這個時間點上，一個民族的基本需求（以基本善來估計）將獲得滿足，也能夠靠自己的力量站起來。儘管對這個時間點什麼時候來臨的看法可能還是各自不同，不過對於萬民法和萬民法的援助義務來說，還非得有這麼一個時間點不可。依據對各自的標的和切割點的界定方式，這兩個原則很可能是極其相似的，至於兩者間的區別，則大多屬於課稅和管理之類的實際事務。

16.3 **和世界主義式觀點的對比。**萬民法假設，每個社會的人口都擁有人的各種能力，而只要每一種能力的擁有者數量夠多，這個社會就會有足夠的潛在人力資源來實現正義的體制。一個社會最終的政治目的，就是遵循正當的理由而成為完全正義且穩定的社會。一旦這個目的達成，萬民法就不必再去規定什麼更進一步的、諸如「把生活標準提高，超過維持那些體制所需的程度」一類的標的了。而且，也不存在任何說得過去的理由讓任何社會去要求比維持正義體制之所需還要多的資源，或是要求進一步將各個社會在物質上的不平等降低。

這些說法顯示出萬民法和世界主義式觀點的對比（§11）。世界主義式觀點的終極關懷是個人的福祉，而不是社會的正義。根據這個觀點，即使每個域內社會在內部已經完成了正義的體制，但到底需不需要進一步進行全球性分配，仍舊是一個問題。一個

最簡單的、可以用來作為證明的情況，就是去假設：這兩種社會在其內部都滿足了《正義論》當中所提到的正義兩原則。在這兩種社會裡，其中一個社會中處於最不利地位的代表人的處境，比另外一個社會中處於最不利地位的代表人還要糟糕。假設有可能透過某些全球性的再分配（這種再分配可以使這兩種社會繼續滿足其內部的正義兩原則），而改善第一種社會中處於最不利地位的代表人的命運。那麼，我們是不是就應該捨棄原初的分配，轉而採用這種再分配？

　　萬民法對這兩種分配並沒有特定的堅持。但另一方面，世界主義式觀點的立場就不是這樣了。它關注個人的福祉，因此也關心能不能讓全世界處於最不利地位的人獲得更好的福祉。萬民法所重視的，則是自由主義式的和正派的社會（以良序的諸民族之社會之成員的身分）所享有的立基於正當理由之上的正義與穩定。

第四編

結論

§17. 公共理性與萬民法

17.1 **萬民法並不是族群中心論的**。在發展萬民法的時候,我曾經說過,自由主義式社會要問的是,從它們**自己的**政治觀念的角度來看,它們該如何對待其他的社會。我們永遠必須從「此時此刻的我們」出發,假設我們已經採用了所有合理的預防措施,來檢視我們政治觀念的基礎,並防止錯誤與偏見的產生。有反對意見說,這種做法是族群中心論的,甚至根本是西方式的,但我們的回答是:不,不一定。事實到底是不是如此,還得要看自由主義式社會所欣然接受的萬民法的**內容**究竟為何。這部法律的客觀性當然不是取決於它的時間、地點,或起源的文化,而是要看它能不能滿足相互性(互惠)判準,能不能隸屬於自由主義式的及正派的諸民族之社會的公共理性。

檢視一下萬民法，就會發現它確實符合相互性（互惠）判準（§1.2）。它只要求其他社會給出它們能夠合理給出的回報，不需要它們屈從於次等的或是被支配的地位。這裡的關鍵是，萬民法沒有要求正派的社會放棄或修正它們的宗教體制，改採自由主義式的體制。我們已經假設正派的社會會肯認和正義的自由主義式社會所奉行的相同的萬民法。這會讓萬民法成為一部具有普遍適用範圍的法。之所以如此，是因為萬民法對其他社會的要求，只是那些它們一旦準備和其他所有社會維持一個公平平等的關係時，所能合理贊同的事物。他們不能說「和其他民族平等共處」這種關係就是一種西方式理念！除了平等共處，還有哪種關係是一個民族及其政制可以合理期待的？

17.2 **對正派民族的寬容**。就如同我們所看到的，並不是所有的民族都可以被合理地要求成為自由主義式的民族。事實上，這是源自於自由主義式萬民法的寬容原則，以及它從一組自由主義式的觀念族所造設出來的公共理性理念。萬民法所表達的「對其他社會的寬容」的觀念是什麼？它和政治的自由主義又有什麼關係？如果我們該問說：是不是──就道德上而言──自由主義式的社會要比正派的層級制社會及其他正派社會更為優越？是不是一旦所有的社會都被要求成為自由主義式的社會，這個世界就會變得更好？那麼，那些秉持自由主義式觀點的人或許會認為答案是肯定的。不過這個答案忽略了極為重要的一點：必須維持各個民族對彼此的尊重並使每個民族維持它自身的尊嚴，不讓一方變得對對方態度輕蔑，而另一方卻陷入痛苦和憤恨（見§7.3）。就

每個民族個別來看，這些關係並不是每個（自由主義式的或正派的）民族內部基本結構的問題。倒不如說，它們關注諸民族彼此間的**相互尊重**關係，並因此建構出諸民族之社會之基本結構和政治氛圍的一個核心部分。基於這些理由，萬民法認可正派民族是這個更大的社會的成員。基於對憲政自由主義式民主理想的深切信心，萬民法藉著容許各個正派民族以它們自己的方式尊崇這些理想，來表示對這些民族的尊重。

　　整全性學說在自由主義式民主中所扮演的角色是有限的。儘管所有的公民都在意他們的整全性學說，但憲法基本要素的問題和基本正義的事務還是會交由公共的政治性正義觀及其公共理性來解決。既然自由主義式的民主社會已經具有多元主義特性——最好把這種多元主義被看成是人類理性在自由體制中實踐的結果——那麼，把這樣的政治觀念及實現這種政治觀念的基本政治體制肯認為公共證成之基礎，才是我們在社會統合上所能取得的最合理且最深刻的基礎。

　　正如我的描繪，萬民法只是把這些相同的理念延伸到良序諸民族之政治社會而已。這是因為這部法（解決諸民族之社會所引發的基本政治問題）也必須立基於公共的政治性正義觀之上。我已經將這樣一種政治觀念的內容大致勾勒出來，也嘗試說明了它何以會獲得良序社會（無論是自由主義式社會或正派社會）的贊同。除非是把它當做一種達成暫訂協議的基礎，否則，任何的擴張主義式社會，不管是哪一種，都不可能贊同這種觀念。在擴張主義式社會裡，除了被一方所支配或是氣竭力盡後的和平（peace of exhaustion)以外[1]，不可能有任何和平的解決方案。

　　有些人可能很難接受這個事實。那是因為我們常常以為哲學的任務是發現一種可以永遠獨排眾議且令人信服的論證形式。然而，這論證根本不存在。諸民族所抱持的最終目的往往可能使他們必須彼此對立，毫無妥協。如果這些目的被認為是非常根本性的，如果一個或更多的社會應該拒絕接受「在政治上合理（講理）的」（the politically reasonable）的理念及隨之而來的一組理念族系，那麼，兩個社會之間就可能出現僵局，戰爭也會因此爆發。美國內戰時的南北雙方就是這樣。政治的自由主義是從「在政治上合理（講理）的」的條款開始，然後從這裡架構起它的論證。雖然戰爭可能真的是不理性的，不過要締造和平，不能光靠宣稱戰爭是多麼不理性或勞民傷財，而是要為諸民族鋪路，讓它們發展出一個基本結構，不但支持一個合理公正或正派的政治體制，更

1　1864年7月，美國內戰中的北方正處於劣勢之時，一個非官方的和平使節團來到了里奇蒙（Richmond）。據說Jefferson Davis是這樣說的：「這場戰爭……必須繼續進行，直到這一代的最後一個人倒下來為止……除非你們承認自治的權利。我們並不是為奴隸制而戰。我們是為獨立而戰──我們將來所擁有的，不是獨立，就是滅亡。」見David Donald, *Lincoln* (New York: Simon and Schuster, 1995), p. 523. 1864年12月6日，Lincoln在年度致國會國情咨文當中，敘述北方和南方之間的情況如下：「[Davis] 不想欺騙我們。他讓我們沒有任何藉口自我欺騙。他不可能再自願接受聯邦；我們也不能自願放棄聯邦。他和我們之間的議題清楚、簡單且毫無彈性。這個議題只能用戰爭來考驗，用勝利來決定。」見Roy F. Basler, ed., *Collected Works of Abraham Lincoln* (New Brunswick: Rutgers University Press, 1953), vol. 8, p. 151.

能促成一部合理的萬民法。

§18. 接納我們的社會世界

18.1 諸民族之社會是可能的。我在§1.1說過，只要政治哲學能將通常所認為的實際政治的可能性之界限擴大，那麼，它就是現實的烏托邦。我們對未來的希望，就在於相信，我們的社會世界有各種可能性足以容許一個合理公正的立憲民主社會（以「一個合理公正的諸民族之社會之成員」的身分而存在著）。若要接納我們的社會世界，最主要的步驟就是去理解這樣一種諸民族之社會確實有其可能。

回顧一下我經常引述的四項基本事實。這些事實只要反思一下歷史經驗和政治經驗，就可以確認。它們不是社會理論發現的；也不應該被陷入爭議，因為它們其實是十分清楚明白的道理。

事實(a)：合理的多元主義。自由主義式民主的一個基本特徵，就是合理的多元主義之事實——這個事實顯示：各個彼此衝突的合理整全性學說（包含宗教的及非宗教的 [世俗的] 學說在內）所構成的多元性，是自由主義式民主之自由體制的常態結果。各種不同的、無法協調的學說在對「各種學說都擁有同等的自由」與「政教分離」這兩個理念的支持上，還是會採取一致的態度。雖然，每個學說都情願不要有其他學說存在，但多元派別（plurality of sects）卻是讓各個派別本身能夠享有平等的自由的最

大保障 [2]。

事實(b)：在多樣性方面的民主統合(the fact of democratic unity in diversity)。這樣一種事實是：在一個立憲民主的社會中，政治和社會的統合並不需要以「用一套整全性的宗教學說或非宗教學說將所有公民統合起來」作為先決條件。直到17世紀末或者更晚之前，這個觀點都還不普及。宗教分裂曾經被看成是公民政體(civil polity)的一場劫數。直到實際歷史的經驗之後，才證明這個看法是錯的。雖然公共的理解基礎是必要的——在自由主義式的民主社會中，這項基礎是由該社會的政治與社會體制之合理性與理性(rationality)所提供的——但這個基礎的優缺點為何，是可以透過公共理性來辯論的。

事實(c)：公共理性。這樣一種事實是：多元主義式的自由主義式民主社會的公民們瞭解到，若是以彼此間無法協調的整全性學說作為基礎，他們是不可能達成任何協議的，甚至連相互理解也辦不到。因此，公民在討論根本性的政治問題時，並不訴諸那些學說，而是訴諸合理的一整組政治性正當觀與正義觀，因此也就是訴諸於那些可以在政治上合理地對公民(身為公民)宣示的理念。這不是說不能將關於信仰的學說或非宗教的(世俗的)學

2　見James Madison:「哪裡有各式各樣的教派，那裡就不可能有優勢教派對其他教派的壓制與迫害……美國的教派琳瑯滿目，正是防止宗教迫害的利器。」Virginia Convention, June 12, 1788. *Papers of James Madison*, ed. William T. Hutchinson and William M. E. Rachal (Chicago: University of Chicago Press, 1962), vol. 11, p. 130.

說帶入政治討論裡，而是說，引進這些學說的公民，應該為那些受宗教的或非宗教的學說所支持的政治性政策，提出也能在公共理性上站得住腳的理據[3]。

事實(d)：自由主義民主式的和平。這是一個在§5討論過的事實，也就是：在理想上，良序的憲政民主社會不會彼此作戰，它們之所以從事戰爭，完全是為了自衛，或是在結盟中保衛其他自由主義式的或正派的民族。這就是萬民法的第五項原則[4]。

這四項事實提供了一個解釋，說明合理公正的諸民族之社會何以可能。我相信，自由主義式的或正派的諸民族之社會大多時候（就算不是每一分每一秒）是尊崇萬民法的，所以，萬民法會被認為是統理諸民族彼此關係的法。為了顯示這點，我們必須把諸民族將會同意的八項原則(§4.1)一項一項提出來，並指出它們其中任何一項都沒有被違反的可能。自由主義式的民主民族和正派的民族是願意遵循萬民法的（既然這部法適合它們的根本利益），而它們每一個也都願意尊崇自己和其他民族之間的協議，讓別人知道，它是值得受人信賴的民族。有些原則最有可能被違反，就是那些在抵抗法外國家之侵略而從事正義戰爭行為時所需要的規範，以及那些應該要對受牽累社會履行的援助義務。因為，若沒有卓越的先見之明，很難看出支持這些原則的理由，而

3　見〈再論公共理性的理念〉§4.
4　Montesquieu把這個原則定義為：「在和平時期，各個不同的國族應該對彼此展現出最大的善，在戰爭時期，則應該表現出最小的惡，避免損害它們真正的利益。」*The Spirits of Laws*, book 1, chap. 3.

且，這些理由往往還得面對強烈激情的挑釁。但這就是政治家的
義務，他們必須說服群眾，讓他們相信，這些原則重要至極。

　　要瞭解這一點，就回想一下我們曾經討論過的政治家在抗
敵戰爭之行為中所扮演的角色，以及政治家本來就該抗拒的情
緒和仇恨(§14)。援助義務的情形也十分類似：生存在不幸條件
下的外國社會有可能存在著許多文化面向和民族面向，這些面
向足以阻礙其他社會的天生同情心，或是使它們低估或看不出
人權在這個外國社會中已經受到嚴重的侵害。社會距離感對於
未知事物的焦慮，使這些感覺變得更加強烈。讓其他社會至少
能夠建立正派的政治與社會體制，對自己的民族而言是極為重
要的，但政治家會發現，要說服他或她自己民族的內部輿論相
信這一點，並不容易。

　　18.2 **對接納的限制**。我在〈導論〉裡曾經提到有兩種理念激
發了萬民法。首先是，人類歷史上的大惡──不正義的戰爭、壓
迫、宗教迫害、奴隸制……等等──乃肇因於政治的不正義及其
殘酷與無情。其次是，一旦藉著遵循正義的(或至少是正派的)社
會政策及建立正義的(或至少是正派的)基本體制，而將政治的不
正義消滅殆盡，那麼，這些大惡最終也將煙消雲散。我把這種「已
經由尊崇萬民法的自由主義式民族與正派民族消除了大惡、並建
立起正義的(或至少正派的)基本體制」的世界，稱之為「現實的
烏托邦」。這番對現實的烏托邦的說明(依據康德晚期作品的傳統)
告訴我們，有哪些社會條件可以讓我們去合理地盼望，所有的自
由主義式民族與正派民族都能以合格成員的身分而從屬於一個

合理的諸民族之社會。

然而，這種接納存在著重大的限制。我舉其中兩個。有許多人——姑且稱他們為各種曾經於歷史上叱吒風雲的宗教學說或世俗學說的「原教旨主義者」——無法接納我所描繪的這種社會世界。對他們來說，政治的自由主義所展望的社會世界即使不算是實際的惡，至少也是一種對社會斷裂和假學說的夢魘。要想甘心接受一個社會世界，人們就必須有能力懂得這世界是一個合理且理性的世界。想要接納，就必須先承認一項事實：不論是在自由主義式的與正派的社會本身中，還是在它們彼此間的關係中，都存在著合理的多元主義。不僅如此，我們還必須認知到，這種多元主義和宗教的或世俗的合理整全性學說之間是並不存在衝突的[5]。可惜的是，這最後一項理念正好是原教旨主義者所否定而政治的自由主義卻十分堅持的理念。

對一個實現了現實烏托邦理念的社會世界的接納所將面臨的第二個限制是：這個世界有可能是這樣一種社會世界：它的許多成員可能遭受嚴重的不幸和痛苦，也可能因為精神空虛而心煩意亂（許多原教旨主義者都這樣相信）。政治的自由主義是一種自由之自由主義(a liberalism of freedom)——這一點和康德、黑格爾與密爾的立場一致[6]。它主張，自由主義式的與正派的社會，以及自由主義式民族的自由平等的公民，都享有同等的自由；同

5　第二次梵蒂岡宗教會議(Vatican II)以後的羅馬天主教，以及某些形式新教、猶太教和伊斯蘭教，都是這種例子。見〈再論公共理性的理念〉§3.

6　見§§1.2 and 7.3.

時，它也費心確保這些公民享有足夠的通用性工具（基本善），使他們能夠明智地運用他們的自由。雖然這還無法保證他們精神上的福祉。政治的自由主義並不認為精神上的問題不值一顧，其實正好相反，就是因為精神福祉十分重要，所以才將這些問題留給公民自己去決定。這不是說宗教或多或少被「私人化」(privatized)了；而是說，它沒有被「政治化」(politicized)（亦即：不會因為意識型態的緣故而被誤用或削弱）。政治與社會的體制和市民社會（及其許許多多目的各異的宗教性與世俗性結社組織）兩者之間的分工，還是被充分維持著。

18.3 **總結反思**。這一「現實的烏托邦」理念藉著對我們顯示「一個合理公正的立憲民主是**有可能**成為一個合理公正的諸民族之社會的一分子」，而使我們甘心接受了我們的社會世界。它所確立的是，像這樣的一種世界是可以存在於某個地點或某段時間的；它並沒有確立這種世界必定存在或將會存在。再者，人們可能會感覺到，這樣一種自由主義式的及正派的政治、社會秩序的存在可能性為何，根本是無關緊要的——只要這個可能性還沒有獲得實現。

當然，這種實現雖不是不重要，但我相信，只要這種重要的社會秩序有存在可能性，我們就可以憑著這一點而接納這個社會世界。這一可能性不單只是一種邏輯可能性，而是一種和社會世界之深層趨勢與傾向聯結在一起的可能性。因為，只要我們有很好的理由相信，無論國內外都有可能存在著一個自給自足而又合理公正的政治與社會的秩序，我們就可以合理地希

望，我們或其他人將來有一天會在某個地方實現這個秩序；同時，我們還可以為此而努力奮鬥以達成這個秩序。撇開我們的成功或失敗不談，光是這一點，就足以排除宿命論或犬儒主義的可能危害。政治哲學藉著顯示「社會世界可能會用什麼方式來實現一個現實的烏托邦的各個特徵」，不僅提供了一個長期的政治努力目標，也在朝這個目標邁進的時候，為我們今天所能付出的努力提供了意義。

　　因此，我們對「一個合理公正的諸民族之社會到底可不可能產生？」這個問題的回答會影響我們對整個世界的態度。在走進實際的政治之前，我們的回答會對我們有所影響，也會對我們參與政治的方式有所限制或啟發。把正義且良序的諸民族之社會這一理念斥為沒有實現可能性的無稽之談，將會影響那些態度的品質和格調，同時對我們的政治而言，也是一個很重要的決定因素。在《正義論》和《政治的自由主義》裡，我描述了一個比較合理的、適於自由主義式民主政制所用的正義觀，同時也提出了一個最合理的正義觀之候選者。在這一篇研究萬民法的專題論文裡，我已經試圖把這些理念加以延伸，以便制定出一個自由主義式社會（生存於合理公正的諸民族之社會當中）之外交政策所適用的指導方針。

　　如果不可能有這樣一種「其成員縮減自身之權力以服膺於合理的目標」的合理公正的諸民族之社會，而人類大致上又是不講道德的（如果不是無可救藥地犬儒和自我中心的話），那麼，我們可能就和康德一樣，不禁要問：人類到底還值不值得存活在這個

地球上 [7]。

<hr />

7 「如果正義敗亡，人類就再也不值得活在世界上了。」見Kant,
   Rechtslehre, in Remark E following §49, Ak: VI: 332.

再論

公共理性的理念

　　依據我的理解 [1]，公共理性的理念包含在良序的民主憲政社
會觀之中。這種理性的形式和內容——公眾對它的理解方式和它
如何解釋他們之間的政治關係——是民主理念本身的一部分。之
所以如此，是因為民主政治擁有一項基本特徵：就是「合理的多
元主義之事實」，也就是下述這樣的事實：一個由各種相互衝突
的、合理而整全性的宗教學說、哲學學說或道德學說 [2] 所構成

1　參見 *Political Liberalism* (New York: Columbia University Press,
　paperback edition, 1996), lecture VI, sec. 8.5. 下文附註凡涉及*Political*
　*Liberalism*之處，我會註明第幾講第幾節；除非所引之處涉及整講、整
　節或是節之下的整個分項，否則，我會一併標出頁碼。要注意，1996
　年出版的*Political Liberalism*平裝本加了一篇新的導言，主要為了嘗試進
　一步澄清政治的自由主義的幾個面向。該導言的第五節(pp. l-lvii)討論
　了公共理性理念，也描述了我為肯認這種理念而作的一些改變。這些討
　論和描述不僅在此處所發表的文字中得以繼續遵循並詳加闡述；對完整
　地理解論證來說，它們也十分重要。另外還要注意的是，平裝本的頁碼
　和原精裝本的頁碼是一樣的。(【譯註】：2005年4月，Columbia University
　Press又為*Political Liberalism*出了一個Expanded Edition。這個擴大版原
　本應該是全面修訂版，但由於羅爾斯罹患中風，最後終因病情嚴重而去
　世，未能將全書修訂完成。尤為可惜的是，這個擴大版的正文部分並沒
　有將羅爾斯已經完成的部分修訂文字放進去，而是依原版重印，再將本
　篇〈再論公共裡性的理念〉收錄其中，作為該書第四部分，並附上一封
　羅爾斯寫給編輯的信，說明何以需要出版修訂版的理由。)

2　我用「學說」(doctrine)這個詞指稱形形色色的整全性觀點，用「觀念(或
　『觀』)」(conception)這個詞指稱政治性的觀念和它的組成部分，比如
　說「作為公民的人觀」(the conception of the person as citizen)。「理念(或
　『想法』)」(idea)這個詞則是用作一般術語，不過也可以根據上下文
　來指稱前兩項用法中的任何一個。

的多元樣態(plurality)，是這個社會之自由體制文化本身所形成的規範性結果 [3]。公民們意識到，若以那些無法調和的整全性學說為基礎，他們什麼一致意見也形成不了，甚至連相互理解也不可能。有鑑於此，他們得好好想想，一旦爭執的關鍵在於根本性的政治問題時，他們應該拿什麼合理的理由來說服對方。我提議，在公共理性中，擱置整全性的真理學說或正當學說，而代之以一種可以對公民(以公民的身分)陳述的「在政治上合理(講理)的」的理念(an idea of the politically reasonable addressed to citizens as citizens) [4]。

公共理性理念的核心是，它既不批評也不攻擊任何整全性學說，無論是宗教的還是非宗教的，除非那種學說無法和公共理性與民主政體的根本要素相容。這裡的基本要求是，一個合理的學說應當接受立憲民主政制及與其相伴隨的正當法律理念。雖說各個民主社會內部有影響力的和活躍的特定學說各自不同——比如說在歐洲、美國、以色列和印度等西方式民主政治中，它們就各不相同——但尋找適當的公共理性理念卻是它們共同面臨的課題。

3　當然，每個社會都會包括許多非理性的學說。不過，在這篇文章裡，我關注的是一種理想的規範性民主政府觀(an ideal normative conception of democratic goverment)，也就是說，關注的是它的講理公民的行為和他們所遵循的原則，並假定這些行為和原則具有支配與控制的作用。不合理的學說能夠活動和被容忍到什麼程度，得視正義之諸原則及其所允許之行為而定。

4　見§6.2.

§1. 公共理性的理念

1.1 公共理性的理念在最深層次上詳述了決定立憲民主政府與其公民之間的關聯，以及公民之相互關係的基本道德價值和政治價值。簡單地說，它關心的是該如何理解政治關係。那些拒絕立憲民主及其互惠（相互性）判準 [5] 的人無疑也會拒絕公共理性這一理念。對他們來說，政治關係要麼是朋友或者敵人，即那些屬於特定宗教或世俗共同體的人和不屬於這種共同體的人之間的關係；要麼就是一場為他們的「完全真理」(the whole truth)贏得世界的無休止的鬥爭。政治的自由主義與這種思路無關。「使完全真理在政治中體現」的熱忱和屬於民主公民身分的公共理性理念是不相容的。

公共理性理念有確定的結構，要是結構的一個或者幾個面向被忽略，那它看來似乎就說不通了；它應用在背景文化的時候，就是這種情況 [6]。它包括五種不同的面向：(1)它所適用的根本政治問題；(2)它所適用的人（政府官員和公職候選人）；(3)由一套合理的政治性正義觀之族系(a family of reasonable political conceptions of justice)所給定的內容；(4)這些觀念在「有關以正當法律之形式為民主民族制定強制性規範的討論」中的應用；(5)公民對「這些源自他們的正義觀的原則是否滿足互惠（相互性）判

5　見§1.2.

6　見本文的註12-15。

準」的檢視。

而且，這種理性在三個面向上是公共性的：作為自由而平等的公民的理性，它是公眾之理性(the reason of the public)；它的主題是和根本政治正義問題有關的公共善，這些問題有兩種：憲政的根本要素和基本正義的問題[7]；而且它的性質和內容都是公共的，透過一套合理的政治性正義觀之族系(可以合理地認為它們滿足了互惠[相互性]判準)而被展現在公共推理(public reasoning)中。

認知到下述這一點是極為重要的：對於所有關於基本問題的政治性討論來說，公共理性理念並不全部適用，它只適用於我稱之為公共政治論壇(public political forum)的那些問題的討論[8]。這種論壇可以分成三個部分：法官在其判決中的「話語」(discourse)，尤其是最高法院法官在他們判決中的話語；政府官員——尤其是行政長官和立法者——的話語；最後是公職候選人及其競選活動操盤者的話語，特別是他們在公共演說、政黨活動場子，以及政治聲明中所使用的話語[9]。我們有必要分出這

7　這些問題在*Political Liberalism*中都被加以描述，lecture VI, sec. 5, pp. 227-230. 憲政的根本要素所關心的是，當我們假定憲法可以由最高法院或者相似的機構加以解釋的話，什麼樣的政治權利和自由可以被合理地納入成文憲法。基本正義涉及的是社會的基本結構，因此它會關心基本的經濟和社會正義問題，以及憲法所未涉及的其他問題。

8　這個詞沒有固定的含義。我想，我對它的運用並沒有什麼特別的意思。

9　這裡，我們面臨一個問題，那就是：該如何劃定候選人、競選活動操盤者，以及一般政治參與公民這三者之間的界線。我們是這樣來解決這個

三個部分，因為公共理性理念在這三部分中的應用方式和在其他地方是不同的，這一點我後面將會提到[10]。在討論我所說的廣義的公共政治文化(the wide view of public political culture)的時候[11]，我們應當知道，比起一般人，公共理性理念應用在法官時要更為嚴謹，不過，這種理性所需要的公共證成之要求還是一樣的。

和這公共政治論壇的三部分截然有別的，是我所說的背景文化(background culture)[12]。它是市民社會的文化(the culture of civil society)。在民主政治下，這種文化當然不會受任何一種核心理念或原則所主導，無論是政治性的還是宗教性的。這種文化內有許許多多迥然相異的機構和結社組織，它們內部的生活都受到法律的規範，人們所熟知的思想自由、言論自由及自由結社權等等，都在這個法律架構下獲得保障[13]。公共理性的理念並不適用於帶

(續)————————————

　　問題的：只要那些候選人和他們競選活動操盤者的言行是以候選人名義做出的，他們就必須對這些言行負責。

10　通常，一般作者在這個話題上所使用的詞彙，都不曾對「公共討論」的各個部分(比如「公共廣場」、「公共論壇」，或是其他諸如此類的用語)加以區分。我和Kent Greenawalt看法一樣，認為有必要想出一種更好的劃分。參見Kent Greenawalt, *Religious Convictions and Political Choice*(Oxford: Oxford University Press, 1988), pp. 226-227(比如說，把宗教領導人宣講與促進反墮胎(pro-life)組織和領導大型政治運動或競選政府官職之間的差異描述出來)。

11　見§4.

12　見*Political Liberalism*, lecture I, sec. 2.3, p. 14.

13　背景文化包含所有教會與結社組織的文化，以及各級學習機構(尤其是

有許多「非理性」形式的背景文化，也不適用於任何一種媒體[14]。有時候，那些看來似乎拒絕公共理性理念的人實際上卻堅持認為有需要在背景文化中進行充分而公開的討論[15]。對此，政治的自由主義完全贊同。

　　最後，和公共理性理念（由上述五項特徵所決定的）不同的是公共理性的**理想**。如果法官、立法者、政府首長、其他政府官員，以及公職候選人都遵行公共理性理念並信守它們，並且用他們認為最合理的政治性正義觀來向其他公民解釋他們之所以支持某些根本政治立場的理由，那麼，公共理性的理想也就得到實現或滿

（續）

　　　大學、技職學院）的文化。除此之外，非公共政治文化則是作為公共政
　　　治文化和背景文化之間的中介。它包括了所有各類的媒體——這稱謂取
　　　得恰當——諸如報紙、評論、雜誌、電視和廣播等等。關於這些劃分和
　　　哈伯瑪斯對公共領域的論述兩者之間的比較，參見*Political Liberalism*,
　　　lecture IX, sec. 1.3, p. 382 n.13.

14　同上，lecture VI, sec. 3, pp. 220-222.

15　見David Hollenbach, S. J., "Civil Society: Beyond the Public-Private
　　　Dichotomy," *The Responsive Community*, 5（Winter 1994-1995）: 15. 比
　　　如，他說：「有關共同善的對話和論爭並不會先在立法機關或政治領域
　　　（被狹義地構想出來，當做一個用以裁決利益與權力的領域）中產生。反
　　　而是，它將會在市民社會的那些組成成分中自由地發展，而這些成分則
　　　是文化之意義和價值的原初承載者——如大學、宗教社群、藝術界和嚴
　　　肅的新聞界。只要思慮深遠的人把他或她的關於『善（好的）生活之意義』
　　　(the meaning of the good life)的信念帶進來，讓這些信念和其他人根據
　　　他們自己傳統而產生的對這種善的理解，進行智識性和批判性的切磋，
　　　那麼，這種對話和論爭就產生了。簡言之，只要有關於善（好的）生活之
　　　意義的教育和嚴肅探討發生了，對話和論爭就會出現。」（同上，p. 22）

足了。按照這種方式,他們就完成了我所說的他們的「公民素質之義務」:以文明之言行舉止對待彼此及其他公民。因此,法官、立法者、政府部門首長與其他政府官員,以及公職候選人是否遵行並信守公共理性理念,會在他們的日常言行中不斷表現出來。

但是,公共理性的理想如何被並非政府官員的公民所實現呢?在代議制政府中,公民投票選舉其代理人——政府長官、立法者及諸如此類等——而不是為具體法律投票,除了在州或地方這類層次上,他們可能會為公民複決問題進行直接投票,但這些問題很少是根本性的問題。我們對這個問題的回答是,理想的公民是這樣思考的:**彷彿**他們自己就是立法者,並且反問自己,他們最能夠合理制定出來的規章(這種規章是受那些能夠滿足互惠[相互性]判準的理由所支持的)有哪些[16]。一旦公民們的這種意向——把自己看成是理想的立法者,並譴責那些違反公共理性的政府官員和公職候選人——確實固定下來並且廣泛流傳,這時,它就成了民主政治的政治與社會根基,並對民

---

16 這種判準和Kant的原初契約原則有某些相似之處。見Immanuel Kant, *The Metaphysics of Morals: Metaphysical First Principles of the Doctrine of Right*, secs. 47-49 (Ak. 6: 315-318), ed. and trans. Mary Gregor (Cambridge: Cambridge University Press, 1996), pp. 92-95; Immanuel Kant, *On the Common Saying: "This May be True in Theory, but it does not Apply in Practice,"* pt. II(Ak. VIII: 289-306), in *Kant: Political Writings*, eds. Hans Reiss, Trans. H. B. Nisbet (Cambridge: Cambridge University Press, 2nd ed., 1991), pp. 73-87.

主政治之力量與活力的長久持續產生了重大的意義[17]。於是，公民們藉著盡己所能地迫使政府官員遵循公共理性，以履行他們的公民素質之義務和支持公共理性。這種義務和其他的政治權利與義務一樣，是一種內在本質上的道德義務 (intrinsically moral duty)。我強調，它不是一種法律義務，否則的話，它就會和言論自由不相容了。

1.2 現在接下來討論我所稱呼的公共理性的第三、第四、第五個面向。公共理性理念源於立憲民主社會中的民主公民資格觀 (a conception of democratic citizenship)。公民資格這種根本的政治關係有兩個突出特徵：首先，它是社會基本結構中公民之間的關係，我們只能生而入其中，死而出其外 (enter only by birth and exit only by death)[18]；其次，它是身為一個集合體而行使最終政治權力的自由平等公民彼此間的關係。這兩個特徵很快就引出下面的問題，一旦憲法的根本要素和基本正義的問題成為重大爭執焦點，那麼，該如何確保相關的公民一定會尊重他們的立憲民主政制並服從在這政制下所制定的規章和法律。合理多元主義之事實更為尖銳地提出了這個問題，因為合理多元主義意味著從公民的（宗教的或非宗教的）整全性學說中產生出來的公民彼此衝突可能是無法調和的。那麼，那些平等享有最終政治權力的公民應該依據哪些理想和原則來行使這一權力，好讓每個公民對所有人

---

17 另見§4.2.

18 見 *Political Liberalism*, lecture I, sec. 2.1, p. 12. 有關「死而出其外」的討論，見 ibid., lecture IV, sec. 1.2, p. 136 n.4.

證成他或她的政治決定？

　　我們對這個問題的回答是：一旦公民們（他們認為，在一個跨世代的社會合作體系中，他們彼此是自由而平等的）準備根據他們認為最合理的政治正義之觀念向彼此提出公平的合作條款；一旦他們同意，只要別的公民也接受這些條款，他們就願意依據這些條款而行事，即使這樣做在特殊情況下會損害他們的自身利益；這時，公民們就是講理的。互惠（相互性）判準要求，若要把這些條款當成最合理的公平合作條款，那些提出這些條款的人就必須考慮到，這些條款對那些要接受它們的人來說，至少也得是合理的，那些人是自由而平等的公民，不是被支配或被操縱的公民，或者，也不是由於政治、社會地位低下而飽受欺壓的人[19]。雖然，公民們對「哪種政治正義的觀念最為合理」這一問題的看法一定有所不同，但是他們還是會同意所有這些觀念都是合理的，即使只是勉強的合理。

　　因此，在憲法的根本要素和基本正義的問題上，如果所有稱職的政府官員都根據公共理性理念行動並遵循它們，如果所有講理的公民都把自己理想地想像成遵循公共理性的立法者，那麼，

19　這種互惠（相互性）理念在 Amy Gutmann 和 Dennis Thompson 的 *Democracy and Disagreement* (Cambridge, Mass.: Harvard University Press, 1996), chaps. 1-2和passim中具有重要的位置。但是，我們的觀點的意義和背景卻和他們的不一樣。政治的自由主義中的公共理性純粹是政治性的，儘管政治價值本質上是道德的，但Gutmann和Thompson的敘述較具一般性，而且似乎是從整全性學說中闡發出來的。

表達出大多數人意見的法律立法就是正當的法（legitimate law）。
它可能不會被每個人看成是最合理且最適當的法，但是，它卻對
作為公民的他或她具有政治上（道德上）的約束力，而且，這些公
民也必須接受這些法律是有約束力的。每個人都認為他們至少都
已經講理地發言和表決過了，所有的人也都因此而遵循公共理
性，並履行他們的公民素質之義務。

因此，以互惠（相互性）判準為基礎的政治正當性之理念（the
idea of political legitimacy）認為：只有當我們真誠地相信我們為我
們的政治行動——假如我們把他們稱做政府官員的話——所提
出的理由是充分的；只有當我們也講理地認為其他公民可能也會
講理地接受這些理由的，這時候，我們對政治權力的施為才是適
當的。這一判準適用於兩個層次：一是適用於憲法結構本身；另
一則適用於根據這種結構而制定的具體規章和法律。政治觀念如
果要成為合理的政治觀念，它們就必須對「只有憲法才能充分滿
足這項原則」這一點加以證成。

為了使在公共理性中所表達的互惠（相互性）判準這一角色更
加精確，我們就得注意，它的作用在於具體闡述在立憲民主政制
中作為公民友誼（civic friendship）之一的政治關係。因為，如果政
府官員在他們的公共推理中遵循這種判準，而其他公民也對這一
判準給予支持，那麼，它就會形塑他們的根本體制的形式。例
如——我舉個簡單的例子——倘若我們主張應當否認某些公民的
宗教自由，我們就不僅要給出他們可以理解的理由——就像塞爾
維特（Michael Servetus）能夠理解喀爾文為什麼要把他送上火刑柱

燒死一樣①——而且還要給出我們能夠合理地期盼他們身為自由平等之公民所能夠合理接受的理由。只要有任何基本自由被否認，通常也就違犯了的互惠（相互性）判準。有什麼理由既能夠滿足互惠（相互性）判準，又能夠為否認某些人的宗教自由、把他人當成奴隸、對投票權施加財產限制，以及否認婦女的選舉權等等提供證成呢？

　　既然公共理性理念在最深層次上詳列了基本的政治價值，並具體闡述了該如何來理解政治關係，那麼，那些相信「根本的政治問題應當由他們所認為最好的、根據他們的「完全真理」理念——包括他們的宗教的或世俗的整全學說——而得出的理由來決定，而不是由所有作為自由平等之人的公民所共享的理由來決定」的人，理所當然會拒絕公共理性的理念。政治的自由主義認為，在政治領域中，這種對「全部真理」的主張是和民主的公民資格，以及正當的法的理念無法相容的。

　　1.3 濫觴於古希臘並一直延續至今的民主制歷史悠久，而各種民主的理念也異彩紛呈[20]。在這裡，我只關心良序的立憲民

---

① 【譯註】Michael Servetus(1511-1553)，西班牙神學家和醫生。其神學著作中否認「三位一體」和基督的神聖性。他躲過了宗教裁判所的威逼，卻在日內瓦被喀爾文以異端罪名燒死。

20 一個有益的歷史回顧可參見David Held, *Models of Democracy*, 2nd ed. (Stanford: Stanford University Press, 1997)。Held的各種模式涵蓋了從古老城邦一直到當前的整個時期，最後則以「民主在今天意味著什麼」這一質問作為他的總結。在這些模式中，他考察了好幾種古典共和主義形式和古典自由主義形式，也考察了Schumpeter的競爭性菁英民主觀。他

主——文章一開始我就用過這個詞——它也被理解成一種「審議
式民主」(deliberative democracy)。審議式民主這個理念的決定
性意義就在於「審議」這個理念本身。當公民們進行審議的時候，
他們會彼此意見交流，並就他們關於公共政治問題的支持理由進
行爭辯。他們認為，他們的政治觀點有可能因為與其他公民的討
論而發生更動；因此，這些觀點不會只是他們當下的私人利益或
非政治利益的僵化產物。正是在這個意義上，公共理性才至關重
要，它描摹出公民們對於憲法根本要素和基本正義問題之推理的
特性。雖然我無法在這裡充分討論審議式民主的本質，但我會提
出一些關鍵點，指明公共理性的廣泛地位和角色。

　　審議式民主有三項根本要素。一是公共理性理念[21]，儘管這
類理念並不全都是一個模樣。二是立憲民主體制的架構，它為審
議式立法機構具體設定了所需要的場景。三是一般公民自身的知

(續)————————————

　　　探討的人物包括Plato與Aristotle；Marsilius of Padua與Machiavelli；
　　　Hobbes與Madison；Bentham, James Mill與John Stuart Mill；Marx及社會
　　　主義與共產主義。這些人物和各種獨特的體制之圖式化模式及其角色是
　　　一起搭配出現的。

21　審議式民主限制了公民們對其政治觀點的支持理由，認為這些理由不能
　　　和他們之所以視其他公民亦為平等之公民的理由有所矛盾。參見Joshua
　　　Cohen, "Deliberation and Democratic Legitimacy," in Alan Hamlin and
　　　Philip Petiteds., *The Good Polity: Normative Analysis of the State* (Oxford:
　　　Basic Blackwell, 1989)pp. 17, 21, 24; Joshua Cohen Comment, "Review
　　　Symposium on *Democracy and Its Critics*," *Journal of Politics,* 53(1991):
　　　223-224; Joshua Cohen, "Democracy and Liberty," in Jon Elstered.,
　　　Deliberative Democracy (New York: Cambridge University Press, 1998).

識和願望，這樣的知識和願望促使他們在政治行為中普遍地遵循
公共理性並實現其理想。這些根本要素的直接影響在於：以公費
補助選舉，以及提供公開的場合，對公共政策的各種根本問題和
議題進行秩序井然且嚴肅的討論。我們必須使公共審議成為可
能，必須認可它是民主政治的一項基本特徵，並設法為它解除金
錢的詛咒[22]。否則，政治就會被法人的及其他組織性的利益集團
所支配，這些集團會藉著大量捐助各個競選陣營，以扭曲(如果
不是阻礙的話)公共的討論和審議。

　　審議式民主還認知到，如果沒有廣泛地教育所有公民，讓
他們明白立憲民主政府的各個基本面向，也沒有讓一般大眾明

---

22 參見Ronald Dworkin的 "The Curse of American Politics," *New York Review of Books*, October 17, 1996, p. 19(描述了為什麼「錢構成了對民主過程的最大威脅」)。Dworkin還對最高法院在*Buckley v. Valeo* (in *United States Supreme Court Reports*, 424 [1976]: 1)一案中的重大錯誤予以有力地抨擊。見Dworkin, *New York Review of Books*, pp. 21-24. 另見*Political Liberalism*, lecture VIII, sec. 12, pp. 359-363. (*Buckley*一案「令人絕望」，還提高了「重複洛克納時代(Lochner era)的錯誤」的風險。)(【譯註】Lochner是紐約一家麵包店的老闆，他控訴紐約州訂下的「每周最長工作時間不得超過60小時」的法律侵犯他的「契約自由」和私人財產權，最高法院多數法官竟判定他勝訴，紐約州的最長勞動時間法律經「司法審查」為「不合格」。這一判決，當時即遭到最高法院法官之一Oliver Holmes的反對。在他著名的〈不同意見書〉中，Holmes說：「美國憲法第十四修正案並沒有制定Spencer的社會靜力學」。Lochner一案的判決直到1937年才被推翻。在此期間，美國勞工運動的發展受到嚴重的阻礙。)

白他們所面臨的急迫問題，這樣一來，什麼重要的政治決定和
社會決定也做不出來。即使目光遠大的政治領導人希望能夠做
出確切的改變和改革，他們也無法說服那些遭受誤導且憤世嫉
俗的公眾接受且追隨他們。比如說，針對人們所宣稱的即將到
來的社會保障(Social Security)之危機，有許多明智的提議被拿
了出來，包括減緩救濟金水準的增長、逐步延長退休年齡、限
制昂貴的臨終醫護(它只能延長幾周或者幾天的生命)之費用，
以及最後一項，即刻增稅，以免日後面臨大幅增稅[23]。但是，儘
管事情理當如此進行，但那些玩著「偉大的政治遊戲」的人卻
知道，這些明智的提議沒有一個會被接受。同樣的故事也發生
在下面這些情況：支持國際機構(比如說聯合國)的重要性、適
當花費以提供對外援助，以及對國內外人權的關注。在不斷追
逐金錢以挹注競選的情形下，政治系統的功能喪失了。它的各
項審議性能力全都陷入了癱瘓。

---

23 見Paul Krugman, "Demographics and Destiny," New York Times Book
Review, October 20, 1996, p. 12, 它評論和描述了Peter G. Peterson, Will
America Grow Up Before It Grow Old? How the Coming Social Security
Crisis Threatens You, Your Family, and Your Country(New York: Random
House, 1996)與Charles R. Morris, The AARP: America's Most Powerful
Lobby and the Clash of Generations(New York: Times Books, 1996)這兩
本書所提出的計畫。

§2. 公共理性的內容

2.1 如果一個公民在他或她真誠地認為最合理的政治性正義觀(它是一種表達政治價值的觀念,而這些政治價值,是其他人作為自由平等之公民也可以被合理預期將會合理贊同的價值)之架構內進行審慎思議的話,那麼,他或她就參與了公共理性。我們每個人都必須有一些我們訴求的原則和指導方針,而我們對這些原則和指導方針的訴求方式,則必須滿足上述這項判準。我曾經提過,有一種方法可以辨認出那些政治原則和指導方針,就是去看它們會不會在《政治的自由主義》一書所說的原初狀態中獲得同意[24]。有些人則認為,還有別種更為合理的辨認這些原則的方式。

所以,公共理性的內容是由一整套的政治性正義觀族系所給定的,而不是由某一項政治觀所賦予的。世上有許多種自由主義以及相關的觀點,因此,公共理性的形式也是多各式各樣的,而每種公共理性之形式都是由一整套合理的政治觀念之族系所具體規定的。不管「作為公平的正義」的優點為何,它也不過是其中的一種。這些公共理性形式共同具有的一個限定特徵,就是互惠(相互性)判準,它被認為可以應用於自由而平等的、而且被視為是講理且理性的公民身上。這些觀念的特性彰顯在下述三項主要特徵上:

---

24 *Political Liberalism*, lecture I, sec. 4, pp. 22-28.

> 首先，一系列特定的基本權利、自由和機會（諸如那些
> 在立憲政制中十分常見的）；
> 其次，它賦予權利、自由和機會以特殊的優先性，尤其
> 是在涉及一般善與完美主義之主張的時候；以及
> 第三，是一些措施，用以確保所有公民都能擁有適切的
> 通用性工具，以便有效地運用他們的自由（freedom）[25]。

　　這裡的每一種自由主義都贊成下述這兩種基底理念：把公民
看成是自由而平等的個人，以及把社會看成是一個長期的公平合
作體系。但是，由於這些理念可以用不同的方式加以詮釋，我們
因此得出了不同的正義原則之公式，得出了不同的公共理性之內
容。政治觀念在它們對政治原則和政治價值加以排序和進行平衡
的時候，是有差別的，即使它們所標舉的是同一個對象時，也是
如此。我還認為，這些自由主義包含實質性的正義原則（substantive
principles of justice），因此，它們所涵蓋的還不只是程序性的正義
原則（procedural principles of justice）。它們還必須對下述問題加以
詳細規定，即平等公民的宗教自由以及藝術表達的自由，以及和
機會均等與確保適切的通用性工具有關的實質的公平理念[26]。

25　我在這裡所遵循的定義，出自 *Political Liberalism*, lecture I, sec. 1.2, p. 6,
　　以及 lecture IV, sec. 5.3, pp. 156-157.

26　有人會認為合理多元主義之事實意味著，在整全性學說之間所存在的公
　　平裁斷之形式，只能是程序性的而非實質性的。這種觀點是由 Stuart

　　因此，政治的自由主義不試圖以一種受人愛好的政治性正義
觀形式將公共理性一勞永逸地確定下來[27]。那不是明智的方法。
比如，政治的自由主義也承認哈伯瑪斯對正當性的話語觀念（有
時候人們說這種觀念是基進民主的，不是自由主義的）[28]，以及天

（續）────────────

　　Hampshire 在 *Innocence and Experience* (Cambridge, Mass: Havard
　　University Press, 1989) 中有力地提出來的。但是在上文中，我認為自由
　　主義的每種形式都是實質性的觀念。對這些問題的全面探討，參見
　　Joshua Cohen 在其 "Pluralism and Proceduralism," (*Chicago-Kent Law
　　Review*, 69, no. 3 [1994]: 589-618) 一文中的討論。

27　我認為作為公平的正義在政治觀念族系中具有特殊的位置，就像我在
　　Political Liberalism 中提到的那樣。見該書 lecture IV, sec. 7.4. 但我這種
　　意見對政治的自由主義和公共理性理念來說並不基本。

28　見 Jürgen Habermas 的 *Between Facts and Norms: Contribution to a
　　Discourse Theory of Law and Democracy* (William Rehg 英譯，Cambridge,
　　Mass.: MIT Press, 1996), pp. 107-109. Seyla Benhabib 在她的 *Situating the
　　Self: Gender, Community, and Postmodernism in Contemporary Ethics*
　　(London: Routledge, 1992) 一書中關於公共空間之模式的討論中認為
　　「話語模式是唯一既能和我們社會一般思潮相容、又能和新的社會解
　　放運動（比如說婦女解放運動）之號召相容的模式」(p. 113)。此前她
　　考量過 Arendt 的「爭勝」(agonistic) 觀念（像 Benhabib 所說的那樣）和「政
　　治的自由主義」觀念。但是我發現，要區分她的觀點和對政治的自由
　　主義之形式與公共理性之形式的看法，並不容易，因為後來發現，她
　　說的公共領域其實就是哈伯瑪斯意指的公共領域，也就是 *Political
　　Liberalism* 中所說的公共理性之理想所無法應用的公民社會之背景文
　　化。因此，政治的自由主義並沒有被限定在她所認為的那些途徑裡。
　　而且，就目前來看，Benhabib 並沒有試圖證明下述做法是不可行的：
　　某些屬於公共理性之內容的特定正當原則和正義原則，可以透過新的

主教有關共同善和社會鞏固(common good and solidarity)的觀點
(當這些觀點以政治價值的形式表現出來)[29]。即使只有相對少數
幾種觀念可以長期地占據支配地位，甚至只有一種觀念居於特別
的核心地位，但是可以獲得允許的公共理性還是各式各樣、種類
繁多的。不僅如此，隨著時間的推移，各種新形式還會不斷湧現，
舊的形式則可能退出舞臺。讓這種情況發生是很重要的，否則，
各種團體的主張和隨社會變遷而興起的利益就可能被壓制，它們
就不能恰如其分地發出它們的政治聲音[30]。

(續)————————————

　　詮釋，用以處理婦女運動所引發的問題。我懷疑這一點能夠證明，而
　　Benhabib早期的評論中的看法也一樣，見 "Liberal Dialogue versus a
　　Critical Theory of Discursive Legitimation," in *Liberalism and the Moral
　　Life*(Nancy Rosenblum編，Cambridge, Mass.: Harvard University Press,
　　1989)，pp. 143, pp. 154-156, 在這篇文章中，她以類似方式討論了婦
　　女運動問題。

29　源自Aristotle和St. Thomas的共同善的理念，對天主教的道德與政治思
　　想來說至關重要。例如可參見John Finnis的*Natural Law and Natural
　　Rights*(Oxford: Clarendon Press, 1980)，pp. 153-156, 160; Jacques
　　Maritain, *Man and the State* (Chicago: University of Chicago Press, 1951),
　　pp. 108-114. Finnis的論述十分清晰，而Aquinas則時有模糊之處。

30　因此，Jeremy Waldron針對政治的自由主義而下的「政治的自由主義無
　　法允許新穎而流動的政治正義之觀念」的批評，是錯誤的。參見Jeremy
　　Waldron, "Religious Contributions in Public Deliberation," *San Diego Law
　　Review*, 30 (1993): 837-838. 對Waldron的批評的回應，請參見Lawrence
　　B. Solum, "Novel Public Reasons," *Loyola LA Law Review*, 29 (1996):
　　1460. (「對自由主義式的公共理性理想的一般性接受，將會促使「政治
　　性的話語」[political discourse] 出現健全的演變。)

2.2 我們必須把公共理性和那些人們有時提及的世俗理性
(secular reason)和世俗價值(secular values)區分開來。它們和公共
理性絕不相同。因為我把世俗理性定義成「依據整全性的非宗教
的學說所進行的推理」。這樣的學說和價值過於寬泛，以致於不
能為公共理性的目的所用。政治價值並不是道德學說[31]，不管政
治價值對我們的理性和常識反省來說多麼有用、多麼容易獲得。
道德學說所位居的層次是和宗教與第一哲學同一層次的。相對
地，雖然自由主義式的政治原則和價值本質上屬於道德價值，但
是它們卻是自由主義式的政治性正義觀所標舉出來的，它們著落
在「政治性的」的範疇之內。這些政治觀念具有三項特徵：

> 首先，它們的原則適用於基本的政治、社會體制(社會
> 的基本結構)；
> 其次，它們可以不依據任何一種整全性學說而被被表現
> 出來(當然，儘管它們也可能為這些學說的一項合理的
> 交疊性共識所支持)；以及
> 最後，依據那些被視為隱含在立憲政制之公共政治文化
> 中的根本理念，就可以將它們推導出來，比如說「公民
> 乃作為自由平等之個人」的觀念，以及「社會乃作為一
> 個公平的合作體系」的觀念。

31　參見註2中我對「學說」一詞的定義。

　　因此,公共理性的內容是由符合這些條件的一套自由主義式政治性正義觀之族系的原則與價值所給定的。從事公共理性,就是訴諸這些政治觀念當中的任何一種——訴諸它們的理想和原則、標準和價值——來論辯根本性的政治問題。這種要求依舊准許我們可以隨時將我們宗教的或非宗教的整全性學說引入政治討論之中,只要我們能夠在適當時機,為我們的整全性學說也支持的這些原則和政策提出適當的公共理由。我把這種要求稱之為**但書**(the proviso),而且會在後文中詳加討論[32]。

　　因此,公共推理(public reasoning)的特徵之一是:它完全是在一種政治性正義觀中展開的。政治價值的例子包括那些在美國憲法前言中提到的價值,例如:更完善的聯邦、正義、域內安寧、共同防衛、公共福利,以及我們自己和後代所享受的自由福份。在這些之下,還包含其他一些價值:例如,在正義之下,我們還享有平等的基本自由、機會均等、關於收入和稅收的分配的理想,以及諸如此類等。

　　公共理性的政治價值不同於其他價值,原因是:一方面它們是在政治體制中獲得實現的,另一方面,它們也凸顯了政治體制的特性。這並不意味說類似的價值無法凸顯其他種社會形式的特性。「有效性」和「效率」這類價值不僅可以凸顯團隊和俱樂部之類的社會組織的特性,也可以凸顯社會基本結構之類的政治體制的特性。但是,某項價值要成為適當的「政治性的」價值,得

32　參見§4。

在社會形式本身也是「政治性的」的時候才行：也就是說，得要
這項價值已經在基本結構中以及在它的政治與社會體制中實現
之後才行。那麼，接下來的問題就是：有很多政治觀念都是非自
由主義式的觀念，包括那些貴族制、合作寡頭制以及獨裁、專制
之類的觀念。所有這些觀念都還落在「政治性的」的範疇之內[33]。
但儘管如此，我們所關心的，只是那些對立憲民主政制來說是「合
理的」的政治觀念，而且，就如我前幾段文字所闡明的，這些也
是合理的自由主義式政治觀念所表達的理想和原則。

　　2.3 公共理性的另一個本質性特徵是，它的各項政治觀念必
須是完整的（complete）。這意味著，每一項觀念都應該將原則、
標準和理想，以及探究之指導方針都表達出來，這樣一來，可以
讓這觀念所標舉的各項價值獲得合適的排列順序，或者統一起
來，以便光靠這些價值，就可以為所有（或幾乎所有）涉及憲法根
本要素與基本正義問題的問題，提供一個合理的答案。在這裡，
這些價值的排序所依據的，是它們在政治觀念本身中的結構和特
徵，而不是以它們如何在公民的整全性學說中產生為主。在排列
政治價值的順序的時候，不可以個別孤立地來看待它們，不能認
為它們彼此無關，更不可以將它們拉出明確的脈絡之外。它們不
是被各種躲在幕後的整全性學說所操控的傀儡[34]。只要公共理性
認為這種排序是合理的，就可以確定，那些整全性學說並沒有歪
曲這一排序。再者，公共理性確實可以認定政治價值的某項排列

33　這裡可以參見*Political Liberalism*, lecture IX, sec. 1.1, pp. 374-375.
34　這關於一想法，我要歸功於Peter de Marneffe。

順序是合理或不合理，因為，體制結構是任誰都可以觀察的，而政治排序中的各種錯誤和裂縫也將會被暴露出來。因此，我們有可能確信，政治價值的排列順序並沒有被任何特定的合理整全性學說所歪曲。(我要強調，對於是否已遭歪曲，唯一的判準就是，政治價值的排列順序本身是否合理。)

完整性(completeness)的重要性在於下述這一事實：一項政治觀念除非是完整的，否則，它就不是一個適當的思想架構，不能用以展開對根本政治問題的討論[35]。在公共理性中，我們還無

---

35 這裡要注意，政治性正義觀表現了對憲法的根本要素和基本正義的問題的詮釋，正義觀不同，對後兩者的詮釋就不同。對於同一項觀念，還有其他種不同詮釋，因為可以用不同的方式來掌握它的概念和價值。因此，什麼地方才是政治觀念結束而對它的詮釋行將開始之處，兩者之間並不存在(也不需要)一條明確的界線。無論如何，一個觀念的本身已經大大限制了對它的詮釋，否則，討論和論證將無法進行。比如說，一部宣布了宗教自由(包括不信教的自由以及政教分離)的憲法好像也沒能解決「教會學校能否可以接受公家資金」的問題，而萬一可以的話，又是用什麼樣的方式接受的。在這裡，差別來自於對同一個政治觀念的不同詮釋。某一種詮釋允許公費補助，另一種則不許；或者換句話說，這項差別也可以看成是兩種政治觀念之間的不同。在沒有具體情景可參的情況下，我們要給這差別什麼稱呼，根本無關緊要。重點是，既然公共理性的內容是一整套的政治觀念族系，它就會認可我們可能需要的詮釋。這並不是說彷彿我們已經被某種固定觀念給卡住，更別說是被這個觀念的某一項詮釋給卡住。這是對Kent Greenawalt的 *Private Consciences and Public Reasons* (Oxford: Oxford University Press, 1995, pp. 113-120) 的評論，在這本著作中他說，*Political Liberalism* 很難處理「賦予政治觀念以明確的詮釋」問題。

法從我們的整全性學說(或是其中一部分)直接導出一種或幾種
政治性的原則和價值,以及這些原則和價值所支持的特定體制。
相反地,我們必須先依循一項完整的政治觀念之基本理念,從中
詳細訂出這項觀念的原則和理想,然後運用這些原則和理想所提
供的論據。要不然,公共理性所允許的論據就會是一些太過直接
且支離破碎的論據了。

2.4 我現在舉幾個有關政治原則和政治價值的例子,表明公
共理性更為具體的內容,尤其是各種不同的、使互惠(相互性)判
準既獲得適用卻又遭到踐踏的方式。

(a)第一個例子是,思考一下自主性之價值(the value of
autonomy)。這種自主性可以有兩種形式:一種是政治自主性
(political automany),指的是:公民的法律獨立和受保障的尊嚴,
以及他們和他人在政治權力之運用上所共享的平等地位;另一種
純粹是道德性的,它凸顯了某種特定生活與反思之方式的特性,
並嚴肅地考察了我們最深層的目的和理想,比如密爾的個體性之
理想(ideal of individuality)[36]。不管我們怎樣把自主性看成是一種
純粹的道德價值,處在合理的多元主義這種情況下,它還是無法
滿足互惠(相互性)這一限制條件,因為有許多公民,比如說那些
抱持特定宗教信條的人,還是可能不接受它。所以說,道德自主
性不是一種政治價值,而政治自主性卻是。

---

36 John Stuart Mill, *On Liberty*(1859), chap. 3, paras. 1-9, in *Collected Works
of John Stuart Mill*, ed. John M. Robson(Toronto: University Press, 1977),
vol. 18, pp. 260-275.

(b)第二個例子是,思考一下這個耳熟能詳的好撒瑪利亞人的故事。難道這些價值所訴求的是合適的政治價值,而不是那些僅屬於宗教和哲學的價值嗎?雖然廣義的公共政治文化允許我們在提出計畫的時候引入福音故事,但公共理性也要求我們根據合適的政治價值來證成我們的計畫[37]。

(c)第三個例子是,思考一下在討論收入之公平分配時對「應得」(desert)的訴求:人們習慣說,理想上,分配應該根據應得來進行。他們心裡所想的應得是什麼?他們是說處於不同職位的人該有必要的資格嗎(比如說法官就該有足夠的裁斷能力)?是說所有的人都必須有同等的機會獲得充任自己喜歡的職位的資格嗎?這確實是一種政治價值。但考量過所有因素(包括整全性學說在內)之後,以道德的應得(moral desert)(在這裡指的是人格的道德價值[worth])作為根據的分配並不是一種政治價值。它不是一種可行的政治、社會目標。

(d)最後,思考一下國家對家庭和人們生活的關切(interest)。要怎樣才能正確地具體說明這一項被人引用的政治價值呢?從傳統上看,對它的說明是相當廣義的。但是,在一個民主政制中,政府的正當關切在於:公共的法律和政策應該支持和規約(以一種有序的方式)政治社會之長期繁衍所必需的那些體制。這些體制包括家庭(以一種公正的形式)、有關孩童之生養和教育的各種安排,以及一般性的公共保健機構。這種有序的支持和規約以政治

---

37 見§4.1關於但書和引述福音故事例子的論述。至於對廣義的公共政治文化觀點的詳細考察,參見§4全節。

的原則和價值為基礎，因為政治社會被看成是永續存在的，而且
會代復一代地維繫它的自身和它的體制與文化。在存在著這種關
切的情況下，政府對任何特定的家庭生活形式或兩性關係形式似
乎就沒有什麼興趣，除非那種形式或關係已經在某個方面上對社
會的長期繁衍產生了影響。是故，一夫一妻制之訴求或是對同性
婚姻之反對（這些都還在政府對家庭的正當關切範圍之內）所將反
映的，只會是宗教性的道德學說或者整全性的道德學說。這樣一
來，對那種關切的具體說明似乎也就不怎麼恰當。當然，還有其
他種政治價值，依據這些價值，這些具體說明也未必行不通：比
如說，如果一夫一妻制對婦女平等來說是必要的，或是同性婚姻
會摧毀孩童的撫養和教育[38]。

2.5 這四個例子和我前面所說的世俗理性形成對比[39]。一個
常常被談到的觀點是，儘管各種宗教理由或是教派學說不應該
被引用來證成民主社會中的立法，但健全的世俗性論據倒是可
以[40]。可是，什麼才是世俗的論據呢？有些人把任何反思性的及批

---

38 當然，我不想在這裡對問題做出決定，因為我們只關心公共論理所涉及
的那些理由和考量因素。

39 見§2.2。

40 見 Robert Audi, "The Place of Religious Argument in a Free and
Democratic Society," *San Diego Law Review*, 30(1993): 677. 在這篇文章
中，奧迪是這樣來定義世俗理由的：「世俗理由大致上是這樣的理由：
它的規範性力量並不明顯依賴於上帝的存在或神學的考量，也不倚靠某
一個人或體制以宗教權威身分所發出的宣告。」(p. 692)。在非宗教整
全性學說意義上的世俗理由和公共理性內容中純粹政治觀念意義上的

評性的論據、公眾可以通曉的和理性的論據，都當做世俗性的論據；他們還討論這一類論據的各種不同類型，為的是把同性戀（比如說）想成是可恥而墮落[41]。當然，這些論據中確實有一些是反思性的、理性的世俗論據（正如本文所定義的）。僅管如此，政治的自由主義的一個核心特徵卻是：它對所有這類論據的看待方式和對宗教論據的看待方式都是一樣的，因此可以說，這些世俗的哲學學說並沒有提出公共理由。這一類的世俗概念和論理屬於第一哲學和道德學說，它們的著落地點不在「政治性的」的領域之內。

因此，在考慮是否該將公民間的同性戀關係規定成刑事犯罪的時候，我們的問題不在於這種關係是否被某種有價值的、充分的人性善理念（這種理念的特性是透由某種健全的哲學性非宗教性的觀點來凸顯的）給排除在外，也不在於是否會被那些有宗教信仰的人看成是罪（sin）；而是主要在於，對於這種關係的立法禁止是否會侵害自由而平等的民主公民的公民權利[42]。要解決這個

（續）————————————

世俗理由兩者之間，這定義顯得模糊不定。根據這個定義的含意，Audi這種「世俗理由也應該和宗教理由一起提出來」的觀點所扮演的角色，和我在§4.1所說的但書是類似的。

41 參見Michael Perry對John Finnis論證的討論，在文中，他否認這類關係可以和人類善相容。*Religion in Politics: Constitutional and Moral Perspectives* (Oxford: Oxford University Press, 1997)， chap. 3, pp. 85-86.

42 在這裡，我沿用T. M. Scanlon的 "The Difficulty of Tolerance," (in *Toleration: An Elusive Virtu*e, ed. David Heyd [Princeton: Princeton University Press, 1996], pp. 226-239)一文的觀點。這整篇文章都富有啟發性，其中sec. 3, pp. 230-233的部分和這裡尤其相關。

問題，就得要有一個可以將那種種一向屬於憲法根本要素問題的
公民權利給標舉出來的政治性正義觀。

§3. 民主政治中的宗教和公共理性

3.1 在考察廣義的公共政治文化觀點(wide view of public
political culture)這一理念之前，我們要問：如何才可能讓那些
抱持宗教信仰的人(其中的一些以宗教權威為基礎，比如說教會
或者聖經)，同時也能抱持一種支持合理立憲民主政制的合理政
治觀念？這些學說還有可能基於正確的理由而與自由主義式的
政治觀念兼容並蓄嗎？想達到這種兼容並蓄，這些學說就不能
把民主政府只當成一種暫訂協議來加以接受。要把那些抱持宗
教學說的公民稱為有信仰的公民，我們就得問：對這些有信仰
的公民來說，如何才能使他們成為民主社會的全心全意的成
員，贊成這一社會的內在的政治理想和價值，而不單只是默認
政治和社會力量的均衡狀態？說得更尖銳一點，就是：如何才
可能(或確實能)讓那些有信仰的以及非宗教的(世俗的)人對一
個立憲政制表示贊同，即使他們的整全性學說在這種政制底下
可能無法繁榮昌盛，甚至還會衰退？最後這項問題重新帶出了
「正當性」這一理念的重要性和公共理性的「判定何者為正當
的法律」的角色。

為澄清這個問題，請思考下述兩個例子。第一個例子是16、
17世紀時的天主教和新教，在當時，寬容原則只是作為一種暫訂

協議而受人奉行[43]。這意味,不論哪一派,只要取得上風,就會強制推行它自己的宗教教義,作為唯一許可的信仰。要是一個社會中有許多信仰者都抱持這種態度,而且認為不管多久的未來他們的相對數量大致上還是保持不變,那麼,這個社會最好得有一部像美國憲法一樣的憲法,能夠充分保護那些極度分歧的、多多少少擁有同等政治權力的宗教所享有的宗教自由。憲法,可以這麼說,是被尊奉為一種旨在維護公民和平的約定[44]。在這樣的社會裡,政治問題可以用政治理念和價值的方式進行討論,這樣一來,宗教衝突將不會發生,也不會激起教派仇恨。公共理性在這裡的作用只是撫平分歧和促進社會穩定。只是在這種情況下,我們並沒有獲得基於正確理由的穩定,也就是說,我們所擁有的穩定,其保障並不是來自於對民主社會的政治(道德)理想和價值的堅定的忠誠。

在第二個例子中——某一種民主社會——我們同樣也沒有獲得基於正確理由的穩定。在這種社會裡,一旦公民們對憲政原則的忠誠非常有限,以致於他們當中沒有任何人願意看到他或她的宗教或非宗教學說喪失影響力和信奉者,這時,他們就會把種種保障政治的、宗教的和公民的自由的實質性憲法條款接受為政治(道德)原則,同時,這一類公民還隨時準備抵制或不服從某些法律,只要他們認為這些法律會瓦解他們的地位。不僅如此,就

---

43 參見*Political Liberalism*, lecture IV, sec. 3.4, p. 148.

44 參見Kent Greenawalt在他的*Private Consciences and Public Reasons*, pp. 16-18, 21-22中有關存在多樣分歧之宗教狂熱者的社會的例子。

算在各派宗教和其他自由一直獲得維護,而他們的學說也受到十
分妥善的保障的時候,他們還是會採取上述做法。在這裡,對民
主的接受同樣是有條件的,而不是基於正確的理由。

這些例子的共通之處是,社會分裂成互不相干的團體,當中
每一個團體都有它自己的根本利益,這些團體的根本利益彼此有
別,而且對立,為此,它們會隨時準備抵制和違犯正當的民主法
律。在第一個例子中,指的是宗教為建立一己之霸權的利益,至
於第二個例子,則是指某一學說為維護其觀點(可以是宗教的也可
以是非宗教的)之一定程度的成功和影響的根本利益。如果一個立
憲政制能夠為所有可允許的學說的權利和自由提供充分的保障,
並因而確保我們的自由和安全,那麼,民主政治就必然可以要求
我們每一個人(以眾多公民中的一個平等公民的身分)接受**正當法
律**所規定的責任[45]。既然沒有人願意危害他或她的宗教學說或非宗
教學說,那麼,我們每一個人就必須永遠放棄以下這些期望:期
望改變憲法以確立我們宗教的霸權,或是期望限定我們的責任以
確保它的影響力和成功。妄想保住這樣的期望和目標,就不可能
不和「所有自由而平等的公民都享有的平等基本自由」這一理念
發生矛盾。

3.2 延伸我們早先所問的:如何才可能(或確實能)讓那些有
信仰的人與非宗教的(世俗的)人都對一個立憲政制表示贊同,即
使他們的整全性學說在這種政制底下可能無法繁榮昌盛,甚至衰

---

45 見*Political Liberalism*, lecture V, sec. 6, pp. 195-200.

退？這裡的答案在於，宗教的及非宗教的學說能理解並接受以下看法：除了贊同立憲民主制之外，否則，沒有任何辦法能夠既保障它的追隨者的自由而又不會與其他講理的自由平等之公民的平等自由產生衝突。在贊同一個立憲民主政制這件事情上，宗教學說會認為，這些是上帝對我們自由的限制；而非宗教的學說則會找到別的方式闡述自己[46]。但是，在別的事情上，這些學說就

---

46 下面是一個宗教如何這樣做的例子。Abdullahi Ahmed An-Na'im在他的著作*Toward an Islamic Reformation: Civil Liberties, Human Rights, and International Law*(Syracuse: Syracuse University Press, 1990), pp. 52-57中引入了一種想法，就是：重新思考傳統上對伊斯蘭教法(Shari'a, 對穆斯林來說，它是一項神聖法)的詮釋。他若想要穆斯林接受他對伊斯蘭教法的詮釋，他就得好好敘述，讓穆斯林相信他的詮釋不僅正確闡釋了伊斯蘭教法，而且是一種最為卓越的詮釋。An-Na'im的詮釋的基本理念來自已故蘇丹作者*Ustadh* Mahmoud Mohamed Taha的觀點，他認為，傳統上對伊斯蘭教法的理解一直是以穆罕默德晚期的麥迪那時期教誨為依據，但事實上，穆罕默德早期的麥加時期教誨才是穆斯林永恆且根本的啟示。An-Na'im宣稱，為了更具現實性和實用性的(在西元7世紀的歷史脈絡下)麥迪那教誨，最高的麥加教誨和原則竟被拋棄了，因為當時社會還沒有為後者的實行做好準備。如今，歷史條件已經改變，An-Na'im相信，穆斯林現在應當遵循早期的麥加時期教誨來詮釋他們的伊斯蘭教法。根據這種詮釋，他認為，伊斯蘭教法是支持立憲民主的。(同上，pp. 69-100)。

特別是，伊斯蘭教法的早期麥加詮釋既支持男女平等也支持在信仰與宗教問題上的完全自由，這兩項和法律之前人人平等的憲法原則並無二致。An-Na'im寫道：「《可蘭經》沒有提到憲政主義，但是人類的理性思維和經驗已經表明，憲政主義對實現《可蘭經》所描述的公正善良社會而言十分必要。對穆斯林來說，以一種伊斯蘭方式來證成和支持憲

會以不同的方式來闡述：在一個合理的民主社會中，良心自由和寬容原則是如何與所有公民所享有的平等正義相一致的。是故，寬容原則和良心自由在任何憲政民主觀念中都必須占據最核心的位置。它們奠定了所有公民都會接受的公平而有規律的根本基礎，各種學說可以在這基礎上彼此競爭。

這裡要注意，寬容理念有兩種。一種純粹是政治性的，透過各種權利與義務（它們依據合理的政治性正義觀而為宗教自由提供保障）而表達出來。另一種則不是純粹政治性的，它發自一個宗教的或非宗教的學說的內部，像前文所提到的「這些是上帝對我們自由施加的限制」的說法，就是一例。採用這種說法，也就為我所謂的「從猜想進行推理」（reasoning from conjecture）提供了一個範例[47]。在這個例子中，我們從我們所相信的，或是所猜想的事物（可能是別人的基本學說，包括宗教的或哲學的）開始進行推理，並試圖向他們表示，不管他們怎麼想，他們還是可以贊同一個合理的政治性正義觀。我們不是自己在肯定寬容的基礎，而是把它提出來，讓它成為既受其他人所肯定而且又不會與他們的整

（續）─────────────────

政主義，不僅重要，而且休戚相關。至於非穆斯林則有他們的世俗的或其他的證成方式。由於他們所有人都同意憲政主義的原則和各種具體規定，包括完全的平等以及不得有根據性別和宗教而產生的歧視，所以，他們每個人都是根據他或她自己的理由來達成這種同意的。」（同上，p. 100）（這是一個完美的交疊性共識範例）感謝Akeel Bilgrami告知我關於An-Na'im的著作。也感謝Roy Mottahedeh和我進行的十分有價值的討論。

47 見§4.3。

全性學說相矛盾的基礎。

§4. 廣義的公共政治文化觀點

4.1 現在我們來檢視我所說的「廣義的公共政治文化觀點」問題，並討論它的兩個面向。第一個面向是，只要能依照正當程序，將足以支持任何被引用之整全性學說所希望支持之事物的適當政治理由給展現出來，而不是展現那些純粹只是由整全性學說提出的理由，那麼，就可以隨時隨地在公共的政治討論中引用任何合理的整全性宗教學說或非宗教學說。這是一種對現存之適當政治理由的限定條件，我稱它為「但書」，它區分了背景文化與公共政治文化，說明這兩種文化並非同一事物[48]。我要考察的第二個面向是，有可能存在著某些積極的理由足以把整全性學說引進公共的政治討論。以下我依次來討論這兩個問題

很明顯地，就如何滿足這個但書，我們可以提出許多問題[49]。其中一個問題是：什麼時候它是必須予以滿足的？是在同一天還是在晚些時候？還有，誰有責任該去奉行它？重要的是，下面這一點必須清楚而且獲得確立：這個但書得到了善意而合宜的滿足。但是，如何滿足這個前提必須在實踐中計算出來，而不能輕易地被一套事先給定的規則族系所支配。該如何把它們計算出

48　見*Political Liberalism*, lecture I, sec. 2.3, pp. 13-14(把公共政治文化與背景文化交互對比)。

49　在此我很感謝與Dennis Thompson所進行的十分有價值的討論。

來，這得由公共政治文化的性質來決定，同時還需要善意和理解。下面這樣的評論也是很重要的：儘管但書獲得滿足，把宗教的和世俗的學說引入公共政治文化還是沒有改變公共理性自身中的證成之性質和內容。這種證成仍然是由一套合理的政治性正義觀之族系所給定的。但是，對於宗教的或世俗的學說本身如何加以表達，並沒有任何的限制和要求。這些學說不必，比如說，根據某些標準來說在邏輯上是正確的，或是經受理性的評價，或是在證據上站得住腳的[50]。對於「它們是否如此」這件事，是由那些提出它們的人，以及這些人希望別人如何理解他們的話，來判定的，他們通常有現實的理由希望他們的觀點能夠獲得更多觀眾接受。

4.2 在廣義的公共政治文化[51]中表達出來的公民對彼此的宗教和非宗教學說的知識承認：在民主制度下，公民們之所以忠誠於他們的政治觀念，其根源在於他們所各自信奉的整全性（宗教的或非宗教的）學說。這樣，公民對民主政治的公共理性理念的忠誠會基於正確的理由而得到強化。考慮到合理的整全性學說的力量和激情，我們可以把這些支持社會的合理政治觀念的學說，看成是那些觀念的重要社會基礎。當這些學說接受這個但

---

50 Greenawalt討論了Franklin Gamwell和Michael Perry，他們顯然對「該如何來呈現宗教」這一問題施加了上述限制。見Greenawalt, *Private Consciences and Public Reasons*, pp. 85-95.

51 和往常一樣，公共政治文化和背景文化是有差別的，而在這種差別中，我要強調的是，背景文化是沒有限制的。

書，並引入政治討論的時候，對立憲民主政治的效忠就可以公
開宣告了[52]。意識到這樣的效忠，政府官員和公民就更心甘情願
地履行他們公民素質之義務，而他們對公共理性理念的遵循有助
於培育該理念所昭示的社會。公民對彼此的宗教和非宗教學說的
相互知識具有的益處，為引入這些學說（似乎他們在任何時候進
入公共討論是不可避免的）提供了一個堅實的基礎，而不只是一
個防禦性的基礎。

　　比如說，考慮一個引起高度爭議的政治問題——對教會學校

---

52 政治的自由主義有時會因為本身沒有開展出對民主之種種社會根源的
　說明，也沒有描繪出它的宗教性或其他的支持力量的形成結構，而受到
　批評。但是，政治自由主義確實認知到這些社會根源，而且強調它們的
　重要性。很明顯地，在一個宗教自由不被尊崇、不被珍惜的社會裡，政
　治性的寬容觀以及宗教自由不可能產生。因此，政治自由主義同意David
　Hollenbach, S. J. 的看法，當他寫道：「［由阿奎那所開啟的變革］並非
　無足輕重，他堅持：一個民族的政治生活不是他們所能達至的善的最高
　實現——這一項洞見是有限政府憲政理論的根底之一。在現代時期很長
　一段時間裡，教會一直抗拒對現代自由的自由主義式發現，但自由主義
　還是在我們這個世紀下半葉再一次地改變了天主教。對於社會史與知識
　史之中這類事件的記憶，以及第二次梵蒂岡會議以來天主教會的經驗，
　都使我希望，那些對好（善）的生活各持不同願景的社群都能夠有所進
　展，只要它們願意勇於就它們各自的想法進行對話和論證的話。」見
　David Hollenbach, "Contexts of the Political Role of Religion: Civil
　Society and Culture," *San Diego Law Review*, 30(1993): 891. 儘管公共理
　性的觀念必須承認這些立憲民主之社會根源的重要性，必須注意它們究
　竟如何強化它最關鍵的體制，但它沒有必要親自下海研究這些事務。我
　之所以知道有需要對一點加以思考，完全得歸功於Paul Weithman。

的公費補助問題[53]。那些立場不同的人可能會懷疑彼此對基本的憲法和政治價值的忠誠。因此，讓所有各方都來介紹他們的整全性學說，無論是宗教的還是世俗的，這樣他們就可以開誠布公，彼此向對方解釋他們的觀點是怎樣支持了那些基本的政治價值的。也可以考慮一下廢奴論者和在民權運動中出現的情況[54]。但書在那些情況下獲得滿足，不管他們對自己學說的宗教根源有多強調，因為這些學說支持基本的憲法價值——這一點是他們自己所堅稱的——因而也就支持合理的政治性正義觀。

　　4.3　公共推理針對的是公共性的證成（public justification）。我們訴諸政治性的正義觀，訴諸任何輿論觀點都可以檢視的確定證據和事實，其目的是要得到下面這一結論：我們所考慮的是最合理的政治制度和政策。公共性的證成不只是一種有效推理，它還是一種對別人提出的觀點：它正確地從我們所接受的、而且認為別人也會合理接受的前提開始，直到得出我們認為別人也會合理接受的結論。由於但書會在適當時機中獲得滿足，這也就符合了公民素質之義務。

　　還可以提到兩種話語形式，儘管它們都沒有表達公共推理之

53　見*Political Liberalism*, lecture VI, sec. 8.2, pp. 248-249.

54　同上，lecture VI, sec. 8.3, pp. 249-251. 我不知道廢奴主義者和King是否認為他們自己已經完成了這個但書的目標。但是，不管他們完成與否，他們實際上是有能力辦到的。要是他們知道了也接受了公共理性的理念，那麼，他們就會完成這一目標。感謝Paul Weithman向我提及這一點。

形式。其中一種是宣言：我們在這裡各自宣布我們自己的整全性（宗教或非宗教的）學說。我們並不期望別人能夠共用我們的學說。實際上，我們每個人都試圖從我們自己學說的角度表明，我們能夠而且確實也贊成一種合理的公共的政治性正義觀及其原則和理念。這樣做的目的，是向那些和我們肯認不同整全性學說的人宣布，我們各自也贊同一種合理的政治觀念，這項觀念屬於這一合理的觀念之族系。從廣義來看，那些有信仰的、引用福音書關於好心的撒瑪利亞人的比喻的公民不會就此止步不前，他們會以公共價值這一措辭來為這個比喻的結論提出公共理由[55]。這樣，各持不同學說的公民的疑慮被消除了，而且它還強化了公民友誼的聯繫[56]。

第二種形式是猜想，它的定義是這樣的：我們從我們相信（或者猜想）是別人的（宗教的或者世俗的）基本學說的地方開始論辯，並向他們表明，不管他們是怎麼想的，它們還是可以贊同能

---

55 《路加福音》(*Luke*) 10:29-37. 很容易就能看出福音故事是如何被應用來支持「互助」(mutual aid)這一項不完善的道德義務，比如康德在 *Grundlegung* 中提出的第四個例子。參見Immanuel Kant, *Groundwork for the Metaphysics of Morals*, Ak. 4: 423, in *Practical Philosophy*, trans. Mary Gregor(Cambridge: Cambridge University Press, 1996)。為了僅應用政治價值來有系統地闡述一個適當的例子，請思考一下各種不同類型的差異原則或是與此原則相類的一些其他原則。可以把這個原則看成是對窮人提供特殊的關懷，就像在天主教社會學說中那樣。參見*A Theory of Justice*, sec. 13(對差異原則的定義)。

56 對於這種話語形式的重大關係，我要歸功於和Charles Larmore的討論。

夠為公共理由提供基礎的合理的政治性觀念。因此，公共理性的
理念得以強化。但是，很重要的一點是，猜想必須是誠實的，不
是操縱性的。我們必須公開解釋我們的意圖，並聲明，我們並不
是在強烈堅持我們論證出發的前提，而是為了澄清我們所認為的
別人的誤解，也許我們自己也有同樣的誤解[57]。

---

57 我將會提到另一種話語形式，也就是我所謂的「見證」(witnessing)：
它典型地出現在一個理想的、在政治上良序的，並且是充分正義的社會
裡，在這種社會中，所有的表決，都是公民們根據他們最合理的政治正
義的觀念而做出的投票結果。但儘管如此，還是會有某種情況發生，就
是有些公民覺得，他們有必要對現存的體制、政策或立法表達他們的異
議。我認為，貴格派教徒雖然接受立憲民主政治並且遵守它的正當法
律，但與此同時，他們依然可以合理地表達他們的和平主義的宗教基
礎。(在§6.1中，提到了天主教反對墮胎這種類似的例子)。但是，見證
和公民不服從不同，因為它不以一個(自由主義式的)政治性正義觀的各
項原則和價值為訴求依據。雖然從總體上看，這些公民贊同了合理的政
治性正義觀(支持一種立憲的民主社會)，但在這種情況下，他們還是感
到，他們不僅必須讓其他公民知道他們強烈反對態度的深刻根據何在，
也必須透過這種做法，為他們的信仰提出見證。而與此同時，那些提供
見證的人也接受了公共理性的理念。儘管他們可能會認為某一表決的結
果(這個表決結果是在所有講理的公民皆有意遵循公共理性的情況下做
出的)是不正確的或是不真確的，但他們無論如何還是會承認它是正當
的法律，並且接受「不得違反該項法律」的義務。在這樣一種社會裡，
嚴格來說，不會有公民不服從和出於良心的拒絕這些情況發生。後者若
要發生，就得存在於一種我所謂的近乎正義(但尚未充分正義)的社會
中。參見 *A Theory of Justice*, sec. 55.

§5. 論作為基本結構之組成部分的家庭

5.1 為了進一步描述公共理性的運用和範圍，我現在來考量一系列和家庭制度有關的問題[58]。我的考量有賴於運用一種特定的政治性正義觀，並關注它分派給家庭在基本社會結構中的角色。因為公共理性的內容是由所有能夠滿足互惠（相互性）判準的合理的政治性觀念所決定的，這種政治性觀念所涵蓋的有關家庭的一系列問題，指出了作為一個整體的公共理性所通盤理解的充

---

58 我想到了J. S. Mill的里程碑著作 *The Subjection of Women* (1869), in *Collected Works of John Stuart Mill*, vol. 21, 他在書中清楚闡明，一個正派的自由主義式正義觀（包括我所說的「作為公平的正義」）隱含了男人和女人之間的平等正義。無可否認，*A Theory of Justice* 是該在這個問題上表達得更為清楚才對，不過那是我的錯，並不是政治的自由主義本身的錯。促成我認為「對婦女的平等正義給予自由主義式說明是可行的」的，包括Susan Moller Okin, *Justice, Gender, and the Family* (New York: Basic Books, 1989); Linda C. McClain, "Atomistic Man' Revisited: Liberalism, Connection, and Feminist Jurisprudence," *Southern California Law Review*, 65(1992): 1171; Martha Nussbaum, *Sex and Social Justice* (Oxford: Oxford University Press, 1998), 這本文集收入她在1990-1996年之間所發表的文章，包括 "The Feminist Critique of Liberalsim," 她1996年的牛津特赦講座 (Oxford Amnesty Lecture); 以及 Sharon A. Lloyd, "Situating a Feminist Criticism of John Rawls's *Political Liberalism*," *Loyola LA Law Review*, 28(1995): 1319. 我從她們的著述中獲益良多。

分的爭論和論證的空間。

家庭是基本結構的組成部分，因為它的主要角色是作為社會之生產與再生產，以及文化的代際傳承的基礎。政治社會一直被看成是永無止境的社會合作規制。如果將來有一天，社會的各種事務消散不見，而社會也跟著解散，但這一種想法對政治社會的觀念來說，是全然陌生的。因此，生產勞動是一種社會必要勞動。接受了上述觀點，家庭的核心作用，就在於以一種合理而有效的方式安排對孩子的撫養和照顧，確保他們的道德發展和教育融入更為寬廣的文化中[59]。公民必須有正義感和支持政治、社會體制的政治德性。家庭必須確保這類公民的發育合成長，並維持適當的人數，以維繫社會之延續[60]。

這些必需條件限制了基本結構的所有安排，包括為達到機會平等所做的努力。家庭對此一目標得以實現的方式施加了限制，而正義原則的提出，就是為了將這些限制列入考慮。我不能在這

59 參見 *A Theory of Justice*, secs. 70-76（討論了道德發展的幾個階段，以及這些階段與作為公平的正義的關係。）

60 不過，政治性正義觀並不會要求非要某種特定的家庭形式（一夫一妻、異性婚姻或是別的什麼）不可，只要對家庭的安排能夠有效完成這些任務而且不會與其他政治價值產生衝突便行。要注意的是，這種見解設定了一種途徑，讓作為公平的正義得以處理「男、女同性戀者的各項權利與義務」這一問題，以及得以瞭解它們這些權利與義務對家庭的影響。如果這些權利與義務和有序的家庭生活與孩童教育相符一致，那麼，在其他條件相同的情況下（*ceteris paribus*），它們就是可以充分認可的權利與義務。

裡繼續推論這個複雜的問題了，只能假定，在我們還是孩童的時候，是在一個小小的親密圈子中長大的，其中年長的人（通常是父母）有一定的道德權威和社會權威。

5.2 為了把公共理性應用於家庭，它就必須，或至少有部分必須，被看成是政治正義的問題。可能還有另一種想法，即正義原則不適用於家庭，這些原則不能為女人和他們的孩子提供平等的正義保障[61]。這是一個誤解。它的產生可能是這樣的：社會正義的基本主題是社會的基本結構，而所謂的基本社會結構，就是把社會的主要體制安排成一個長期的、統一的社會合作體系。政治正義的原則直接適用於這種結構，但它並不能直接適用於社會中的形形色色結社組織的內部生活，家庭就是這種團體中的一個。於是，有人認為，如果那些原則不能直接適用於家庭的內部生活的話，他們就不能保障妻子和丈夫享有平等的正義。

所有的結社組織都會引發這樣的問題，無論這些組織是教會還是大學，是專業協會還是科學社團，是商業機構還是工會。就此來說，家庭沒有什麼特別之處。澄清一下：很明顯地，自由主義式的政治正義之原則不要求教會的治理採用民主方式。主教和樞機主教並不需要經由選舉產生；附屬於教會的職位層級的利益也不需要滿足某種特定的分配原則[62]。這表明了政治正義的原則是如何不適用於教會的內部生活，或者說，若把它們

---

61 參見Okin, Justice, Gender, and the Family, pp. 90-93.

62 差異原則在*A Theory of Justice*, sec. 13中有所定義。

應用在教會上，將會和教會本應具有的良心自由和結社自由相
互衝突。

另一方面，政治正義的原則施加了許多至關重要的限制，它
對教會的治理產生了重要影響。教會不能踐行有效的不寬容，因
為，如正義原則所要求的，公法不認為異端和叛教是犯罪，教會
的成員一直享有放棄他們信仰的自由。所以，儘管正義原則沒有
直接適用於教會的內部生活，他們透過所有的教會和結社組織都
要遵守的種種約束，保護了信徒的權利和自由。這不是否認有某
些適當的正義觀存在，這些正義觀即使不直接適用於所有的結社
組織和團體，至少也適用於大部分的結社組織和團體，以及人際
間的各種關係。但是，這些正義觀不是政治性觀念。在每一種情
況中，適當的觀念到底是什麼，這是一個彼此分立而且偶然的問
題，必須考量既有的相關結社組織、團體和關係之性質與作用，
視具體情況而定。

現在來考量家庭。在這裡，想法還是一樣：政治原則不直接
適用於家庭的內部生活，但它們為作為一種體制的家庭施加了極
為重要的約束，因此保障了家庭所有成員的基本權利與自由，以
及自由(freedom)與機會。正如我所說的，它們藉助於標舉出作為
家庭之成員的平等公民的基本權利，而實現了這一點。家庭作為
社會基本結構的組成部分，是不能違反這些基本自由的。既然妻
子和丈夫是平等的公民，他(她)們就享有同樣的基本權利、自由
和機會；而這(連同正確地應用其他的正義原則)就足以保障他
(她)們的平等和獨立了。

換個方式來談這個問題，我們區別了「身為公民的人民」的

觀點和「身為家庭或別種團體之成員的人民」的觀點[63]。身為公民，我們有理由將種種由政治性的正義原則所具體規定的約束，施加於結社組織；而身為結社組織的成員，我們有理由限制這些約束，為結社組織所合適的內部生活留下自由與繁榮的空間。在這裡，我們再一次看到對各類原則進行分工的必要性。我們不希望政治性的正義原則——包括分配正義的原則——直接適用於家庭的內部生活。

這些原則沒有告訴我們如何養育孩子，而我們也沒有被要求必須以符合於政治原則的方式來對待孩子。在這裡，那些原則都被擱到一邊去了。當然，父母在他們孩子的問題上應當遵循某種正義（或公平）觀與適當的尊重，在一定程度上，這並不在政治原則的規定範圍之內。顯然，不可虐待和忽視孩童，以及其他許多諸如此類的約束性規定，是家庭法的一個極為重要的部分。但是，在某種意義上，社會所必須依賴的，還是家庭的成年成員的自然親情和善意[64]。

就像正義原則所要求的，妻子享有所有的公民權利，正義原則代表孩子向家庭施加了限制，孩子作為社會的未來，也享有一般的基本權利。婦女在歷史上之所以長期遭受不正義對待，原因

---

63 這想法我借自Joshua Cohen的 "Okin on Justice, Gender, and Family," *Canadian Journal of Philosophy*, 22(1992): 278.

64 Michael Sandel以為，這兩項「作為公平的正義」的原則也可以通盤適用到結社組織，包括家庭。見Michael J. Sandel, *Liberalsim and the Limits of Justice* (Cambridge: Cambridge University Press, 1982), pp. 30-34.

就在於她們得生養孩子，而且現在情況依舊，這是撫養、培育和照顧孩子的任務中不正義的部分。如果在有關離婚的法律中她們還要面臨進一步的不利的話，這種負擔就使得她們更為脆弱。這種不正義不僅對婦女產生了深刻的影響，還影響到她們的孩子；因為她們易於毀掉孩子們獲取政治德性的能力，這能力是一個活力充沛的民主社會對其未來公民的要求。密爾認為，在他那個年代，家庭是男人專制主義的學校：它反覆灌輸種種和民主制絕不相容的思維習慣、感覺方式和行為方式[65]。若真是如此，一個將合理的立憲民主社會指示出來的正義原則，就可以直接了當地引用來對家庭進行改革。

5.3 更一般的是，雖然政治的自由主義區分了適用於基本結構的政治正義，以及適用於結構內部之各種結社組織的其他正義觀，但它沒有把政治領域和非政治領域看做兩個互無關聯的、老死不相往來的空間，各自受其獨特的原則所統理。即使只有社會基本結構是正義的首要主題，正義原則仍然對家庭，以及其他結社組織施加了至關重要的限制。家庭以及其他結社組織的成年成員首先是平等的公民：這是他們的基本位置。他們所參加的任何機構和結社組織都不能違反他們作為公民所享有的權利。

因此，一個所謂的「領域」，或者「生活界域」，並不是某種早已經和政治性正義觀關係渺遠的事物。這個領域不是一個空間，也不是一個處所，而是一個結果，或結局，是政治正義的原

65　Mill, *Subjection of Women*, chap. 2, pp. 283-298.

則在基本結構中的直接應用方式與在結構內之結社組織中的間接應用方式所造成的。規定公民享有平等的基本自由和機會的原則在所有這些領域中都獲得堅持和貫徹。婦女的平等權利和作為未來公民的她們的孩子的基本權利，是不能剝奪的，無論她（他）們身處何方，都必須加以保護。任何對這些權利和自由有所限制的性別歧視，都必須排除[66]。所以，「政治性的」(the political)的領域和「公共的」(the public)的領域、「非公共的」(the nonpublic)的領域和「私性的」(the private)的領域，都是正義觀及其原則的內容和應用所造成的。如果所謂的私性的領域就是指正義不會插足的領域，那麼我要說，這領域根本不存在。

基本結構是一個單一的社會體系(a single social system)，它的每個部分都會影響其他部分。它的基本的政治正義的原則標舉出它的所有主要部分和它的基本權利所及的範圍。家庭只是其中一部分（雖然是一個主要的部分），它長期以來根據性別而形成了某種分工。有人說，在勞力市場中對女人的歧視，是家庭歷史中由性別所導致的分工的關鍵。由性別差異所導致的薪資差異，使得我們可以從經濟上理解，何以母親比父親花更多的時間和孩子們相處。此外有人相信，家庭本身就是性別不正義的「關鍵」(linchpin)[67]。但是，一個自由主義式的正義觀可能會認可家庭中的一些傳統的兩性分工——比如說，基於宗教的分工——只要這種分工是完全自願的，不是不正義的結果或是不會導致不正義。

---

66 見*A Theory of Justice*, sec. 16, p. 99.。

67 這是Okin的用語，見Okin, *Justice, Gender, and the Family*, pp. 6, 14, 170.

在這種情況下，說這種分工是完全自願的，意味著人們根據他們的宗教採納了它（從政治的角度來看，這是自願的）[68]，而不是因為存在於社會體系中其他地方的形形色色的歧視使丈夫和妻子在家庭內的性別分工變成是理性的、而且成本更低的行為。

有人希望社會中基於性別而來的分工能夠縮小到最低程度。但是，對政治的自由主義來說，它並不意味著這樣的分工是受到禁止的。我們不能建議說，平等的勞動分工必須要在家庭中強制推行，以致在某些方面，對這類平等的執行不力將導致那些沒有採納這條規則的人受到刑事懲罰。這種規則是被排除在外的，因為這裡提到的分工和基本自由，包括宗教自由，是極其相關的。盡量減少由於性別而導致的分工，在政治的自由主義中意味著，盡量做到使社會中還殘留著的勞動分工是自願的勞動分

---

68 關於這點，請見*Political Liberalism*, lecture VI, sec. 3.2, pp. 221-222. 是否可以適當地將它稱為「自願」（如果可以的話，又是在何種條件下），這是一個爭論不休的問題。簡單地說，這個問題牽涉「合理的」（the reasonable）和「理性的」（the rational）之間的區別，可以這樣來解釋這一區別：一個行為在某個意義上是自願的，但在另一個意義上則可能不是自願的。在「理性的」的意義上，一項「自願的」行為，指的是：去理性地行事，即使處在周遭條件並不公平的環境中；另外，在「合理的」的意義上，一項「自願的」行動，指的是：去理性地行事，當周遭所有條件都已公平之時。明顯地，本文是根據第二個意義來詮釋「自願」的：當周遭的條件已經合理（或公平）的時候，人們對其宗教的肯認才是自願的。在這些評論中，我假定自願之主觀條件（不管會是什麼樣）都是在場的，所以我只注意客觀條件。若要充分去討論這個問題，將使我們離題太遠。

工。這在理論上，就使得兩性間的一定的分工是可以存續的。應該要消滅的是那些非自願的分工。

因此，家庭是一個試金石，可用以檢視這個單一體系——基本結構——是否對男人和女人提供了平等的正義。如果家庭內的兩性分工的確是完全自願的，那麼就有理由認為，這一單一體系實現了給予兩性公平機會的平等。

5.4 既然民主政治在於追求其所有公民（包括它的婦女）的充分平等，那麼，它就必須有一些為達致這一平等的安排。如果婦女不平等的一個基本（如果說不是主要的）原因在於，她們在家庭裡的傳統分工體制下，承擔過多對孩子的撫養、培育和照顧，那麼，我們就必須採取措施，要麼使男女雙方的任務平等，要麼給予女方一定的補償[69]。如何才能在特定的歷史條件下以最佳的方式做到這一點，這不是政治哲學所要決定。但是，現在，一個共同的提議是，作為一項規範或指導方針的法律，應當考量婦女的養育孩童工作（女人背負這種負擔還不是一件罕見的事），讓她享有取得她的丈夫在婚姻存續期間之收入半數的權利，要是離婚了，也可以平分婚姻存續期間所增加的家庭資產之價值。

若要背離這一規範，不論是什麼，都必須提出一個具體且清楚的理由。如果丈夫遺棄了家庭，帶走了他掙錢的能力，任憑其

---

69 見Victor R. Fuchs, *Women's Quest for Ecomonic Equality* (Cambridge, Mass.: Harvard University Press, 1988). 該書第三、四章總結證據，認為主要原因並不在於一般所說的雇主歧視，在第七、八章則提議該做些什麼。

妻小處於比此前更糟糕的困境中,這種不正義將是不可容忍的。
妻子要照顧自己和孩子,並生活下去,她們的經濟地位常常是岌
岌可危的。對這種情況視若無睹的社會根本不在乎婦女,更別提
她們的平等地位了,就連她們那將來是社會主人翁的孩子,也不
理不睬。

關鍵的問題可能是,以性別為基礎所架構出來的體制涵蓋哪
些面向。它們的界線如何劃分?如果我們認為性別體系包括了任
何一種對女人,以及對作為未來公民的孩子的平等基本自由和機
會產生不利影響的社會安排,那麼無疑地,這種體系就得被正義
原則批評。因此,現在的問題變成是,對這些原則的遵守是否就
足以矯正性別體系所造成的過錯。這種矯正有部分得依賴於社會
理論和人類心理學,以及其他一些事物。不能指望光只依靠一個
正義觀就能解決這個問題。

在結束對家庭問題的討論時,我要說,我沒有進行充分的
論證以得出具體的結論。反而是,再說一次,我想做的只是描
述一下政治性正義觀及其對政治價值的排序是如何應用到基本
結構這一單一體制的,以及如何能涵蓋到它的許多(如果不是所
有的)面向的。正如我說過的,這些價值是在某一特定的、也就
是這些價值所附屬的政治性觀念中,被加以排序的[70]。這些價值
包括婦女的自由和平等、作為未來公民的孩子的平等、宗教自
由,以及最後,家庭在保證有序的社會生產和再生產及文化之

70　見§2.3。

代際傳承方面的價值。這些價值為所有的公民提供了公共理性。對於作為公平的正義和任何的合理政治性觀念，我就說到這裡為止。

§6. 有關公共理性的問題

現在我來談談有關公共理性理念的各種問題和質疑，並試著平息這些問題和質疑。

6.1 首先，它可能遇到這樣的反對：公共理性的理念會不合理地限制政治爭論和辯論中可以利用的話題和考量因素，因此，我們應當採用我們所提的「不受限制的開放視角」。我現在討論兩個例子來反駁這種反對意見。

(a)認為公共理性太具限制性的原因之一是，公共理性企圖不當地預先解決政治問題。為了更清楚地解釋這種反對意見，我們可以考慮一下「學校禱告」(school prayer)。一般認為，自由主義式觀點不會接受在公立學校進行學校禱告。但為何如此？我們必須考量所有可以用來解決這一問題的政治價值，並且思索決定性的理由將會落在哪一類價值上。1784-85年，派屈克・亨利(Patrick Henry)和詹姆斯・麥迪遜(James Madison)針對維吉尼亞州是否該建立聖公教會(Anglican Church)這樣的國家化宗教，以及宗教涉入學校等問題，進行了一場非常著名的辯論。他們在這場辯論中所引證的價值，幾乎都是政治性價值。亨利贊成建立國家化宗教，他的依據觀點是：「基督教知識具有這樣的自然傾向：校準人類的道德、約束人們的惡行、保證社會的安寧。如果不對卓然有學的

教師們提供有利的條件，上述各項可能都無法實現。」[71]看來，亨利沒有說基督教的知識本身就是善，而是說，它是成就基本政治價值(即，善以及公民的和平行為)的有效途徑。因此我認為，當他說「惡行」的時候，他的含意至少有一部分，是與在政治的自由主義中看到的或者別的民主觀所表達出來的政治德性相反的種種行為[72]。

祈禱者能否被組織起來以滿足政治正義所必需的各種限制，麥迪遜完全不理會這個難題，他對亨利所提法案的反對大部分轉向這樣一個問題：為了支持一個有序的公民社會，是否有必要建立國家化宗教。他的結論是，不需要！麥迪遜的反對意見還依賴於國家化宗教對社會和對宗教自身整合所產生的歷史效果。他對那些沒有國家化宗教卻繁榮起來的州的情況瞭若指掌，尤其是賓夕法尼亞州；他引據了早期基督教在對抗羅馬帝國時所

---

71 見Thomas J. Curry, *The First Freedon: Church and State in America to the Passage of the First Amendment* (Oxford: Oxford University Press, 1986)，pp. 139-148. 上文所引文句(出現於該書p. 140)出自Henry所提議的 "Bill Establishing a Provision for Teachers of the Christian Religion"(1784)的序言部分。要注意，享譽盛名的Patrick Henry還對Jefferson的 "Bill for Establishing Religious Freedom"(1779)提出最為嚴正的反駁，1786年時，該法案於維吉尼亞州議會再度提出，獲得通過。見Curry, *The First Freedoms*, p. 146.

72 對這些德性的討論，見*Political Liberalism*, lecture V, sec. 5.4, pp. 194-195.

具有的強大力量，以及過去國家化宗教之建立所造成的腐化[73]。只要細心一些，這些論點中的大部分，如果說不是所有的話，都可以用公共理性的政治價值這類的語彙來表達。

　　學校禱告這個例子中特別有趣的地方在於，它表明，公共理性的理念並不是一種有關特定政治體制或政策的觀點。不如說，它是一種有關理由的觀點，公民以這些理由作為他們的政治依據，對彼此提出政治性的證成，以說明他們何以支持那些援引政府強制力以處理根本的政治問題的法案或政策。這個例子還有一個特別有利的地方，就是它可以用來強調：用以支持政教分離的原則，必須是那些（在存在著合理多元主義之事實的情況下）可以被所有自由而平等的公民所肯認的原則。

73　見James Madison, *Memorial and Remonstrance* (1785), in *The Mind of the Founders,* ed. Marvin Meyers (Indianapolis: Bobbs-Merrill, 1973), pp. 8-16. 第6段提到早期基督教在對抗帝國時的巨大魄力，然而第7、11段卻提到以往國家化宗教對政教雙方所產生的彼此腐化的影響。Madison和賓夕法尼亞州的William Bradford (Madison在普林斯頓的紐澤西學院所遇見的人) 兩人在彼此的通信上稱頌並慶幸賓夕法尼亞州由於未曾設立國教而擁有的自由和繁榮。見*The Papers of James Madison*, vol. 1, ed. William T. Hutchinson and William M. E. Rachal (Chicago: Chicago University Press, 1962). 尤其可見Madison以下各信：letters of 1 December 1773, 同上，pp. 100-101; 24 January 1774, 同上，pp. 104-106; 以及1 April 1774, 同上，pp. 111-113. Bradford在給Madison信 (1774年3月4日) 上提到，自由是賓夕法尼亞的精神所在；同上，p. 109. Madison的論證和下文我將要提到的Tocqueville的論證相似。另見Curry, *The First Freedoms*, pp. 142-148.

　　在其他條件相同的情況下，政教分離的理由是：它既保護宗教免受國家的侵犯，也保護國家免受宗教的侵犯；既保護公民免受教會的干擾[74]，也保護教會免受公民的干擾。認為政治的自由主義是個人主義式的政治性觀念，這種說法是錯誤的，因為政治的自由主義的目標是保護存在於自由中的種種利益，包括結社組織的利益和個人的利益。認為政教分離主要是為了保護世俗的文化，這種認識也是大錯特錯的；毫無疑問，它保護世俗文化，但也同樣保護所有的宗教。人們常常提到，宗教在美國獲得蓬勃而廣泛的接受，彷彿是美利堅民族特殊德性的一項標誌。也許是的，不過，它可能還和下述事實聯繫在一起：在這個國家中，各種宗教都受第一條憲法增修條款的保護，使其免受各州的干涉，也沒有任何一個宗教可以透過攫奪與運用國家權力，來支配或壓制其他宗教[75]。雖然，從共和國初期以來，無疑地曾經有人考慮過這種

74　它藉由保護個人之改宗自由而做到這一點。異端和叛教都不是罪。

75　我在這裡所提的是以下這一事實：從西元4世紀君士坦丁大帝早期開始，基督教便懲罰異端，而且試圖藉由迫害和宗教戰爭來撲滅它認為錯誤的學說(例如13世紀時教皇英諾森三世[Innocent III]所發動的針對阿爾比教派的十字軍戰爭)。要做到這一點，就需要國家的強制性權力。教皇格列高里九世(Pope Gregory IX)所設立的的宗教裁判所，在16、17世紀宗教戰爭時期大行其道。儘管美洲殖民地大部分地區已經建立起國家化宗教（英格蘭有公理教 [Congregationalist]、南方有聖公會 [Episcopalian]），但美利堅聯邦卻沒有，這要感謝聯邦的多元化的教派，以及它們所贊同的第一修正案。迫害性的狂熱曾經是基督宗教的最大禍根。Luther、Calvin和新教改革者同樣具有這種特質，而天主教會也要一直到第二次梵蒂岡宗教會議之後，才有徹底的改變。在〈梵蒂岡

目標，但卻從沒有被認真地付諸嘗試。事實上，托克維爾認為，在美國民主政治之所以力量強大的眾多原因中，其中一個便是政教分離[76]。政治的自由主義和其他許多自由主義式觀點都共同接受

（續）————

宗教會議的宗教自由宣言〉（Council's Declaration on Religious Freedom 中）——*Dignitatis Humanae*——中，天主教會致力宣揚立憲民主政制當中的宗教自由原則。該宣言聲明宗教自由的倫理原則以人類個人尊嚴為依據；聲明一種「在宗教事務上，政府的作為是有限的」的政治信條；以及聲明一種「在教會與政治、社會世界之關係上探討教會自由」的神學信條。所有的人，不管他們的信仰是什麼，都享有同樣的宗教自由權。見 "Declaration on Religious Freedom(*Dignitatis Humanae*)：On the Right of the Person and of Communities to Social and Civil Freedom in Maters Religious"(1965)，in Walter Abbott, S. J., ed. *The Documents of Vatican II*(New York: Geoffrey Chapman, 1966)，pp. 692-696。正如John Courtney Murray, S. J. 所說的：「一個長期以來的模稜兩可終於獲得釐清。教會不再以雙重標準來處理世俗秩序——當天主教是少數時就強調教會自由，當天主教是多數時就強調教會擁有特權，以及對其他宗教不寬容。」見John Courtney Murray, "Religious Freedom," in Abbott, ed., *The Documents of Vatican II*, p. 673. 另可參見Paul E. Sigmund, "Catholicism and Liberal Democracy," (in *Catholicism and Liberalsim: Contributions to American Public Philosophy*, ed. R. Bruce Douglas and David Hollenbach, S. J., Cambridge: Cambridge University Press, 1994)這篇文章中頗具啟發性的討論，尤其是pp. 233-239。

76 Alexis de Tocqueville, *Democracy in America*, vol. 1, ed. J. P. Mayer, trans. George Lawrence (New York: Perennial Library, 1988)，pp. 294-301。在討論「使宗教在美國如此力量強大的主要原因」時，Tocqueville說，天主教神職人員「都認為宗教之所以能在他們的國家發揮和平統治的作用，主要理由在於政教完全分離。我可以毫不含糊地說，我在美國逗留期間，從未遇見一個人，不管是神職人員還是俗人，在這個問題上持有

這一命題[77]。一些有信仰的公民認為，這種分離和宗教是相互敵對的，而且試圖改變這種情況。我認為，他(她)們這種做法沒有抓住宗教之所以在這國家力量強大的原因，而且，就像托克維爾所說的，他(她)們似乎準備要毀壞它，以便在政治權力中獲取短暫的好處。

(b)還有一些人認為，公共理性太具限制性了，因為它會導致僵局[78]，以致無法對爭議問題做出決斷。在某種意義上，僵局確實

(續)——————————

不同意見。」(p. 295)他繼續寫道：「在那裡，宗教與人世政府曾經緊密結合，從恐怖和信仰兩個方面去支配人們的靈魂。但是，一旦宗教建立起這樣的聯盟，我敢說，它就會像一般人一樣地犯錯；它可以為現在而犧牲將來，為取得它不應有的權力而放棄自己的正當權威……因此，宗教不可能只分享統治者的物質權力而不承擔統治者所招致的仇恨。」(p. 297)他評論說，這些觀察更適用於民主國家，因為在民主國家裡，一旦宗教追求起政治權力，它就必然使自己依附於某個特定政黨，並且背負這政黨招致的敵意。(p. 298)在提到歐洲宗教衰弱的原因時，他結論道：「我深信，政治和宗教的密切結合，就是這個意外且特殊的原因……歐洲基督教曾經准許它自己和這世界的權力緊密地統合。」(pp. 300-301)(【譯註】本段Tocqueville文句中譯引自董果良先生譯，《論美國的民主》，北京：商務印書館，1988年，上冊，頁342-349，並依據英文修改)。政治的自由主義接受Tocqueville的觀點，而且認為，這可能是到目前為止，對各種整全性(包括宗教的及世俗的)學說間的和平之基礎所做的解釋中，最好的一種。

77 在此，政治的自由主義同意Locke, Montesquieu與Constant; 也同意Kant, Hegel與Mill.

78 這個詞我借自Philip Quinn。這一理念出現在*Political Liberalism*, lecture VI, sec. 7.1-2, pp. 240-241.

會發生，不僅道德推理和政治推理中會產生，在所有的推理形式中，包括科學推理和常識推理在內，也都會產生僵局。不過，這些都不切題。比較切題的比喻，是這些不論是立法者制訂法律或是法官判決案件時都必須下決定的場景。在這些場景中，必須訂立一些政治的行動規則，而且，所有人都必須有能力對下決定之過程予以合理的支持。回憶一下，公共理性把公民該負有公民素質之義務這種公民職責看成是類似於法官的斷案職責。正如法官在判案時，要依據法律判例、被認可的法定詮釋典則，以及其他一些相關基礎等，公民在任何憲法的根本要素和基本正義的問題遭受質疑的時候，也要根據公共理性進行推理，並受互惠(相互性)判準的指導。

因此，當似乎發生僵局的時候，也就是說在雙方的論點爭持不下的時候，法官不能只訴諸於自己的政治觀點來解決這類案件。法官要是這麼做，就違背了他們的義務。這一點同樣適用於公共理性：在僵局出現的時候，如果公民們只是引證他們的整全性觀點的根基理由(grounding reasons)[79]，那麼，互惠(相互性)原則就會遭到違反。從公共理性的觀點看，公民必須以他們真心誠意認定的最合理方式，表決這些政治價值的順序。要不然，他們就無法以滿足互惠(相互性)判準的方式來施行政治權力。

---

79 我之所以用「根基理由」這個詞，是因為那許許多多可能訴諸這些理由的人，會把它們看成是公共理性與政治性正義觀的理想與原則之合適根基，或真正基礎(不管是宗教上的、哲學上的或是道德上的)。

特別是，一旦出現激烈爭論的問題，比如說墮胎這類可能
使各種不同的政治性觀念之間出現僵局的問題，公民就必須根
據他們完整的政治價值之排序，來進行投票[80]。實際上，下述情
形十分平常：別指望能夠會有完全一致的意見。合理的政治性
正義觀並不總是能夠推導出相同的結論[81]；抱持相同觀念的公民

---

80 有些人想必已經讀過*Political Liberalism*, lecture VI, sec. 7.2, pp. 243-244
上的腳註，他們以為這即是對婦女在前三個月懷孕期擁有權墮胎的論
據。不過我沒這個意思。（它是表達了我的觀點，但我的觀點並不就是
一項論據。）這個腳註的目的是不是只在於闡明並確認這個腳註在文本
中所附隨的那句話：「只有牴觸公共理性的整全性學說，才是那些無法
（在就這個問題上）支持政治價值之合理平衡（或排序）的學說。」我對這
一點沒有說清楚，是我不對。為了解釋我這句話的意思，我在墮胎權這
個棘手議題上用了三種（當然，還有更多）政治價值，而人們以為政治價
值應用在這一議題上是不恰當的。我相信，只要這些價值能在公共理性
中獲得合適的發展，那麼，對這些價值的一種更加細緻的詮釋就有可能
衍生出某種合理的論證。我在說的不是最合理的或最決定性的論證；我
不知道最合理的論證是什麼模樣，甚至它是否存在也不清楚。（有關更
詳細的詮釋，見Judith Jarvis Thomson, "Abortion," *Boston Review*,
20 [Summer 1995]: 11, 雖然我還想追加一些補充說明。）為了說得更清
楚些，現在先假設，在公共理性中有一種對墮胎權表示支持的合理論
證；不過，在公共理性中卻沒有一種對等的、支持反墮胎權的政治價值
的合理平衡（或排序）。因此，在這種情況下，而且僅只在這種情況下，
這種否定墮胎權的整全性學說才與公共理性相牴觸。不過，要是它更能
滿足廣泛意義上的公共理性的但書，或至少是其他一些觀點，那麼，在
公共理性中它就可以成立了。當然，一項整全性學說就算不是完全不合
理的學說，它也有可能在某個或某幾個議題上變得不合理。
81 見*Political Liberalism*, lecture VI, sec. 7.1, pp. 240-241.

在某個特定議題上往往也意見紛歧。不過，就像我前文說過的，
投票結果會被看成是正當的，只要合理公正的立憲政制中的政
府官員（受其他講理的公民所支持）是根據公共理性的理念來投
下他們真誠的一票。不過，這不意味說這種結果一定真確無誤，
但它一定是合理而正當的法律，並透過多數決原則來約束所有
的人。

　　當然，有人可能會拒絕一個正當的判決，就像羅馬天主教
可能會拒絕對墮胎權予以承認的判決一樣。他們可能會在公共
理性中提出反對判決的理由，而且可能無法取得多數支持[82]。不
過，他們本身並不需要親自執行墮胎權。他們承認這種權利屬
於正當法律所管轄，而這些法律是依據正當的政治體制和公共
理性所制訂的，所以他們不會以武力來反抗它。武力反抗是不
合理的：因為這意味著企圖以武力強行推廣他們自己的整全性
學說，而這些學說是其他大多數遵循公共理性且並非不講理的

---

82 關於這一種論證，見Cardinal Joseph Bernadin, "The Consistent Ethic:
What Sort of Framework?" *Origins*, 16(October 30, 1986): 347-350.
Cardinal所提出的公共秩序理念(idea of public order)包括三種政治價
值：公共和平、對人權的根本保障、對法共同體中道德行為之標準的共
同接受。不僅如此，他還同意並非所有的道德定言令式都得被轉換成民
事禁令，他認為，保障人類生活和基本人權對政治、社會秩序來說是至
關重要的。他希望以這三項價值為基礎，來證成對墮胎權的否定。當然，
除了指出他的觀點顯然是脫胎自某種公共理性形式之外，我不打算在這
裡做進一步的評價。至於他的觀點本身是否合理，或是是否比另一方的
論證更為合理，那是另外一個問題。和公共理性中任何一種推理形式一
樣，這種推理有可能是令人誤解的或是錯誤的。

公民所無法接受的。當然，天主教還是可能循著公共理性，繼
續為反墮胎權爭辯。和任何形式的推理一樣，公共理性中的推
理也不是一勞永逸的。不僅如此，天主教會既可以依其非公共
理性要求它的成員奉行其學說，也可以尊崇公共理性，這兩件
事完全沒有矛盾[83]。

　　我討論的不是墮胎問題本身，因為我關心的不是這個問題，
而是在強調，公共理性的理念並不會總是導向一致同意的觀點。
不過，就算一直得不出來，也不是什麼錯。公民在辯論和論證中
學習、獲益，而且，只要他們的論證是遵循公共理性，他們就是
在指引社會的政治文化，並加深彼此的理解，即使他們一時還不
能達成協議。

　　6.2　有某些以僵局反駁為基礎的考量因素，會導致一種對公
共理性更一般性的反駁，即：公共理性賴以為根基的這一套合理
的政治性正義觀族系之內容本身太過狹隘。這種反對意見堅持認
為，我們應該為我們的觀點提出我們認為是真實的或者根基性的
理由。也就是說，這種反對意見堅定主張我們必須表達從我們的

83　就我目前所知，這個觀點和John Courtney Murray神父的立場類似，他
　　在*We Hold These Truths: Catholic Reflections on the American Proposition*
　　(New York: Sheed and Ward, 1960), pp. 157-158上表達了他認為的教會
　　在墮胎問題上應該採取的立場。另見Mario Cuomo在1984年Notre Dame
　　講座中有關墮胎的演講，載*More Than Words: The Speeches of Mario
　　Cuomo* (New York: St. Martin's, 1993), pp. 32-51。我很感謝Leslie Griffin
　　和Paul Weithman討論和釐清了在這裡，以及在前一個腳註中所涉及的
　　論點，並讓我瞭解了Murray神父的觀點。

整全性學說來看是真實的或是正確的事物。

　　但是，正如我開始時說過的，在公共理性中，以整全性學說為基礎的真理理念或者正當理念，被一種以「作為公民的公民」為表達對象的「在政治上是合理的」的理念所取代。這一步對於建立一種所有人都能以自由平等的公民之身分而共同享有的政治推理之基礎來說，是必要的。由於我們在尋找適用於政治與社會體制——即政治與社會世界的基本結構——的公共證成，因此，我們將個人以公民身分看待。這就給每個人派定了相同的基本的政治位置。我們在向所有公民提出我們的理由時，我們不會去考慮公民個人的社會出身或其他淵源，也就是說，不考慮他屬於哪一種社會階級，哪一種財產及收入的團體，或是支持哪一種整全性學說。我們也不訴諸哪個人或哪個團體的利益，雖然在某些時候我們是有必要考慮這些利益。不如說，我們認為人是講理且理性的、是自由而平等的公民，他具有兩種道德能力[84]，而且任何時候都具有一種明確的善觀念，而隨著時間的流變，人們所擁有的善觀念有可能跟著不同。公民的這些特徵，隱含在他們對一個公平的社會合作體系的參與中，也隱含在他們對公共證成（他們依公共證成來對根本性的政治問題下判斷）的追求與表現中。

　　我強調，這個公共理性的理念和許多非公共理念形式是完全

84　這兩種能力，正義觀之能力以及善觀念之能力，是在 *Political Liberalism* 一書中討論的。尤其要看 lecture I, sec. 3.2, p. 19; lecture II, sec. 7.1, p. 81; lecture III, sec. 3.3; pp. 103-104; lecture III, sec. 4.1, p. 108.

相容的[85]。這些屬於公民社會社眾多結社組織的內部生活,而且,它們當然並不全都是一樣的。不同的宗教結社組織各有其不同的非公共理性,這些被其成員所享有的非公共理性和各個科學協會的非公共理性是不一樣的。既然我們要追求一種社會所有公民都可以共用的公共證成之基礎,那麼,用「向分居各處的特定個人或團體(乃至於所有的個人和團體)提供證成」這種辦法,是做不到的。「社會中的所有人」這種提法還是太寬泛了,除非我們假定他們本質上全都一個樣。在政治哲學中,有關我們的本質的理念,其作用之一,就是以一種標準的、正典的(canonical)方式來設想人,以便於讓所有人都有可能接受同樣的理由[86]。但是,在政治的自由主義中,我們力圖避免這種自然的、心理學的觀點,以及神學的或是世俗的學說。我們把關於人類本質的陳述棄之一旁,而另外倚賴一種以公民身分呈現的政治性的人觀(a political conception of persons as citizens)。

6.3 正如我一直強調的,政治的自由主義的核心,在於自由而平等的公民同時對一種整全性學說和一個政治性觀念加以肯

85 見*Political Liberalism*, lecture VI, sec. 4, pp. 223-227.

86 有時候,「標準化」(normalize)這個詞被使用在這種關聯中。例如,人們擁有某些特定的宗教上或哲學上的根本利益;不然就是某些特定的自然的基本需求。不僅如此,他們可能還會有某種特定的自我實現之典型模式。托瑪斯主義者(Thomist)會說,我們最渴望的是「上帝異象」(*Visio Dei*),即使我們自己並不知道;柏拉圖主義者(Platonist)會說,我們戮力追求的是善之表象(vision);而一個馬克思主義者則會說,我們所追求的目標是人之作為「類存有」(species-beings)的自我實現。

認。不過，整全性學說及其伴隨的政治性觀念兩者之間的關係，卻很容易遭致誤解。

當政治的自由主義談及各整全性學說之間的一項合理的交疊性共識時[87]，它是指，所有這些學說，包括宗教的和非宗教的，都支持一個能夠給予立憲民主社會以支撐的政治性正義觀，而這個正義觀的原則、理想和標準都能滿足互惠(相互性)判準。於是，所有合理的學說都認可這種社會及其相應的政治體制：所有公民都享有的平等的基本權利和自由，包括良心自由和宗教自由[88]。相對地，對這類民主社會不表支持的整全性學說，就不是合理的學說了。它們的原則和理想不僅未曾滿足互惠(相互性)判準，而且在許多方面，它們也無法確立平等的基本自由。想想這些例子：許許多多的原教旨主義宗教學說、國王的神聖權利與各式各樣的貴族制形式，當然，別忘了，還有種種型態各自不同的獨裁與專制。

此外，合理整全學說中的真確判斷從來就不會和與它相關的政治性觀念中的合理判斷產生衝突。政治性觀念中的合理判斷仍然必須由整全性學說來確認其是否為真、是否正確。當然，公民自己的整全性學說還是得由他們來肯認、修正或更換的。他們的學說有可能凌駕或輕忽立憲民主社會的政治價值。但這個時候，這些公民就不能宣稱這些學說是合理的。既然互惠(相互性)判準

---

87 這樣一種共識的理念在 *Political Liberalism* 一書許多處都討論過，尤其是 lecture IV，並請查閱索引。

88 同上，pp. xviii(平裝版)。

是詳述公共理性及其內容的重要根據，所以，政治的自由主義把
所有這類學說當成是不合理的學說，予以拒斥。

在一個合理的整全性學說中，尤其是宗教學說中，對價值的
排序可能不是我們所以為的那樣。因此，假定我們把救贖和永恆
生命——上帝異象——這類價值稱為**超驗的**價值（transcendent
values）。那麼，我們會說，上帝異象這種價值高於，或者說優位
於立憲民主社會的合理政治價值。這些政治價值是凡世的價值，
和超驗的價值相比，它們處於一個不同的、而且較低階的層次
上。不過，這並不意味說這些低層次但卻合理的價值就得要被宗
教學說的這些超驗價值所凌駕其上；事實上，**合理的整全性學說**
並不會凌駕於它們，只有那些不合理的整全性學說才會凌駕於這
些合理的政治價值。這項結果，是由政治的自由主義所確立的「在
政治上是合理的」這一理念所造成的。回顧一下我們說過的：一
個宗教學說在對一個立憲民主政制表示贊同的時候，可能會說，
這類事物就是上帝對我們的自由所施加的限制[89]。

有一種更進一步的誤解宣稱：公共理性中的這項論證無法在
1858年林肯與道格拉斯①的大辯論中，提供助力，讓林肯駁倒道

89　見§3.2。有時候人們會問，為什麼政治的自由主義要如此看重政治價
　　值，好像人們只有以超驗的價值來作為對比，才能評估這些價值。但其
　　實，就像在文本中看到的，政治的自由主義並沒有做這種比較，也不必
　　做這種比較。

①　【譯註】史蒂芬·道格拉斯（Stephen Arnold Douglas, 1813-1961），美國
　　民主黨員，曾擔任眾議員、參議員與總統候選人。主張以普選方式而不
　　是國會決議的方式來決定某一州是否可以蓄奴。1858年與林肯角逐伊利

格拉斯[90]。但為什麼不能呢？毫無疑問，他們在爭辯「奴隸制是正確的還是錯誤的」這種根本性的政治原則。既然對奴隸制的駁斥顯然是在保障平等的基本自由這類憲法的根本要素，那麼可以肯定地說，林肯的觀點是合理的(即使不是最合理的話)觀點，而道格拉斯則不是。林肯的觀點可以被任何合理的整全性學說所支持。因此，他的觀點之所以會和宗教性的廢奴主義學說以及民權運動站在同一陣線，沒什麼好大驚小怪的。還有什麼更好的例子可以用來證明公共理性在政治生活中所呈現的力量呢[91]。

(續)————————————————

　　諾州參議員席次，雙方進行了七次辯論，這便是有名的「林肯—道格拉斯大辯論」(Lincoln-Douglas Debates)，最後以道格拉斯勝選告終。但1860年，兩人在總統大選中再度較量，獲勝者則換成了林肯。

90 關於這點，見Michael J. Sandel, "Review of *Political Liberalsim*," *Harvard Law Review*, 107(1994): 1778-1782, 以及Michael J. Sandel稍後出版的 *Democracy's Discontent: America in Search of a Public Philosophy* (Cambridge, Mass.: Harvard University Press, 1996), pp. 21-23.

91 有些人可能會認為，政治觀念和(道德上的)對錯無涉。但要是這樣認為的話，那就不只是誤解，而且是謬論了。政治性正義觀本質上就是一種道德性的理念(moral ideas)，這是一開始我就已經強調的。照這看法，它們是一種規範性的價值(normative value)。另外，有些人會認為，與此相關的政治觀念是由一個民族如何實際建立其現有體制的方式所確定的——可以說，「政治性的」(the political)是由「政治」(politics)所給定的。從這個角度來看，1858年奴隸制的盛行意味著林肯對奴隸制的批評是一種道德批評，也就是說，這是一項關乎對錯的道德事務，而不是一項「政治」事務。將「政治性的」說成是由一個民族的「政治」所確定的，這或許是「政治性的」這個詞彙的可能用法之一。但這樣一來，它就不能成為規範性的理念，也不再是公共理性的組成部分了。我們必

　　6.4 對公共理性理念的第三種一般反對意見是：公共理性理念是不必要的，在建構良好的立憲民主社會上，它一點用處也沒有。它的限制和約束要能派上用場，主要是在下述這種情況：社會已經嚴重分裂，各種相互仇視的宗教結社組織和世俗團體充斥其間，每一個都效死拼命讓自己成為掌控政治的力量。這種反對意見認為，在歐洲民主國家和美國這類政治社會中，這種擔心不過是杞人憂天。

　　但是，這種反對意見並不正確，就社會學意義來看，也是錯誤的。因為，如果沒有公民對公共理性的忠誠和他們對公民素質之義務的尊崇，各種學說之間的分裂和敵意注定早晚會讓它們各自固化自己的意見，就算現在還沒有發生的話。很不幸地，各種學說之間的和諧一致和一個民族對公共理性的肯認並不是一個永恆的社會生活情境。不如說，和諧一致有賴於公共政治文化的蓬勃活力，有賴於公民對公共理性理念的奉獻和實現。只要公民不再看重對公共理性的肯認，開始無視於它，他們就很輕易地會墮入憎惡與憤恨的深淵。

　　回到我們本節開始之處：我不知道該怎麼證明公共理性並沒有太具限制性，也不知道它的形式能不能被恰當地描述出來。我懷疑這是一個能夠完成的任務。不過我相信，這不是什麼嚴重問題，只要絕大部分例子都能符合公共理性的架構，而不符這個架構的例子又具有明顯的特徵，既足以使我們理解它們為什麼會難

（續）─────────────────────────────

　　須牢牢堅持這一看法：「政治性的」乃是一項根本性的範疇，涵蓋了所
　　有作為內在道德價值的政治性正義觀。

於符合這些架構，又告訴我們，一旦發生這些困難時，我們該如何應付。這提出了一個一般性的問題：有沒有一種重要案例，顯示憲法的根本要素和基本正義並不符合公共理性的架構，而如果有的話，它們又為什麼會有這樣的困難。在這篇文本裡，我不打算再回答這些問題了。

§7. 結論

7.1 通篇文章中我所關心的，是當代世界中這樣一個折磨人的問題：民主政治和宗教的、非宗教的整全性學說到底能不能相容？如果可以，又該如何相容？宗教和民主間目前的許多衝突引發了上述問題。為了給它一個回答，政治的自由主義區分了自我證立(self-standing)的政治性正義觀，以及整全性學說。以教會和《聖經》的權威為依靠的宗教學說當然不是自由主義式的整全性學說：它主流的宗教價值和道德價值並不是康德或密爾所指出的那些價值。儘管如此，它還是有可能贊同立憲民主社會，承認它的公共理性。在這裡，根本的問題著落在：公共理性是一種政治性的理念，它坐落於「政治性的」的範疇之內。它的內容是由滿足互惠(相互性)判準的一整套(自由主義式的)政治性正義觀之族系所給定的。不管任何宗教信仰與宗教禁令，只要它們符合種種最重要的憲法自由權，包括宗教自由和良心自由，公共理性就不施加任何干預。宗教和民主之間沒有戰爭，也不必有戰爭。就此來說，政治的自由主義截然不同於啟蒙自由主義，也排斥啟蒙自由主義。啟蒙自由主義在歷史上曾經對正統基督教發動攻擊。

民主與合理的宗教學說間的衝突，以及各合理的宗教學說間
的衝突，在立憲民主社會中合理的正義原則的界限內，被相當程
度緩解與抑制了。這種緩解得益於寬容的理念，而我也區分了兩
種不同的寬容理念[92]。一種是純粹政治性的，以權利和義務（依據
合理的政治性正義觀來保障宗教自由）來表示[93]。另一種並非純粹
政治性的，而是藉由某個宗教的或非宗教的學說來表達的。不過，
政治性觀念的合理判斷仍然必須由合理的整全性政治學說來確認
其是否為真或是否正確[94]。因此我認為，一個合理的整全性學說會
接受某些對寬容表示支持的政治論證形式。當然，公民會認為，
與其說對寬容與立憲民主社會之其他要素表示支持的根基理由是
政治性的，不如說它們是在宗教和非宗教的學說中發現的理由。
他們很可能會說，這些理由是真理由或是正確理由；他們還可能

---

92 見§3.2。

93 見*Political Liberalism*, lecture II, secs. 3.2-4, pp. 60-62. 主要論點可以簡
要表述如下：(1)講理的人不會全都肯認同一種整全性學說。可以說，
這是判斷的負擔所造成的後果。見註95。(2)許多合理學說都獲得肯認，
但不能認為，這些學說全都可以從某一整全性學說內部來判斷其真偽或
正確與否。(3)只要是合理的整全性學說，都可以給予肯認，這種做法
並非不合理。(4)我們承認，雖然其他人所肯認的合理學說和我們所肯
認的不一樣，但他們一樣是講理的人，他們當然不會因為這個緣故就被
認為是不講理的。(5)如果我們不只承認某一種學說的合理性，甚至還
進一步肯認我們對它的信仰，這時，我們也不是不講理的。(6)講理的
人認為，使用政治權力（一旦他們擁有它）去壓制其他合理的但卻和他們
所信奉之學說不同的學說，是不合理的。

94 見§6.3。

會把政治理由看成是膚淺的理由，而根基理由則是深刻的理由。
但是，這裡還是不存在衝突，而是存在著一些協同一致的判斷，
這些判斷一方面是從政治性正義觀做出的，另一方面則是從整全
性學說所做出的。

但是，透過公共理性所促成的和解是有限制的。有三種主要
衝突導致公民們糾紛不斷：源於無法調解的整全性學說的所造成
的衝突；源於社會地位、階級立場及職業之差異，或是源於族群
性、性別及種族之差異所導致的衝突；以及最後，由於判斷的負
擔所造成的衝突95。政治的自由主義所關心的，主要是第一種衝
突。它認為，就算我們的整全性學說是無法調解的、無法被妥協
的，那些肯認合理學說的公民們還是有可能分享其他種理由，也
就是那些以政治性正義觀這一方式而給出的公共理性。我還相信
這樣的社會有能力解決第二類衝突，它處理公民基於其根本利
益——政治的、經濟的、社會的——而產生的衝突。因為，一旦
我們接受了合理的正義原則，承認它們是合理的(即使不是最合
理的)，並且知道(或合理地相信)我們的政治和社會制度已經滿
足這些原則，那麼，第二類衝突就不會出現，或者說，不會這般
無法抑遏地湧現。政治的自由主義不曾去如此精確地考量這些衝

---

95 這些負擔在*Political Liberalism*, lecture II, sec. 2中有所討論。大體上，它
們是講理的人(reasonable persons)和理性的人(rational persons)兩者間
之合理不一致(reasonable disagreement)的根源或原因。它們涉及到衡量
各種不同的證據、價值，以及諸如此類之事物等的份量，它們還對理論
的和實踐的判斷有所影響。

突，而是把它們擱下，讓作為公平的正義或是其他種合理的政治
正義的觀念去考慮。最後，從判斷的負擔中產生出來的衝突一直
都存在，還限制了可能達成之協議的範圍。

7.2 合理的整全性學說不排斥立憲民主政體的根本要素[96]。
不僅如此，講理的人還在兩個面向上凸顯了他們的特性：首先，
他們已經準備好在平等的成員間給出公平的條款，要是別人也是
同樣做法，他們就會遵守這些條款，即使他們原本根據自己的利
得是不打算這樣做的[97]；其次，講理的人承認並接受判斷的負擔
所產生的後果；這導出了民主社會中合理的寬容理念[98]。最後，
我們來談談「正當的法律」(legitimate law)這一理念，講理的公
民對它的理解是：它適用於政治權威之一般性結構[99]。公民們知
道，在政治生活中，即使大家都期盼全體一致，但這件事是幾乎
不可能實現的，所以，為了能夠做出決策，一部合理的民主憲法
必須包含多數決(絕對多數)或其他相對多數決的表決程序[100]。

當基本的政治問題面臨重大質疑時，就公共理性的目的來
看，光運用「在政治上合理的」這一理念，就足以做出圓滿的回
答。當然，原教旨主義宗教學說和專制與獨裁的統治者將會拒絕
公共理性的理念和審議式民主。他們會說，民主會導向一種和他

96　見*Political Liberalism*, p. xviii.

97　同上，lecture II, sec. 1.1, pp. 49-50.

98　同上，lecture II, sec. 2-3.4, pp. 54-62.

99　同上，lecture IV, sec. 1.2-3, pp. 135-137.

100 同上，lecture IX, sec. 2.1, pp. 393.

們的宗教相對立的文化，或是拒斥那些只有獨裁和專制的規則才
能保障的價值[101]。他們斷言，「在宗教上為真」(the religiously true)
或是「在哲學上為真」(the philosophically ture)推翻了「在政治
上合理的的」(the politically reasonable)。我們在此只需要說：這
類學說在政治上是不合理的。從政治的自由主義內部來看，已經
無須再言。

我在文章開頭[102]提到這一事實：在每個實際社會中，不管它
講理的公民多麼具有主導性和控制力，總會有許多不合理的、與
民主社會不相容的學說充斥其中——要麼是某些特定的宗教學
說，比如說原教旨主義宗教，要麼是某些特定的非宗教的(世俗
的)學說，比如說獨裁、專制學說，我們這個世紀提供了許多臭
名昭著的例子。至於不合理的學說在一個立憲民主政制中能夠活
躍，以及被接受到多大程度，這件事並沒有提出什麼新而不同的
問題，儘管在這項有關公共理性的說明中，我們已經將焦點集中
在「合理的(講理的)」這一理念以及講理公民所扮演的角色了。
不能在對待合理的學說時，用一套寬容之解釋，而對待不合理的
學說時，又用另外一套寬容之解釋。這兩種情況都可以透過適當

---

101 請注意，不論是宗教或是專制獨裁，都不可能透過公共推理導出它們對
民主政治的反駁。

102 當然，每個社會都會包括許多非理性的學說。不過，在這篇文章裡，我
關注的是一種理想的規範性民主政府觀，也就是說，關注的是它的講理
公民的行為和他們所遵循的原則，並假定這些行為和原則具有支配與控
制的作用。不合理的學說能夠活動和被容忍到什麼程度，得視正義之諸
原則及其所允許之行為而定。

的政治性正義原則和這些原則所允許的行為來加以解決[103]。不合
理學說對民主體制來說是一種威脅,原因是,除非把立憲政制當
做是一種暫訂的協議,否則,它們是不可能誠心順服的。它們的
存在是一種限制,使我們無法充分實現一個合理的民主社會,及
其公共理性的理想與正當法律的理念。但這個事實與其說是公共
理性理念的缺點或失敗,不如說是它指出了公共理性所能夠達到
的成功界限。它並沒有削弱「將這理想之實現延伸至極致」的嘗
試的巨大價值與重要意義。

7.3 讓我以指出《正義論》和《政治的自由主義》之間的根
本差異,來總結本文。《正義論》十分明確地想要從洛克、盧梭
和康德等人所代表社會契約理念,開展出一種正義的理論,一種
不會招致一般所認為的致命的反駁、而且證明是優於長期占據主
導地位的功利主義傳統理論的。《正義論》希望提出這種理論的
結構特徵,使它能夠最接近我們對正義的深思熟慮的判斷,從而
提出最適於民主社會的道德基礎。再者,作為公平的正義在該書
中被便表現為一種整全性的自由主義學說(儘管在該書中沒有用
到「整全性的」這個詞),而書中所指的良序社會的所有成員,
都肯認上述那同樣一種學說。這種良序社會和合理的多元主義之
事實有所矛盾,因此《政治的自由主義》認為那種社會不可能出
現。

是故,《政治的自由主義》考慮另外一個不同問題:對肯認

---

103 見*A Theory of Justice*, sec. 35(對不寬容者的寬容); *Political Liberalism*,
lecture V, sec. 6.2, pp. 197-199.

某種整全性（宗教或非宗教的）學說的人，尤其是那些肯認以宗教權威（比如說教會或是《聖經》）為基礎的特定學說的人來說，怎樣才能使他們同時也願意堅持一種作為立憲民主社會之支撐基礎的合理的政治性正義觀？政治性觀念被看成既是自由主義式的，也是獨立自持的，但不是整全性的，宗教學說卻是被看成整全性的，不是自由主義式的。這兩本書並不對稱，雖然它們都具有公共理性的理念。在《正義論》中，公共理性是由一種整全性的自由主義學說所賦予的，而在《政治的自由主義》中，公共理性則是一種關於政治價值的推理方法，而這些政治價值為自由而平等的公民所共享，只要公民的整全性學說和民主政體是一致的，這些政治價值就不會侵犯這些學說的領域。因此，《政治的自由主義》裡的良序立憲民主社會是一個這樣的社會：在這社會中，占有主導地位和控制力的公民肯認種種無法調解但卻合理的整全性學說，並依之而行動。這些學說反過來支持了那些將社會基本結構中公民的基本權利、自由和機會都標舉出來的合理的（雖然不必然是最合理的）政治性觀念。

索引

(3)have a moral nature, 自由主義式民族具有一種道德本性 35;
are reasonable and rational, 自由主義式民族是講理且理性的 35;
offer fair terms of cooperation to other peoples, 自由主義式民族對其
他民族提出公平的合作條款 35;
differ from states, 自由主義式民族不同於國家 41;
limit interests by the reasonable, 自由主義式民族透過「合理（講理）
的」來對利益加以限制 41;
try to assure justice for all citizens and peoples, 自由主義式民族嘗試
確保所有公民和民族的正義 41;
fundamental interests of , specified by liberal conception of justice, 自
由主義式民族的根本利益是由自由主義式的正義觀所具體規定的
41, 46, 56;
have no comprehensive doctrine of the good, 自由主義式民族沒有整
全性的善學說 56, 66;
not swayed by power or glory, 自由主義式民族不被權力或榮耀所左
右 66;
have no reason to go to war, 自由主義式民族沒有理由發動戰爭
66;
self-respect of, 自由主義式民族的自尊 66-67
另可參見Liberal society條目
Liberal society: 自由主義式的社會；自由的社會
is a constitutional democracy, 自由主義式的社會是一種立憲民主政
治 16;
as realistic utopia, 作為現實的烏托邦的自由主義式社會 16-22;
three characteristic principles of, 自由主義式社會的三種特性原則
19, 68;
does not have a comprehensive conception of the good, 自由主義式社

「理性的」的理念這種想法是由充要條件所標舉出來的，而不是它
們所定義　121, 122;

counting principles,　「理性的」的理念所具有的計算原則　122

Rationality:　「理性」

excludes the reasonable in view of states,　從國家來看，「理性」排除
了「合理的」　39

另可參見Rational, idea of the條目

Realism, politiacl,　政治的現實主義　64-67;

sees international relations as struggle for wealth and power,　政治的現
實主義認為國際關係是一種對財富與權力的爭奪　64

Realistic utopia,　現實的烏托邦　5, 7-8;

political philosophy, when realistically utopian,　現實的烏托邦是一種政
治哲學，當它是現實烏托邦式的時候　8, 15;

meaning of,　現實的烏托邦的意含　10, 15-16, 176;

institutional nature of,　現實的烏托邦的體制性本質　22;

hope for rests on reasonable liberal constitutional (and decent) regimes
in Society of Peoples,　現實的烏托邦寄望以諸民族之社會中的合
理的自由主義式立憲(或正派的)政制為基礎　41-42, 173;

stability of,　現實的烏托邦的穩定性　61-62;

and role of political philosophy as reconciling us to our social world,
現實的烏托邦與政治哲學的角色在於讓我們接納我們的社會世界
173;

and possibility of a reasonably just Society of Peoples,　現實的烏托邦
與合理公正的諸民族之社會的可能性　177

Reasonable, idea of the:　「合理的」的理念，「講理的」的理念

limits liberal peoples' interests,　「合理的」的理念對自由主義式民族
的利益有所限制　41;

are different ways to interpret, 「合理的」的理念有不同的詮釋方式 42;

in Law of Peoples, 萬民法中的「合理的」的理念 51;

public reason and the politically reasonable addressed to citizens as citizens, 針對作爲公民的公民而言的公共理性與「在政治上合理的」 76, 175, 184;

no definition of in political liberalism, 在政治的自由主義中，並沒有對「合理的」的理念加以定義 94;

content of not derived from principles of practical reason, 「合理的」的理念的內容並不是從實踐理性之原則推導出來的 120n;

no list of necessary and sufficient conditions for, 對「合理的」的理念來說，並沒有任何一份充要條件的清單 121;

idea of specified by political liberalism, 「合理的」的理念這一想法是由政治的自由主義所標舉出來的 121-122;

applied to citizens, 「合理的」的理念被應用在公民身上 121, 190;

two main features of reasonable persons, 講理的人的兩種主要特徵 248.

另可參見Politically reasonable, the; Reasonable citizens; Reasonable comprehensive doctrines條目

Reasonable citizens: 講理的公民

defined, 定義 121, 190, 248.

另可參見Reasonable, idea of the條目

Reasonable comprehensive doctrines, 合理的整全性學說 22n;

admit full and equal liberty of conscience and freedom of thought, 合理的整全性學說認可充分且平等的良心自由，以及思想自由 103-105;

recognize essentials of a liberal democratic regime, 合理的整全性學

and equal justice for women, 《正義論》與婦女的平等正義 219-220n,

how it differs from *Political Liberalism*, 《正義論》如何有別於《政治的自由主義》 251-252;

seeks to develop a theory of justice from idea of a social contract, 《正義論》試圖從一種社會契約之理念中發展出一種正義理論 251;

justice as fairness in, a comprehensive doctrine, 《正義論》中的作爲公平的正義是一種整全性的學說 251

Thompson, Dennis, 192n, 215n

Thomson, Judith, 237n

Thucydides, 修昔提底斯 37, 37-41n,

and political realism, 修昔提底斯與政治現實主義 64

Tocqueville, Alexis de, 亞里克西斯・德・托克維爾 231n;

on separation of church and state as main cause of strength of both democracy and religion, 托克維爾討論政教分離，認爲這是民主和宗教都能強大的主要原因 234-236

Toleration, idea of: 寬容之理念

part of political conception of justice, 寬容之理念是政治性正義觀的組成部分 22;

main points of reasonable idea of, 合理的寬容之理念之主要重點 22n;

and Society of Peoples, 寬容與諸民族之社會 25-27;

meaning of, 寬容之意義 83-84;

religious, appeared as *modus vivendi* between hostile faiths before becoming moral principle, 在成爲道德原則之前，宗教的寬容是以各敵對信仰間的暫訂協議這一面貌出現的 158;

principle of, essential in a constitutional democracy, 寬容原則是立憲

history of overturning weak democracies, 美國推翻弱小國家的歷史 74

Universal Declaration of Human Rights of 1948: 〈1948年世界人權宣言〉 111n;

states' liberal aspirations as well as human rights, 國家的自由渴望以及人權 111n

Universal in reach: 普遍適用的，普遍的適用性

defined, 定義 118-120;

of Law of Peoples, 萬民法的普遍的適用性 118-120, 169-170

Universities, 大學 98

Unreasonable doctrines: 不合理的學說

are not compatible with democratic society, 不合理的學說無法與民主社會相容 250;

are inevitable, 不合理的學說是無法避免的 250;

a threat to democratic institutions, 不合理的學說是對民主體制的一種威脅 250-251.

另可參見Fundamentalists條目

Utilitarianism: 效益主義 118;

not accepted by peoples as principle of Law of Peoples, 諸民族不接受效益主義作為萬民法之原則 56, 70

Utility, overall: 總體效益

unworkability of idea of, 總體效益之不可行性 18

另可參見Utilitarianism

Vatican II, 梵蒂岡第二次宗教會議 30, 177n, 216n

Veil of ignorance, 無知之幕 42;

譯後記

　　《萬民法》的翻譯工作原本由好友舒煒承擔，舒煒兄並商請
汪慶華先生協助翻譯後篇〈再論公共理性的理念〉一文。不過後
來因為某些緣故無法全部完成，於是我提議接手，同時委請珂洛
緹小姐協助。最後的分工如下：珂洛緹小姐與我合譯〈萬民法〉，
汪慶華負責〈再論公共理性的理念〉正文部分，我負責該文注釋
部分，而舒煒兄則負責〈附錄：《共同福益》雜誌訪談羅爾斯〉。
由於我們幾位譯者分居海峽兩岸，彼此使用的相關術語、文氣與
編輯體例並不相同，因此決定由我根據原文統一校改，並將〈索
引〉翻譯出來。這裡要稍加說明的是，〈附錄〉一文本為原書所
無，而是收錄於羅爾斯的另一本著作Collected Papers中。舒煒兄
認為這是羅爾斯少數具體談論公共理性與宗教之關係的文字，若
能收在本書，對讀者的幫助很大，因此特別翻譯出來。只是很可
惜地，雖然我們一再發信聯絡原發表該文之雜誌社，希望取得授
權，但終究如石沈大海，沒有收到任何回音。不得已，只好暫時
放棄〈附錄〉，寄望將來再版時能有機會收入。
　　羅爾斯的寫作風格夾纏冗長，用字雖不甚難，卻拉雜得可

以，想要以流暢的中文清楚而直接地展現他的文意，我們自揣沒
有能力辦到。因此，我們決定放棄呈現原文的結構，改採通析其
語意，然後一一拆解重組的方式，盡量以平易可讀的句子來表
達、呈現原著的意涵，以及細微的語意轉折。至於作者的重要學
術用語、概念，或是當前中文世界少見或沒有的語彙，我們則謹
守「寧拙勿巧」的原則，以直譯或是加引號的方式處理（比如「合
理的諸自由主義式的民族之社會」）。這種處理方式或許會使個
別語彙顯得「特異」，但這是在西方用語尚缺乏通譯時不得不然
的做法，它可以避免因為靈活地翻譯文句而使重要概念之意義喪
失其語境，導致讀者誤解。

　　另外，必須特別感謝友人楊惠君小姐，由於她不辭繁瑣，近
一年以來時時解答我在翻譯上的疑惑，讓本書的翻譯及校改得以
順利進行。在譯、校過程中我還參考時和興先生所譯之〈公共理
性觀念再探〉（《公共理性與現代學術》，北京：三聯書店，2000，
頁1-72），以及張曉輝先生等所譯之《萬民法》（吉林：吉林人民
出版社，2001）。這兩份中譯在用語及文意理解上具有引領開路
的作用，不過由於譯文整體上過於粗硬，給讀者帶來不小的理解
障礙，實在可惜。關於關鍵詞彙翻譯方面，我盡量參酌兩岸政治
思想學界目前的通用用法，除非必要，不造新詞，有部分術語我
甚至直接引用前兩份譯本的研究成果，這是必須對時、張兩位先
生及其他譯者表示謝意的。

　　本書文字經過通盤改易，已經和原先各譯稿有極大的出入，
所以應該由我一人負擔全書文責。雖然譯文一再修訂，但還是可
能有許多教人汗顏之處，希望諸位方家不吝指正，以便將來再版

時更正。電郵請寄 imkant001@yahoo.com.tw。

李國維

民國94年5月30日草於思愚樓

現代名著譯叢
萬民法

2005年6月初版　　　　　　　　　　　定價：新臺幣400元
有著作權・翻印必究
Printed in Taiwan.

著　　者	John Rawls
譯　　者	李　國　維　等
發 行 人	林　　載　　爵

出 版 者	聯 經 出 版 事 業 股 份 有 限 公 司	叢書主編	簡　　美　　玉
台 北 市 忠 孝 東 路 四 段 5 5 5 號		特約編輯	李　　國　　維
台北發行所地址：台北縣汐止市大同路一段367號		封面設計	翁　　國　　鈞

台北發行所地址：台北縣汐止市大同路一段367號
　　　　電話：（0 2）2 6 4 1 8 6 6 1
台北忠孝門市地址：台北市忠孝東路四段561號1-2樓
　　　　電話：（0 2）2 7 6 8 3 7 0 8
台北新生門市地址：台北市新生南路三段94號
　　　　電話：（0 2）2 3 6 2 0 3 0 8
台 中 門 市 地 址：台 中 市 健 行 路 3 2 1 號
台 中 分 公 司 電 話：（0 4）2 2 3 1 2 0 2 3
高 雄 門 市 地 址：高 雄 市 成 功 一 路 3 6 3 號
　　　　電話：（0 7）2 4 1 2 8 0 2
郵 政 劃 撥 帳 戶 第 0 1 0 0 5 5 9 - 3 號
郵 撥 電 話：2 6 4 1 8 6 6 2
印 刷 者 雷 射 彩 色 印 刷 公 司

行政院新聞局出版事業登記證局版臺業字第0130號

本書如有缺頁，破損，倒裝請寄回發行所更換。　　ISBN　957-08-2879-X（平裝）
聯經網址 http://www.linkingbooks.com.tw
　信箱 e-mail:linking@udngroup.com

國家圖書館出版品預行編目資料

萬民法 / John Rawls 著．李國維等譯．初版．
--臺北市：聯經，2005 年(民 94)
352 面；14.8×21 公分．(現代名著譯叢)
含索引：70 面
譯自：The law of peoples: with, The idea of
　　　public reason revisited
ISBN　957-08-2879-X(平裝)

1.政治-哲學，原理

570.11　　　　　　　　　　　　　94009304

聯經出版公司信用卡訂購單

信用卡別：　　　　□VISA CARD □MASTER CARD □聯合信用卡

訂購人姓名：　　　_____

訂購日期：　　　　_____年_____月_____日

信用卡號：　　　　_____ _____ _____ _____

信用卡簽名：　　　_____(與信用卡上簽名同)

信用卡有效期限：　_____年_____月止

聯絡電話：　　　　日(O)_____夜(H)_____

聯絡地址：　　　　□ □□_____

訂購金額：　　　　新台幣_____元整
　　　　　　　　　（訂購金額 500 元以下，請加付掛號郵資 50 元）

發票：　　　　　　□二聯式　　　　□三聯式

發票抬頭：　　　　_____

統一編號：　　　　_____

發票地址：　　　　_____
　　　　　　　　　如收件人或收件地址不同時，請填：

收件人姓名：　　　　　　　　　　□先生
_____□小姐

聯絡電話：　　　　日(O)_____夜(H)_____

收貨地址：　　　　_____

· 茲訂購下列書種·帳款由本人信用卡帳戶支付 ·

書名	數量	單價	合計
		總計	

訂購辦法填妥後

直接傳真 FAX：(02)8692-1268 或(02)2648-7859

洽詢專線：(02)26418662 或(02)26422629 轉 241

網上訂購，請上聯經網站：http://www.linkingbooks.com.tw